Hans-Jürgen Quadbeck-Seeger

»Der Wechsel allein ist das Beständige«

Hans-Jürgen Quadbeck-Seeger

»Der Wechsel allein ist das Beständige«

Zitate und Gedanken
für innovative Führungskräfte

WILEY

Folgenden Künstlern, Agenturen und Institutionen möchten Autor und Verlag für freundliche Unterstützung und die Gewährung des Copyrights herzlich danken: Den Grafikern Otto Langer (Hamburg) und Rolf D. Wutke (Weinheim), Herrn Koch und seinem Cartoon-Caricature-Contor CCC (München) sowie den Bildarchiven der BASF AG (Ludwigshafen), des Deutschen Museums (München), des Bibliographischen Instituts u. F. A. Brockhaus AG (Mannheim) und dem Referat für Presse- und Öffentlichkeitsarbeit der Max-Planck-Gesellschaft (München).

Ohne diese Mithilfe wäre die grafische Gestaltung des Buches in der vorliegenden Form nicht möglich gewesen.

1. Auflage 2002

Die Deutsche Bibliothek – CIP-Einheitsaufnahme
Ein Titeldatensatz für diese Publikation ist bei Der Deutschen Bibliothek erhältlich.

Gedruckt auf säurefreiem Papier.

Satz: TypoDesign Hecker GmbH, Leimen
Druck: betz-druck GmbH, Darmstadt
Bindung: Großbuchbinderei J. Schäffer GmbH & Co. KG, Grünstadt
Umschlag: init GmbH, Bielefeld

Printed in the Federal Republic of Germany

ISBN 3-527-50033-2

Inhalt

Einleitung: Innovation braucht Motivation

Innovationen sind in, vor allem in aller Munde. Der Begriff fehlt weder in Unternehmensleitlinien noch in Wirtschaftsanalysen. Sogar in Parteiprogrammen steht er an prominenter Stelle. Dabei ist es fast hundert Jahre her, seit Joseph Schumpeter erstmals nachdrücklich darauf hinwies, dass das wirtschaftliche Geschehen weniger von Kapital und Arbeit als vielmehr von einem dritten Faktor bestimmt wird, nämlich von Innovationen. Selten ist eine ökonomische Hypothese so glänzend bestätigt worden wie diese. Mehr noch: Zu Beginn des neuen Jahrhunderts ist jedem bewusst, dass Innovationen nicht nur den Wohlstand der Nationen sichern oder ermöglichen, sondern auch das wirksamste Mittel gegen die bedrückende Arbeitslosigkeit wie auch gegen die bedrohlichen Umweltprobleme sind.

Wer nun glaubt, Innovatoren wären die Lieblingskinder der Nation und die Stars in den Unternehmen, sieht sich von der Realität eines anderen belehrt. Wer an Innovationen arbeitet, sieht sich seitens des Staates üppiger Regelungswut und umständlicher Genehmigungsbürokratie gegenüber. In den Unternehmen stehen ihm Beharrungstendenzen und verzögernde Vorbehalte einerseits sowie Ungeduld und Mittelbegrenzung andererseits im Wege. Ganz zu schweigen von den Tücken des Objektes, die zwangsläufig in jedem neuen Projekt stecken. Wer trotzdem nicht hinschmeißt, muss seine Gründe haben. Diese stecken in seiner Motivation.

Dies war schon immer so, wie die vielen Zitate aus frühester Zeit belegen. Es wird auch immer so bleiben. Innovationen werden nicht von Organisationen hervorgebracht, sondern von Menschen mit Leidenschaft und Hingabe. Nun weiß jeder, der an Innovationen arbeitet oder mit ihnen befasst war, dass es Phasen gibt, in denen man am Rande des Aufgebens steht. Wie wichtig ist dann ein aufmunterndes Wort, ein ermutigendes Gespräch oder ein Zitat, das zeigt: anderen ist es auch so ergangen. Nun haben Innovatoren meist zu wenig Zeit, um aus solchem Anlass auf Literatursuche zu gehen. Dies war für mich die erste Motivation, meinen Zettelkasten mit Zitaten und

Aphorismen aufzubereiten. Goethe hat hinterlassen: „Welchen Leser ich wünsche? Den unbefangensten, der mich, sich und die Welt vergisst und in dem Buche nur lebt.“ Es tut mir Leid, dem Geheimrat hier widersprechen zu müssen. Ich wünsche mir den aufgeschlossenen Leser, der in dem Buch auf Entdeckungsreise geht, das Buch aus der Hand legt, wenn er das Richtige für sich gefunden hat, und mit aufgekrempelten Ärmeln frischen Mutes wieder an seinen Problemen arbeitet.

Ein weiteres Motiv für das Buch war die zunehmende Bedeutung der Kommunikation. Innovatoren müssen zunächst in ihren Firmen oder Institutionen für ihre Ideen werben und diese durchsetzen. Auch in der Gesellschaft finden Innovationen nicht zwangsläufig Akzeptanz. Nun hängt die Überzeugungskraft nicht nur von den Argumenten ab. Wie hilfreich kann ein gutes Beispiel, ein treffendes Zitat oder eine gelungene Formulierung sein! Hierbei soll das Buch für eine rasche Suche seinen Dienst anbieten, wobei Theodor Fontane gilt: „Ein guter Aphorismus ist die Weisheit eines ganzen Buches in einem einzigen Satz.“ Demnach ersetzt dieses Buch praktisch eine ganze Bibliothek.

Damit ist eine dritte Motivation angesprochen. Neben der Kürze der Aussagen war mir auch eine heitere Grundstimmung wichtig, wobei ich mich von Voltaire leiten ließ: „Alles Heitere soll kurz sein, alles Ernste übrigens auch.“ Deshalb habe ich mich ermutigt gefühlt, auch Sprichwörter und vor allem Sprüche aufzunehmen. Es ist auffallend, wie üppig in der letzten Zeit eine „Spruch-Kultur“ aufblüht, und zwar jenseits der so genannten dummen Sprüche. Wenn sie geistreich, ironisch oder gar motivierend sind, sozusagen „wisdom in a nutshell“, haben solche Sprüche Platz in einer derartigen Sammlung. Während sich die Sprichwörter in der Regel einem Land zuschreiben lassen, ist dies bei modernen Lebensweisheiten leider nicht der Fall. Wenn ein Spruch gut ist, verbreitet er sich über das Internet umgehend global. Die Hauptsache ist, man hat Spaß an ihm. Das Gleiche gilt für die einleitenden Cartoons, die sich allerdings den jeweiligen Künstlern zuordnen lassen. Zur Einstimmung ist jedem Abschnitt entweder ein kleiner Essay oder aber ein passender Cartoon vorangestellt. Blättern und Lesen sollen Freude machen und motivieren.

Abschließend noch ein Wort in schwieriger eigener Sache. Zugegeben: meine Vorbehalte sind nicht unbeträchtlich, wenn sich Herausgeber von Anthologien mit eigenen Zitaten „untermischen“. Das wollte ich auf jeden Fall vermeiden. Andererseits hatte ich das Glück, praktisch mein ganzes Berufsleben mit dem Thema Innovation meist direkt oder zumindest indirekt zu tun gehabt zu haben. Zwangsläufig sind für Artikel, Reden oder sonstige Anlässe Gesichtspunkte und Formulierungen angefallen, die anderen hilfreich und nützlich sein könnten. Deshalb habe ich gewagt – im wahrsten Sinne des Wortes –, jedem Kapitel ein paar eigene Anmerkungen hinzuzufügen.

Last but not least ist es mir ein Anliegen, allen herzlich zu danken, die an der Entstehung des Buches mitgewirkt haben. Frau Ursula Hauck ist bei der Erstellung des Manuskriptes sehr hilfreich gewesen. Meine Tochter Claudia hat das Manuskript übertragen und in EDV-gerechte Form gebracht sowie mich beim Layout beraten. Frau Beate Vonderheid hat eine Reihe von Kapiteleinleitungen geschrieben. Frau Anneliese Heigl-Laubner verdanke ich das Einfügen vieler Ergänzungen und vor allem das sorgfältige Korrekturlesen sowie zahlreiche nützliche Hinweise. Dem Verlag danke ich für die verständnisvollen Diskussionen und die kompetente Umsetzung des Vorhabens.

Der Worte sind genug gewechselt,
lasst uns endlich Zitate sehen!

Anerkennung

ZITATE

Wer mit Lob geizt, beweist, dass er arm an Verdienst ist.
Plutarch

Es ist natürlich, dass ein Mensch für überragende Leistungen Anerkennung erwartet.
Aristoteles

Achtung verdient, wer erfüllt, was er vermag.
Sophokles

Bloß Lob allein nützt einem nicht viel; da muss noch etwas Solideres hinzukommen.
Jean Baptiste Molière

Für seine Arbeit muss man Zustimmung suchen, aber niemals Beifall.
Charles de Montesquieu

Es ist leicht, ein Werk zu kritisieren. Aber es ist schwer, es zu würdigen.
Marquis de Vauvenargues

Wer nicht ehren kann, der kann nicht achten.
Johann Wolfgang von Goethe

Du willst bei Fachgenossen gelten?
Das ist verlorene Liebesmüh.
Was Dir misslingt, verzeihn sie selten,
was Dir gelingt, verzeihn sie nie.
Oskar Blumenthal

Gegen Angriffe kann man sich wehren. Gegen Lob ist man machtlos.
Sigmund Freud

Das Merkwürdige an den Statussymbolen ist, dass die Symbole den Menschen wichtiger sind als der Status.
Cyril Northcote Parkinson

Es ist leichter, jemandem einen Preis als Recht zu geben.
Stanislaw Jerzy Lec

Bei der Laudatio erlitt der Festredner einen Lobsuchtsanfall.
Hermann Kesten

Lob lockt Leistung.
Norbert Stoffel

SPRICHWÖRTER UND SPRÜCHE

Das Lob von tausend Narren wiegt nicht den Tadel eines einzigen klugen Mannes auf. Deutschland

Anerkennung braucht jeder.

Alle guten Eigenschaften können durch Gleichgültigkeit eingeschläfert werden.

Nicht geschimpft ist gelobt genug.

Spare mit dem Lob, dann hast du Ärger mit der Zeit.

Wer sich auf seinen Lorbeeren ausruht, trägt sie an der falschen Stelle.

ANMERKUNGEN H.-J. QUADBECK-SEEGER

Die glücklichsten Stunden des Forschers sind nicht die der Anerkennung, sondern die der Erkenntnis.

Reden ist Silber, Loben ist Gold.

Lob in homöopathischen Dosen wirkt wie in der Medizin nur, wenn der Betroffene daran glaubt.

Wer Lob sät, wird Leistung ernten.

Lobe deinen Nächsten wie dich selbst.

Anfang

Die erste Innovation

ZITATE	Der Anfang ist der wichtigste Teil der Arbeit.	Platon
	Der Anfang ist die Hälfte des Ganzen.	Aristoteles
	Was hilft aller Sonnenaufgang, wenn wir nicht aufstehen.	Georg Christoph Lichtenberg
	Wer das erste Knopfloch verfehlt, kommt mit dem Zuknöpfen nicht zu Rande.	Johann Wolfgang von Goethe
	Der alte Satz: „Aller Anfang ist schwer" gilt nur für Fertigkeiten. In der Kunst ist nichts schwerer als beenden.	Marie von Ebner-Eschenbach
	Misserfolg ist lediglich eine Gelegenheit, mit neuen Einsichten noch einmal anzufangen.	Henry Ford
	Nichts macht das Leben ärmer als anfangen und abbrechen.	Christian Morgenstern
	Wenn die anderen glauben, am Ende zu sein, muss man erst anfangen.	Konrad Adenauer
	Und jedem Anfang wohnt ein Zauber inne, der uns beschützt und der uns hilft zu leben.	Hermann Hesse
	Am Anfang war der Sinn, und siehe, der Sinn war die Tat.	Viktor Emil Frankl
	Jedes Ziel ist der Anfang eines neuen Rennens.	Zarko Petan
SPRICHWÖRTER UND SPRÜCHE	Der Mann, der den Berg abtrug, war derselbe, der damit angefangen hatte, kleine Steine wegzutragen.	China
	Auch eine Reise von tausend Meilen fängt mit dem ersten Schritt an.	China

Guter Anfang und gutes Ende reichen gerne sich die Hände. — China

Wer vieles anfängt zur gleichen Zeit, macht alles halb und nichts gescheit. — Deutschland

Wer leicht anfängt, lässt leicht liegen. — Deutschland

Gut angefangen und schlecht geendet, heißt das ganze Werk geschändet. — Deutschland

Fang nie an aufzuhören, hör nie auf anzufangen.

Anfangen ist leicht, Beharren eine Kunst, Vollenden macht glücklich.

Lieber schwach anfangen als stark nachlassen.

ANMERKUNGEN H.-J. QUADBECK-SEEGER

Wie früh man auch anfängt, es bleibt doch immer etwas, was in letzter Minute noch erledigt werden muss.

Wo ein Anfang sein soll, entscheiden wir selbst.

Ein guter Anfang braucht Begeisterung, ein gutes Ende Disziplin.

Der unternehmerische Mensch sieht überall einen Anfang.

Sei beim Anfang wählerisch, denn auf das Ende hast du weniger Einfluss.

Aufhören zu können kann auch ein guter Anfang sein.

Jedem Anfang wohnt ein Zauber inne und jedem Ende eine Wehmut.

Arbeit

Paul Ehrlich (1854–1915) war Chemiker, Mediziner und Serologe. Bei Robert Koch lernte er, Bakterien, die sich im menschlichen Körper aufhalten, mit bestimmten Farbstoffen spezifisch anzufärben. Dann hatte er die geniale Idee, nach solchen Farbstoffen zu suchen, die harmlos für menschliche Zellen, aber tödlich für Bakterien sind. Dann machte er sich mit unermüdlichem Eifer auf die Suche nach solchen molekularen „Zauberkugeln“. Auf seine nachdrückliche Initiative erfolgte 1899 die Gründung des Institutes für experimentelle Therapie (heute Paul-Ehrlich-Institut) in Frankfurt. Für seine Arbeiten über das Immunsystem erhielt er 1908 den Nobelpreis für Physiologie der Medizin. Sein bleibendes, herausragendes Verdienst war jedoch die Entwicklung der wissenschaftlich fundierten Chemotherapie. Bei der Suche nach Medikamenten verließ er das Reich der Natur und kämmte systematisch die aufblühende Organische Chemie nach potenziellen Kandidaten durch. Was das hieß? Tausende und Abertausende von Tests in mühsamer Kleinarbeit. So entdeckte er unter rund 1000 organischen Arsenverbindungen 1909 mit Sahatschiro Hata zusammen das berühmte Salvarsan. Es war als erstes wirksames Mittel gegen Syphilis zugleich das erste synthetische Chemotherapeutikum.

Der berühmte Forscher war von schmächtiger Gestalt und durch eine im ärztlichen Dienst zugezogene Tuberkulose zusätzlich geschwächt. Dennoch war er allen, die mit ihm arbeiteten, ein leuchtendes Vorbild. Wenn das Institut am Abend leer und dunkel dalag, brannte im Labor von Paul Ehrlich immer

noch Licht. Dann hieß es bei seinen Mitarbeitern: „Ehrlich färbt am längsten."

Zu Recht wurde Paul Ehrlich zusammen mit der Formel für Salvarsan auf dem alten 200-DM-Schein geehrt. Er ist einer der größten Innovatoren des 20. Jahrhunderts gewesen, dessen unermüdlicher Arbeit viele ihr Leben und ihre Gesundheit verdanken.

ZITATE

Vor den Erfolg setzten die Götter den Schweiß.	Hesiod
Die Perle kann ohne Reibung nicht zum Glänzen gebracht, der Mensch ohne Anstrengung nicht vervollkommnet werden.	Konfuzius
Alles, was zustande kommt, geht auf Mühe und Notwendigkeit zurück.	Heraklit
Arbeit wird dadurch leichter, dass man sich an sie gewöhnt.	Demokrit
Lasst jedermann das tun, was er am besten versteht.	Cicero
Wo die Natur nicht will, da ist die Arbeit umsonst.	Seneca
Der Mensch ist zur Arbeit geboren wie der Vogel zum Fliegen.	Martin Luther
Der Mensch wird mehr froh durch das, was er tut, als durch das, was er genießt.	Immanuel Kant
So eine Arbeit ist eigentlich nie fertig, man muss sie für fertig erklären, wenn man nach Zeit und Umständen das Mögliche getan hat.	Johann Wolfgang von Goethe
Nie ist das menschliche Gemüt heiterer gestimmt, als wenn es seine richtige Arbeit gefunden hat.	Wilhelm von Humboldt
Arbeit ist das Feuer der Gestaltung.	Karl Marx
Nicht was er mit seiner Arbeit erwirbt, ist der eigentliche Lohn des Menschen, sondern was er durch sie wird.	John Ruskin
Müde macht uns die Arbeit, die wir liegen lassen, nicht die, die wir tun.	Marie von Ebner-Eschenbach

Alle Großen waren Arbeiter, unermüdlich nicht nur im Erfinden, sondern auch im Verwerfen, Sichten, Umgestalten, Ordnen.

Friedrich Wilhelm Nietzsche

Es gibt keinen Ersatz für harte Arbeit.

Thomas Alva Edison

Als ich ein junger Mann war, merkte ich, dass von zehn Dingen, die ich tat, neun fehlschlugen. Ich wollte kein Versager sein und arbeitete zehnmal so viel.

George Bernard Shaw

Arbeit hat für mich etwas Faszinierendes. Ich kann stundenlang davorsitzen und sie anschauen.

Jerome K. Jerome

Arbeit gibt uns mehr als den Lebensunterhalt, sie gibt uns das Leben.

Henry Ford

Nur auf dem Boden harter Arbeit bereitet sich normalerweise der Einfall vor.

Max Weber

Der Grund, weshalb die Sorgen mehr Leuten das Leben kosten als die Arbeit, ist der, dass sich mehr Leute Sorgen machen als arbeiten.

Robert Lee Frost

Zwei Dinge sind zu unserer Arbeit nötig: Unermüdliche Ausdauer und die Bereitschaft, etwas, in das man viel Zeit und Arbeit gesteckt hat, wieder wegzuwerfen.

Albert Einstein

Auf die Arbeit schimpft man nur so lange, bis man keine mehr hat.

Sinclair Lewis

Erbitte Gottes Segen für deine Arbeit, aber verlange nicht auch noch, dass er sie tue!

Karl Heinrich Waggerl

Es gibt keinen vernünftigen Grund für die Annahme, dass Arbeiten unangenehmer sein muss als Nichtarbeiten.

John Kenneth Galbraith

Die Arbeit dehnt sich aus,
bis sie die Zeit ausfüllt, die für ihre Ausführung zur Verfügung steht.

Cyril Northcote Parkinson

Work expands so as to fill the time available for its completion.

Originalfassung des Parkinsonschen Gesetzes

An etwas zu arbeiten ist die einzige Möglichkeit, schließlich damit fertig zu werden.

Malcom S. Forbes

Die Arbeit beginnt mit der Verteilung der Arbeit.

Marshall McLuhan

Wer nicht arbeiten will, der sollte wenigstens andere in Ruhe lassen.

Ernst R. Hauschka

Glückliche Menschen gehen in ihrer Arbeit auf, aber niemals unter.

Rudolf Scheid

Zu den schönsten menschlichen Tätigkeiten gehört es, anderen sagen zu dürfen, was richtig ist, ohne dies selbst tun zu müssen.

Manfred Rommel

Auf die Pauke hauen will jeder,
aber keiner will sie tragen.

Werner Mitsch

SPRICHWÖRTER UND SPRÜCHE

Spiel nicht den Weisen,
wenn du arbeiten sollst!
Die Bibel (Sirach 10, 26)

Wenn du eine Stunde glücklich sein willst, schlafe. Wenn du einen Tag glücklich sein willst, gehe fischen. Wenn du eine Woche glücklich sein willst, schlachte ein Schwein und erzähle es allen. Wenn du ein Jahr glücklich sein willst, habe ein Vermögen. Wenn du ein Leben lang glücklich sein willst, liebe deine Arbeit.
China

In jedem Körnchen Reis steckt
ein Tröpfchen Fleiß.
China

Was jederzeit getan werden kann,
wird nie getan.
England

Die Götter geben dir alles, wenn deine Gegenleistung in harter Arbeit besteht.
Griechenland

Taten sind Früchte, Worte nur Blätter.
Griechenland

Mit Worten tötet man keine Mücke.
Russland

Wenn die Pflicht ruft, gibt es viele Schwerhörige.
Schottland

Gott ist ein guter Arbeiter,
aber er lässt sich gern helfen.
Spanien

Jag du die Arbeit, sonst jagt sie dich.
Deutschland

Wer rastet, der rostet.
Deutschland

Wenn der Boden ruht, gedeiht das Unkraut gut.
Bauernregel

Wen der liebe Gott einmal bei guter Arbeit erwischt hat, dem schickt er ständig neue.

Glück hilft manchmal – Arbeit immer!

Hätte ich die Kraft, nichts zu tun, täte ich nichts.

Wir arbeiten Hand in Hand. Was die eine nicht schafft, lässt die andere liegen.

Wir lassen uns nicht hetzen, denn wir sind bei der Arbeit und nicht auf der Flucht.

Der Nachteil am Nichtstun ist, dass man nie weiß, wann man fertig ist.

Arbeit ist wertvoll, drum sollten wir uns immer etwas für morgen aufheben.

Meine Arbeit ist so geheim, dass ich selber nicht weiß, was ich tue.

Egal wie viel du arbeitest, es gibt jemanden, dem es nicht genug ist.

Cave Laborem! — Studentenspruch

Es gibt viel zu tun – warten wir's ab. — Graffito

Arbeitszeit: Erholung von den Strapazen der Freizeit. — Graffito

Es gibt nichts zu tun.
Wer meldet sich freiwillig? — Graffito

ANMERKUNGEN H.-J. QUADBECK-SEEGER

Arbeit ohne Anstrengung führt
in die Bequemlichkeit,
aber niemals zur Zufriedenheit.

Wer arbeitet, ohne nachzudenken,
wird Zeit zum Denken haben,
wenn er nacharbeitet.

Phantasie treibt Blüten, Arbeit trägt Früchte.

Die Gemeinde der anonymen Workoholiker, die jeder Versuchung aus dem Wege gehen, wird immer größer.

Was keine Ärmel hat, die sich hochkrempeln lassen, ist keine Arbeitskleidung.

Das christliche Gebot des Teilens wird nirgends so gerne befolgt wie bei der Arbeit.

Der Arbeit aus dem Weg zu gehen
kann auch anstrengend sein.

Arbeit rächt sich: Wer seine nicht liebt,
dem macht sie es schwer.

Gute Arbeit macht Spaß, und jeder sollte das Recht haben, sich zu amüsieren.

Aufgabe

Wissenschaftler und Erfinder unterscheiden sich wie alle anderen Menschen auch. Dennoch gibt es einige Eigenschaften, die sie eben doch anders macht. Phantasie, Tatkraft und Ausdauer zum Beispiel. Auffallend ist auch ein Phänomen, das zu merkwürdigen Begebenheiten führen kann. Sie geben sich gerade in wichtigen Phasen oder weiterführenden Diskussionen ganz und gar ihren Problemen hin. Die Umwelt vergessen sie quasi. So entsteht ihr Image als „zerstreute Professoren". Dazu zwei Anekdoten:

André Ampère (1775–1836) untersuchte die Kraftwirkungen der Elektrizität. Er war so erfolgreich, dass die Maßeinheit für die Stromstärke bekanntlich nach ihm benannt wurde. Als er inmitten seiner Arbeit einen entspannten Spaziergang unternahm, heftete er an seine Wohnungstür einen Zettel mit der

Norbert Wiener

André Ampère
(Selbstportrait)

Nachricht: „Ich bin nicht zu Hause." Vom Spaziergang zurückgekehrt, las er verwundert den Zettel und ging wieder.

Der amerikanische Mathematiker Norbert Wiener (1894–1964) hat mit seinen grundlegenden Arbeiten zur Kybernetik die Fundamente für computergesteuerte Regelwerke gelegt. Mit Leidenschaft trat er für sein Konzept ein, dessen Bedeutung erst im Laufe der Zeit breite Anerkennung fand. Seine Gesprächspartner pflegte er mit neuesten Erkenntnissen und Argumenten zu überschütten. Eines Mittags traf er einen Bekannten in der Nähe des MIT in Boston, wo er einen Lehrstuhl hatte. Es wurde eifrig diskutiert. Nach einer Weile verabschiedete man sich. Da fragte Wiener: „Wissen Sie, von welcher Richtung ich kam?" – „Ja, Sie kamen vom Charles River", erinnerte sich der Gesprächspartner. „Ah ja, vielen Dank, dann habe ich schon gegessen!", sagte Professor Wiener und ging gedankenversunken wieder in sein Institut.

ZITATE

Was ist deine Pflicht? Die Forderung des Tages.	Johann Wolfgang von Goethe
Sage mir, mit wem du umgehst, so sage ich dir, wer du bist; weiß ich, womit du dich beschäftigst, so weiß ich, was aus dir werden kann.	Johann Wolfgang von Goethe
Das schwere Leben ist am leichtesten zu ertragen, wenn man sich schwere Aufgaben stellt.	Peter Rosegger
Unsere Pflichten, das sind die Rechte anderer auf uns.	Friedrich Wilhelm Nietzsche
Am ärmsten ist der Mensch, der keine Aufgabe hat.	Albert Schweitzer
Jeder ist berufen, etwas in der Welt zur Vollendung zu bringen.	Martin Buber
Das Leben hat keinen Sinn, außer dem, den wir ihm geben.	Thornton N. Wilder
Wer sich zu groß fühlt, um kleine Aufgaben zu erfüllen, ist zu klein, um mit großen Aufgaben betraut zu werden.	Jacques Tati
Wer eine Aufgabe hat, für den gibt es nur ein wichtiges Wort: trotzdem.	Robert Muthmann
Wer fest auf beiden Beinen stehen will, braucht sich nur Verantwortung aufzuladen.	Lothar Schmidt
Häufig leidet man daran, dass man zwar viel Arbeit, aber keine Aufgabe hat.	Hellmut Walters
Wer eine Aufgabe hinter sich hat, sollte eine Aufgabe vor sich haben.	Horst Opaschowski

SPRICHWÖRTER UND SPRÜCHE

Wo deine Gaben liegen,
liegen deine Aufgaben.

Deutschland

Jede aufgeschobene Pflicht kommt
mit sieben neuen Pflichten wieder.

Deutschland

Manche Aufgaben muss man zigmal verschieben, bevor man sie endlich vergisst.

Tu einem Vorgesetzten einen Gefallen und es wird deine Aufgabe.

ANMERKUNGEN H.-J. QUADBECK-SEEGER

Im Lärm der Ablenkung geht der Ruf der Pflicht leicht unter.

Der Anfänger muss an sich glauben, der Könner an seine Aufgabe.

Gib einem ehrgeizigen Mann eine unnötige Aufgabe, und er wird ein lästiges Problem für andere daraus machen.

Die Aufgabe ist immer schöner und edler als ihre Erledigung.

Wem Gott ein Amt gibt, dessen Verstand will er prüfen.

Bürokratie

Was hat Bürokratie mit Innovation zu tun? Nichts! Aber rein gar nichts! Im Gegenteil, Bürokratie und Innovation sind so etwas wie natürliche Feinde. Das soll keine Wertung sein, sondern nur wiedergeben, dass sie gegensätzliche Intentionen haben. Bürokratie will erhalten und verwalten, Innovationen wollen verändern und gestalten. Wenn sie sich gegenseitig – mit Respekt natürlich – in Ruhe ließen, wäre ja alles in Ordnung. Aber das ist leider in der Regel nicht der Fall. Der Grund ist einfach. In jedem größeren menschlichen Vorhaben entwickelt sich eine verwaltende Bürokratie. Je größer das Unternehmen, um ein Beispiel aus der Wirtschaft zu nehmen, desto ausgeprägter und einflussreicher wird auch dort die Bürokratie. Die höchste Form entwickelt der Staat. Hier, so könnte man aus dem Verhalten mancher Amtspersonen schließen, hat sich die Bürokratie quasi zum Selbstzweck entwickelt. Dass man ein Krankenhaus, eine Behörde, eine Kreisverwaltung, ja das ganze Land auch „managen" muss, diese Einsicht kommt der Politik erst seit den leeren öffentlichen Kassen und der Diskussion um den Standort Deutschland ins Bewusstsein.

Kehren wir zurück zur Innovation. In Unternehmen, deren Zukunft von Innovationen abhängt, ist die Bürokratie streng in Grenzen zu halten. Dazu muss man ihre wesentlichen Gesetzmäßigkeiten kennen. Eine hat Cyril N. Parkinson schonungslos aufgedeckt und belegt: Bürokratien haben eine inhärente Neigung zum Wachstum (2. Parkinsonsches Gesetz). Sie vermehren sich durch *Ab*-Teilungen. Zwei weiteren Phänomenen ist

unbedingt wachsame Aufmerksamkeit zu schenken. Bürokraten haben eine starke Tendenz, ihre Kompetenzen zu erweitern. Und weiter: Bürokratien ziehen magisch Leute an, denen Befugnisse wichtiger sind als Befähigungen. Jeder Leser kennt sicher Beispiele.

Die Bürokratie ist ein menschliches Phänomen, also nichts Naturgegebenes. Daran sollten wir immer denken, wenn wir mit ihr zu tun haben. Wir sind es selbst, die zulassen, welche Ausmaße sie annimmt. Keine Frage, wir brauchen eine gute Verwaltung, aber dort, wo sie bürokratisch zu verkrusten droht, ist die Zeit zum Handeln gekommen.

ZITATE

Wenn es nicht notwendig ist, ein Gesetz zu erlassen, dann ist es notwendig, kein Gesetz zu erlassen.	Charles de Montesquieu
Die Bürokratie ist ein gigantischer Mechanismus, der von Zwergen bedient wird.	Honoré de Balzac
Ausführungsbestimmungen sind Erklärungen, mit denen man eine Erklärung erklärt.	Abraham Lincoln
Die Bürokratie ist es, an der wir alle kranken.	Otto von Bismarck
Die größtmögliche Ordnung ist das wahrscheinlichste Ende.	George Boole
Any fool can make a rule.	Henry David Thoreau
Bürokratie gilt sich selbst als der letzte Endzweck des Staates.	Karl Marx
Bei der nächsten Sintflut wird die Menschheit nicht in Wasser, sondern in Papier ertrinken.	William Somerset Maugham
Die europäischen Bürokratien sind das Produkt langer Entwicklung. Ihre Ausdehnung ist das einzig Sichere in Bezug auf unsere Zukunft.	Joseph A. Schumpeter
Die Verwaltung hat einen Wasserkopf, der unmittelbar in einen ungeheuren Verdauungsapparat übergeht.	Cyril Northcote Parkinson
Bürokratie ist nichts anderes als eine gut organisierte Seuche.	Cyril Northcote Parkinson
Mikroben vermehren sich durch Zellteilung, Bürokraten durch Arbeitsteilung.	Cyril Northcote Parkinson

Bürokraten sind die Militaristen des Papierkrieges. — Cyril Northcote Parkinson

Peter's Principle: In a hierarchy, every employee tends to rise to the level of his own incompetence. — Laurence J. Peter

Treffen Einfalt und Gründlichkeit zusammen, entsteht Verwaltung. — Oliver Hassencamp

Wenn der Staat nicht stört, kann endlich gearbeitet werden. — Heinz Riesenhuber

SPRICHWÖRTER UND SPRÜCHE

Ein Kamel ist ein Pferd, das von einem Ausschuss entworfen wurde. — England

„Zum Abbau der Bürokratie", sagte der Minister, „fehlen uns die nötigen Beamten."

Macht die Bürokratien zum Biotop für Reißwölfe!

„Es lebe der Vorgang!" — Schlachtruf der Bürokraten

Die Bürokratie verteidigt den Status quo auch dann noch, wenn das quo seinen Status längst verloren hat.

Was nicht aktenkundig ist, existiert nicht.

Der Dienstweg ist die Verbindung einer Sackgasse mit einem Holzweg.

Bürokraten haben einen ausgeprägten Selbstverwaltungstrieb.

Bürocratia pepita: Der kleinkarierte Amtsschimmel.

Mag schon sein, dass Gott die Welt in sechs Tagen erschaffen hat, aber er musste auch nicht Buch führen.

Die perfekte Bürokratie regelt auch das, was gar nicht passieren kann.

Vereinfache die Arbeit durch Ablage unter PK (Papierkorb).

Bürokraten aller Länder, stellt einen Antrag auf Vereinigung.

Willst du Butter von den Behörden, schicke Milch auf den Dienstweg.

ANMERKUNGEN H.-J. QUADBECK-SEEGER

Die Bürokratie ist ein Drama in unzähligen Akten.

Bürokraten sind in der Lage, jede Unvollkommenheit zu perfektionieren.

Die Bürokratie ist ein Entschleunigungsapparat.

Der Stempel ist die Handfeuerwaffe der Bürokraten.

Der Verwaltungsakt ist die Erotik der Bürokratie.

Bürokraten nehmen ihre Vitamine in alphabetischer Reihenfolge.

Der Dienstweg ist mit Vorschriften gepflastert.

Zeit ist Geld! Deshalb glauben die Bürokraten, den Staat reicher zu machen, wenn sie sich Zeit lassen.

In Bürokratien steckt der Teufel in den Kleinkarierten.

Das Feuer der Begeisterung lässt sich mit Formularen schnell löschen.

Die Firma ist in den Büros eine andere als in den Fabrikhallen.

Kein Bürokrat schneidet sich ins eigene Sitzfleisch.

Ein sicheres Zeichen von Bürokratie ist ein Übermaß an Wegweisern und ein Mangel an Zielen.

Schicke nichts auf den Dienstweg, was dir am Herzen liegt; du wirst es nicht wiedererkennen, wenn es zurückkommt.

Das Kernproblem jedweder Bürokratie ist das Auseinanderklaffen von Zuständigkeit und Kompetenz.

Es wird immer bedenklich, wenn einer auf dem Amtsschimmel den Vorreiter spielen will.

Behörden sind Gestüte für Amtsschimmel.

Bürokratie: Perpetuum immobile.

Chance

Es mag paradox klingen, aber eine besonders ergiebige Quelle von Chancen sind Krisen. Das hat wohl Max Frisch zu seiner Definition bewogen: „Krise ist ein produktiver Zustand. Man muss ihm nur den Beigeschmack der Katastrophe nehmen." Noch weiter geht man in den USA. Im dortigen Management findet sich häufig das folgende Akrostichon (Anfangsbuchstaben einer Wort- oder Zeilenreihe ergeben ein Wort):

C = Change
R = Rethink
I = Innovation
S = Speed up
I = Improvement
S = Success

Nutzen wir also Krisen als Chance für Wandel, neues Denken, Innovation, Beschleunigung und Verbesserung, um so zum angestrebten Erfolg zu kommen.

ZITATE

Ein kluger Mann wird sich mehr Gelegenheiten verschaffen, als sich ihm darbieten.
Francis Bacon

Eine Chance zu sehen ist keine Kunst. Die Kunst ist, eine Chance als Erster zu sehen.
Benjamin Franklin

Nutzen muss man den Augenblick,
der einmal nur sich bietet.
Friedrich Schiller

Wir benötigen nicht mehr Stärken oder mehr Fähigkeiten oder größere Chancen. Was wir tun müssen ist, das zu gebrauchen, was wir bereits haben.
Basil S. Walsh

Die Dummheit anderer ist vielleicht irgendwo auch die eigene Chance.
Henry Ford

Ein kluger Mann macht nicht alle Fehler selber. Er gibt auch anderen eine Chance.
Winston Churchill

Die Chance klopft öfter an, als man meint, aber meistens ist niemand zu Hause.
Will Rogers

Wenn ein Mann sich nicht auf seine Chance vorbereitet hat, macht ihn seine Chance nur lächerlich.
Pablo Picasso

Der Gelassene nützt seine Chance besser als der Getriebene.
Thornton N. Wilder

SPRICHWÖRTER UND SPRÜCHE

Chancen gehen nie verloren. Die du verpasst, nutzen andere.

Den Wind kann man nicht verbieten,
aber man kann Mühlen bauen.

Wir haben keine Chance, aber wir würden sie entschlossen nutzen.

Wer auf den Glücksfall wartet wie gebannt, hat manche Chance schon verkannt.

ANMERKUNGEN H.-J. QUADBECK-SEEGER

Es gibt mehr Chancen zwischen Himmel und Erde, als die Schulweisheit der Management-Theorien sich erträumen lässt.

Jeden Morgen werden neue Chancen geboren.

Jede Reparatur ist eine Chance, das Gerät besser kennen zu lernen.

Ein Fehlschlag lässt sich immer quantifizieren, eine verpasste Chance nie.

Seit es Wegwerfgeschirr gibt, haben sich die Chancen verschlechtert, in Amerika vom Tellerwäscher zum Millionär aufzusteigen.

Chaos

Ein Chaosforscher besuchte den Kongress „Zur Theorie des Chaos“.

Er beschwerte sich über die schlechte Organisation und erhielt zur Antwort: „So ist eben die Praxis.“

Wer sich mit dem Chaos wissenschaftlich beschäftigt, kommt nicht umhin, in den Methoden, der Arbeit und den Veröffentlichungen Ordnung herrschen zu lassen. Da es in der griechischen Urfassung der Bibel heißt: „Am Anfang war das Chaos“, hat die Ordnung den Bonus des göttlichen Eingreifens. Aber das real existierende Leben zeigt etwas anderes. Gerade unter Wissenschaftlern, Entdeckern und Künstlern fällt die Häufigkeit der beiden Extreme auf, die am knappsten durch einen Vierzeiler charakterisiert werden sollen:

Wen die Ordnung fasziniert,
ist vom Chaos irritiert.
Wen das Chaos inspiriert,
wird von der Ordnung deprimiert.

ZITATE

Die schönste Welt ist wie ein planlos aufgeschütteter Kehrichthaufen. — Heraklit

Nur diejenige Verworrenheit ist ein Chaos, aus der eine Welt entspringen kann. — Friedrich Schlegel

Man muss noch Chaos in sich haben, um einen tanzenden Stern gebären zu können. — Friedrich Nietzsche

Ordnung ist etwas Künstliches.
Das Natürliche ist das Chaos. — Arthur Schnitzler

Das Chaos sei willkommen,
denn die Ordnung hat versagt. — Karl Kraus

Das Chaos will als solches erkannt und erfahren werden, bevor es sich in eine neue Ordnung umwandeln lässt. — Hermann Hesse

Was ist das Chaos? Es ist jene Ordnung, die man bei der Erschaffung der Welt zerstört hat. — Stanislaw Jerzy Lec

Auch ein perfektes Chaos ist etwas Vollkommenes. — Jean Genet

Ein Nichtskönner ohne Beschäftigung kann immer noch alles durcheinander bringen. — Lawrence J. Peter

SPRICHWÖRTER UND SPRÜCHE

Der Phantasielose schafft Ordnung,
das Genie beherrscht das Chaos.

Wenn Ordnung das halbe Leben ist,
dann ist Chaos das ganze.

Jedes Chaos, das entstehen kann, wird auch irgendwann entstehen.

Lieber drunter und drüber als fix und fertig.

Weg mit der klassischen Physik und der Schwerkraft – es lebe der Leichtsinn und das Chaos.

Weckt keine schlummernden Talente, sie könnten das Chaos vergrößern!

Schluss mit dem Chaos, schafft mehr Unordnung!

Nach mir das Chaos!

Wo wir sind, herrscht Chaos, aber wir können nicht überall sein.

I don't like chaos but chaos likes me!

Stell dir vor, es herrscht Chaos und keiner beherrscht es.

Aus dem Chaos sprach eine Stimme zu mir: „Lächle und sei zuversichtlich, es könnte noch schlimmer kommen." Ich lächelte und war zuversichtlich – und es kam noch schlimmer.

Büroweisheit

ANMERKUNGEN H.-J. QUADBECK-SEEGER

Ordnung ist die primitivste Form von Chaos.

Ordnung ist gut für den Überblick, Chaos für Überraschungen.

Wer mit unzulänglichen Mitteln in ein Chaos eingreift, verschlimmert es.

Ordnung geht von allein in Chaos über, Chaos geht von allein nur in ein anderes Chaos über.

Jeder Missstand hat die Chance, zum Chaos zu werden.

Was sich nicht in eine Theorie bringen ließ, hielt man früher schon für Chaos.

Chaos auf deutsch: Wirrwarrheit.

Chaos lässt sich nicht extrapolieren.

Jede Ordnung ist nur eine Oase in einer Wüste von Chaos.

Ordnung = Prächaos

Forschung ist nicht das Bemühen, Ordnung in das Chaos zu bringen, sondern Ordnung im Chaos zu erkennen.

Charakter

Carl Bosch (1874–1940) hat die industrielle Chemie zu Beginn des letzten Jahrhunderts entscheidend mit geprägt. Sein Vater, ein Bruder von Robert Bosch, war aus dem Schwäbischen nach Köln „ausgewandert" und gründete dort erfolgreich einen Installationsbetrieb. So war Carl von Geburt zwar Kölner, wesensmäßig jedoch durch seinen Realitätssinn und seine Tüftlermentalität ein Schwabe reinsten Wassers. Nach der Ausbildung zum Ingenieur folgte er seinem Herzenswunsch und studierte Chemie. Diese Kombination erwies sich als segensreich, als er in der Badischen Anilin- & Soda-Fabrik den Auftrag erhielt, die von Fritz Haber (1868–1934) entwickelte Ammoniak-Synthese in den technischen Maßstab zu übertragen. Mit Drücken bis zu 1000 Atmosphären und Temperaturen bis zu 400 °C wurde Neuland betreten, in das sich vorher keiner gewagt hatte. Ohne dass es den vielen Beteiligten damals bewusst wurde, war es auch organisatorisch und soziologisch Neuland. Nur durch intensive interdisziplinäre Teamarbeit war es möglich, dass Carl Bosch schon nach wenigen Jahren die erste Ammoniak-Anlage der Welt 1913 in Ludwigshafen in Betrieb nehmen konnte. Damit war die bedrohliche „Stickstofflücke" der Landwirtschaft geschlossen, und die zu Recht auf der ganzen Welt befürchteten Hungerkatastrophen konnten weitgehend vermieden werden. Leider hatte der Fortschritt auch seine Kehrseite. Die Ammoniak-Synthese war die Grundlage für die Herstellung von Salpeter und damit von Sprengstoff. Aus Mangel an Munition hätte der Erste Weltkrieg ansonsten früher beendet werden müssen.

Die technische Hochdruck-Synthese erwies sich jedoch auch für andere Prozesse als segensreich. Sie öffnete Wege nicht nur für Düngemittel, sondern auch für Leime, Harze, Kunststoffe, Treibstoffe und viele wichtige Zwischenprodukte. So wurde Carl Bosch für seine Pionierleistungen 1931 mit dem Nobelpreis ausgezeichnet.

Seine jahrzehntelangen Erfahrungen mit anspruchsvoller Teamarbeit – obwohl es das Wort damals noch gar nicht gab – fasste er in einer knappen Empfehlung zusammen:

Carl Bosch

„Wenn Sie zu wählen haben zwischen einem Genie und einem Charakter, vergessen Sie das Genie.“

ZITATE

Unser großer Ruhm liegt nicht darin, niemals zu fallen, sondern jedes Mal wieder aufzustehen, wenn wir gescheitert sind.

Konfuzius

Starke Menschen bleiben ihrer Natur treu, mag das Schicksal sie auch in schlechte Lebenslagen bringen. Ihr Charakter bleibt fest, und ihr Sinn wird niemals schwankend. Über solche Menschen kann das Schicksal keine Gewalt bekommen.

Niccolò Machiavelli

Er hatte gar keinen Charakter, sondern wenn er einen haben wollte, musste er immer erst einen annehmen.

Georg Christoph Lichtenberg

Es bildet ein Talent sich in der Stille, sich ein Charakter in dem Strom der Welt.

Johann Wolfgang von Goethe

Der Menschheit ist es nicht um Wissen und Reden, sondern um Charakter und Handeln zu tun.

Wilhelm von Humboldt

Eine falsche Ansicht zu widerrufen erfordert mehr Charakter, als sie zu verteidigen.

Arthur Schopenhauer

Willst du den Charakter eines Menschen erkennen, so gib ihm Macht.

Abraham Lincoln

Wir werden vom Schicksal hart oder weich geklopft. Es kommt auf das Material an.

Marie von Ebner-Eschenbach

Leute mit Mut und Charakter sind anderen Leuten immer sehr unheimlich.

Hermann Hesse

Der Mensch lebt weit unter seinen Fähigkeiten. Er verfügt über Kräfte verschiedenster Art, die er in den meisten Fällen gar nicht mobilisiert.

Dale Carnegie

Den Charakter eines Menschen kennt man erst, wenn er Vorgesetzter geworden ist. — Erich Maria Remarque

Der Charakter zeigt sich im Verhalten eines Menschen jenen gegenüber, die ihm nichts nützen. — Lothar Schmidt

SPRICHWÖRTER UND SPRÜCHE

Viele pochen auf ihren Charakter und sind in Wahrheit nur Dickköpfe. — Deutschland

Das Ziel zeigt den Charakter. — Deutschland

Der Wille ist Charakter in Aktion.

Charakter ist die Neigung, sich im Wege zu stehen, wenn man es sich leicht machen könnte.

ANMERKUNGEN H.-J. QUADBECK-SEEGER

Macht ist ein Vergrößerungsglas für den Charakter.

Ein starker Charakter erreicht mit einer Idee mehr als ein schwacher mit vielen.

Lieber ein kleiner harter Wille als ein großes weiches Wollen.

Was und wie einer etwas tut, zeigt sein Können; warum einer etwas tut, verrät seinen Charakter.

Fehlender Charakter wird gerne durch Prinzipien ersetzt.

Ein Charakter, der Fehler macht, ist immer noch besser als einer, der fehlt.

Die tiefen Einschnitte in unserem Leben geben dem Charakter erst Profil.

Im Rampenlicht der Öffentlichkeit
bleicht mancher Charakter aus.

Ein Charakter hat immer einen festen Kern, ein Talent kann innen wachsweich sein.

Computer

ZITATE

Der Computer ist eine logische Maschine; das ist seine Stärke; aber es setzt ihm auch Grenzen. — Peter F. Drucker

Es gibt keinen ernsthaften Grund für die Annahme, die Intelligenz der Computer müsse ausgerechnet auf dem Niveau des Menschen stehen bleiben. — Karl Steinbuch

Die Unmenschlichkeit des Computers beruht darauf, dass er, richtig programmiert und einwandfrei funktionierend, so absolut ehrlich ist. — Isaac Asimov

Einige Leute scheinen zu glauben, dass es für das wissenschaftliche Vorgehen genügt, irgendetwas zu messen und dann die Werte in einen Computer einzugeben. — François Jacob

Manche Errungenschaften der Menschen beruhen darauf, dass der Mensch auch aus falschen Prämissen richtige Schlussfolgerungen zu ziehen vermag. Der Computer schafft das nicht. — Lothar Schmidt

Mit Computern irrt man viel genauer. — Gabriel Laub

Der Computer arbeitet deshalb so schnell, weil er nicht denkt. — Gabriel Laub

Der Computer ist die logische Weiterentwicklung des Menschen: Intelligenz ohne Moral. — John Osborne

SPRICHWÖRTER UND SPRÜCHE

Die Sachzwänge befreien den Politiker vom Entscheiden. Computer befreien das Denken vom Wissen. — IBM-Slogan

Computer = Blechtrottel — Österreichische Definition

Wer einen Computer hat, braucht keine Feinde mehr.

Mit dem Computer geht alles schneller,
es dauert nur etwas länger.

1 Kilobyte sind 2 Pfund Information.

Irren ist menschlich, aber für das totale Chaos braucht man einen Computer.

Lass deinen Computer ruhig rechnen, aber rechne mit dem Schlimmsten.

Lieber natürliche Dummheit als künstliche Intelligenz.

Ein Computer kann auch Fehler logisch verknüpfen.

Keine Panik! Die Computer verändern nur unsere Arbeit, aber die Faulheit bleibt die gleiche.

Der Computer kann alles, tut aber nichts von alleine.

Bald ist der Computer unser wichtigstes Organ.

Der Mensch denkt, der Computer lenkt.

Wir sind drahtlos glücklich und kernspeichergesund.

Der Computer ist eine Lösung auf der Suche nach Problemen.

Ich habe keine Angst vor Computern, ich fürchte nur, dass sie abstürzen.

ANMERKUNGEN H.-J. QUADBECK-SEEGER

Der Computer teilt nur sein Wissen mit; das Bewusstsein von Wissenslücken fehlt ihm, weil dieses zutiefst menschlich ist.

Der Computer beschleunigt das Denken, unabhängig in welche Richtung.

Vor dem Computer sind alle gleich.

Es wäre eine bedrohliche Fehlentwicklung, wenn der Computer dem menschlichen Hirn immer ähnlicher würde.

Mit Computern können wir so irren, dass nur noch Experten helfen können.

Der Computer informiert uns bis zur Verwirrung.

Das Charakteristikum des Computers: Alle Informationen schwimmen mit dem Strom.

Das Gehirn ist ein Computer, bei dem die Hardware soft ist.

Der Computer kann zwar Probleme lösen, aber er kann keine finden.

Das Internet führt am Ende ins Wirrwana.

Traue keinem Computer, der Dreck am Stecker hat.

Industrie-Park: Biotop für Computer und Roboter.

Ein Computer würde erst dann menschenähnlich, wenn er anfinge zu lügen.

Innovative Beschimpfung: Sie haben wohl nicht alle bits im Speicher!

Denken

ZITATE

Das Denken für sich allein bewegt nichts, sondern nur das auf einen Zweck gerichtete und praktische Denken. — Aristoteles

Das Leben eines Menschen ist das, was seine Gedanken daraus machen. — Marc Aurel

Denken heißt selber denken. — Georg Christoph Lichtenberg

Denken ist interessanter als Wissen, aber nicht als Anschauen. — Johann Wolfgang von Goethe

Denken lernt man nicht an Regeln zum Denken, sondern an Stoff zum Denken. — Jean Paul

Der Gedanke ist die unsichtbare Natur, die Natur der unsichtbare Gedanke. — Heinrich Heine

Das Dogma ist nichts anderes als ein ausdrückliches Verbot, zu denken. — Ludwig Andreas Feuerbach

Was du heute denkst, wirst du morgen tun. — Leo N. Tolstoi

Wir lieben die Menschen, die frisch heraus sagen, was sie denken. Vorausgesetzt, sie denken dasselbe wie wir. — Mark Twain

Es gibt keinen Ausweg, den ein Mensch nicht geht, um die tatsächliche Arbeit des Denkens zu vermeiden. — Thomas Alva Edison

Wer nicht gelegentlich auch einmal kausalwidrige Dinge zu denken vermag, wird seine Wissenschaft nie um eine neue Idee bereichern können. — Max Planck

Weil Denken die schwerste Arbeit ist, die es gibt, beschäftigen sich auch nur wenige damit. — Henry Ford

We haven't the money, so we have got to think. — Ernest Rutherford

Denken ist schwer, darum urteilen die meisten. — Carl Gustav Jung

Wir leben alle unter dem gleichen Himmel, aber wir haben nicht alle den gleichen Horizont. — Konrad Adenauer

Man soll sich niemals klarer ausdrücken, als man denken kann. — Niels Bohr

Allen ist das Denken erlaubt.
Vielen bleibt es erspart. — Curt Goetz

Der Vorteil der Klugheit besteht darin, dass man sich dumm stellen kann.
Das Gegenteil ist schon schwieriger. — Kurt Tucholsky

Der Kopf ist rund, damit das Denken die Richtung ändern kann. — Francis M. de Picabia

Überlegen macht überlegen. — Antoine de Saint-Exupéry

Wenn wirkliches Neuland betreten wird, kann es vorkommen, dass nicht nur neue Inhalte aufzunehmen sind, sondern dass auch die Struktur des Denkens sich ändern muss, wenn man das Neue verstehen will. — Werner Heisenberg

Denken ist „Hantieren im Vorstellungsraum“. — Konrad Lorenz

Bedenke, bevor du denkst. — Stanislaw Jerzy Lec

Nichts kann rückgängig gemacht werden, was einmal gedacht wurde. — Friedrich Dürrenmatt

Die meiste Zeit geht dadurch verloren, dass man nicht zu Ende denkt. — Alfred Herrhausen

Laterales Denken findet eine Idee.
Vertikales Denken entwickelt sie. — Edward de Bono

SPRICHWÖRTER UND SPRÜCHE

Achte auf deine Gedanken – sie sind der Anfang. China

Reflect before you act. England

Je weniger Verstand einer hat,
desto weniger merkt er den Mangel. England

Zum Denken stets bereit, zum Handeln nimm dir Zeit. Deutschland

Erst besinn's, dann beginn's. Deutschland

Bei uns sagt jeder, was er denkt, auch wenn er nicht denken kann.

Jeder Misserfolg ist eine willkommene Gelegenheit, das Denken nachzuholen.

Je weniger Wissen, desto freier das Denken.

Alle denken an sich, nur ich denk an mich.

Wenn jeder an sich denkt, ist an alle gedacht.

Natürlich können wir denken, wir machen nur schonend Gebrauch davon.

Der Klügere denkt nach.

Cogito, ergo summa cum laude. Studentenspruch

Non cogito, ergo dumm. Graffito

ANMERKUNGEN H.-J. QUADBECK-SEEGER

Die wichtigsten Innovationen sind jene, die das Denken verändern.

Kurzfristiges Denken hat langfristige Folgen.

Wem nichts einfällt, der sollte sich darüber Gedanken machen.

Der eigentliche Arbeitsplatz ist der Kopf.

Wer in Bahnen denkt, kommt schnell voran, bleibt aber auf den Gleisen.

Die langweiligen Menschen erzählen uns, was sie erlebt haben, die interessanten lassen uns daran teilhaben, was sie denken.

Am Ende eines langen Denkprozesses muss ein kurzes Urteil stehen.

Man soll nicht mit Denken anfangen, wenn man keine Widersprüche aushält.

Erfolg lenkt vom Denken ab.

Wer ständig denkt, wird zum Thinkoholic.

Es wundert weniger, was ein Gehirn alles leisten kann, sondern vielmehr, was man ihm alles zumuten darf.

Detail

Das große Problem von komplizierten und komplexen technischen Systemen ist die Abhängigkeit von der reibungslosen Funktion sehr vieler Details. So ist die Sorgfalt bei der Montage eines Triebwerks entscheidend für die Sicherheit des Flugzeugs. Was lässt sich tun, um bei den Technikern das Bewusstsein für ihre Verantwortung wach zu halten? Gerhard Neumann (1917–1998), ein amerikanischer Manager deutscher Herkunft, war viele Jahre Vorstandsvorsitzender der General Electric Aircraft Engines Group. Er fand eine geradezu genial einfache Lösung des Problems. Jedes Mal, wenn eine Turbine neu installiert oder repariert wurde, mussten die Techniker am Probeflug teilnehmen. Die Fehlerrate sank erheblich, weil jeder sorgfältig auf alle Details achtete, für die er verantwortlich war.

Natürlich denkt jeder jetzt an seinen Automechaniker. Aber wie wäre es, wenn ein Volk seine Politiker, die einen Krieg anzetteln, an die vorderste Front schicken würde?

Dies wäre jedoch eine soziale Innovation und gehörte in ein anderes Buch.

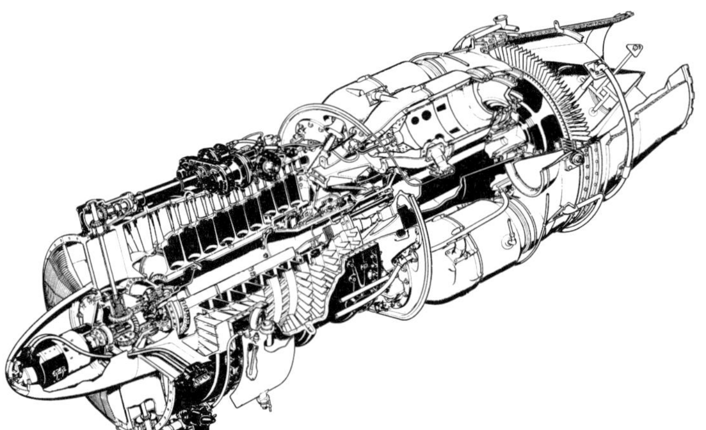

ZITATE

Die Menschen stolpern nicht über Berge,
sondern über Maulwurfshügel.
Konfuzius

Wer nicht auf das Kleine schaut,
scheitert am Großen.
Lao-tse

Ein kleines Leck bringt ein großes Schiff
zum Sinken.
Thomas Fuller

Die Neigung der Menschen,
kleine Dinge für wichtig zu halten,
hat sehr viel Großes hervorgebracht.
Georg Christoph Lichtenberg

Der Zauber steckt immer im Detail.
Theodor Fontane

Wir denken in Verallgemeinerungen,
aber wir leben im Detail.
Alfred North Whitehead

Wer Großes tun will, muss die
Einzelheiten gründlich durchdenken.
Paul Valéry

Die kleinsten Dinge beobachten,
vor allem die kleinste Abweichung
vom Normalen!
Gerhard Domagk

SPRICHWÖRTER UND SPRÜCHE

Weniges genau ist besser, als von vielem
etwas zu wissen.
China

Nur wenn die Details stimmen, stimmt
das Ganze.

Man sollte Details nur so wichtig
nehmen, wie sie sind, aber auch nicht
weniger.

Versinke nicht in Details!

ANMERKUNGEN
H.-J. QUADBECK-SEEGER

Wer ein Detail übergeht, in dem der Teufel steckt, der kommt in Teufels Küche.

So klein kann ein Detail gar nicht sein, dass der Teufel nicht darin Platz findet.

Aus den Details lässt sich der Teufel nicht durch Weihwasser vertreiben, sondern nur durch Schweiß.

Viele Fehler entstehen, weil zwischen Details und Nebensächlichkeiten nicht sorgfältig genug unterschieden wird.

Für den Experten ist das Detail das Wesentliche.

Wer Großes leisten will, muss die Details beherrschen, aber er darf sie nicht lieben.

Was in den Details nicht stimmt, infiziert das Ganze.

Überblick heißt nicht, über die Details hinwegschauen, sondern die Details im Zusammenhang sehen.

Ein guter Forscher denkt in Zusammenhängen, aber arbeitet mit Details.

Ein Übersichtsreferat ist eine Entführung aus dem Detail.

Die Natur ist im Detail immer interessanter als im Allgemeinen.

Effektivität – Effizienz

Das Streben nach Effektivität und Effizienz kennt keine Grenzen:

Ein Vorstandsvorsitzender musste aus Termingründen auf einen Konzertabend verzichten. Schuberts *Unvollendete* sollte aufgeführt werden. Er verschenkte die Eintrittskarte an seinen Controller mit der Bitte, ihm am nächsten Tag zu berichten.

Hier der Bericht: Betr. Schuberts *Unvollendete*

Die zwölf Geiger spielten die gleichen Noten. Diese unnötige Doppelarbeit kann durch drastische Verkleinerung dieser Gruppe vermieden werden. Damit würden die fixen Kosten erheblich gesenkt. Sollte ein größeres Klangvolumen gewünscht werden, könnte dies durch elektronische Verstärkung problemlos und steuerbar erreicht werden.

Die vier Oboe-Spieler hatten immer wieder über längere Zeiträume nichts zu tun. Auch ihre Zahl könnte reduziert und deren Aufgaben auf das gesamte Orchester verteilt werden. Damit ließen sich auch Arbeitsspitzen vermeiden.

Das Spielen von Viertelnoten erforderte einen hohen Aufwand. Das ist eine unnötige Verfeinerung. Es empfiehlt sich eine Computeranalyse nach dem MP3-Konzept und eine Aufrundung der Noten auf die nächstliegende Halbe. Dadurch ließen sich auch weniger qualifizierte Mitarbeiter wie Studenten oder Aushilfskräfte einsetzen. Das Kostensenkungspotenzial kann erheblich sein.

Es ist wenig rationell, die Hornisten Passagen wiederholen zu lassen, welche die Streicher bereits ausführlich gespielt haben. Würden alle überflüssigen Passagen weggelassen, wäre das Konzept in der Hälfte der Zeit beendet. Damit könnte die Pause entfallen und die Saalmiete würde sich halbieren. Die variablen Kosten würden entsprechend reduziert.

Diese Maßnahmen würden eine eindrucksvolle Case Study für Effizienz- und Effektivitätssteigerung ergeben. Wäre Schubert so konsequent an seine Arbeit gegangen, hätte er seine Symphonie zweifellos beenden können.

Persönliche Anmerkung: Die Besetzung des Orchesters scheint mir aus Marketingsicht nicht mehr zeitgemäß zu sein. So könnte die Aufnahme eines Akkordeons in die Instrumentierung sowohl die Popularisierung des Orchesters als auch der Symphonie erheblich steigern. Die größere Zahl von leeren Plätzen im Saal zeigte, dass es dringlich ist, darüber nachzudenken.

Der Vorstandsvorsitzende stufte den Bericht als „streng vertraulich" ein und verschloss ihn in seinem Tresor. Und da liegt er noch heute, aber eines Tages ... !?!

ZITATE

Es ist besser, nichts zu tun,
als mit viel Mühe nichts zu schaffen.
Lao-tse

Eitel ist, etwas mit mehr zu erreichen,
was mit weniger erreicht werden kann.
Wilhelm von Occam

„Was will ich?“, fragt der Verstand.
„Worauf kommt es an?“, fragt die
Urteilskraft. „Was kommt heraus?“,
fragt die Vernunft.
Immanuel Kant

The patent system added the fuel of
interest to the fire of genius.
Abraham Lincoln

Fast immer ist der wichtigste Weg der
schwerste.
François Mauriac

Das Geheimnis der Freude an der Arbeit
steckt in einem Wort – Exzellenz.
Zu wissen, wie man etwas gut macht,
heißt zugleich, Freude daran zu haben.
Pearl S. Buck

Vollkommenheit entsteht nicht dann,
wenn man nichts mehr hinzuzufügen
hat, sondern wenn man nichts mehr
wegnehmen kann.
Antoine de Saint-Exupéry

Effizienz heißt „doing the things right“;
Effektivität heißt „doing the right things“.
Peter F. Drucker

Was man zur Effektivität braucht, ist eine
durch Übung gewonnene Kompetenz.
Peter F. Drucker

Die Effizienz eines Gremiums nimmt in
dem Maße ab, in dem die Zahl seiner
Mitglieder wächst.
Cyril Northcote Parkinson

Man kann alles richtig machen –
und das Wichtigste versäumen.
Alfred Andersch

Prioritäten setzen heißt auswählen,
was liegen bleiben soll.
Helmar Nahr

SPRICHWÖRTER UND SPRÜCHE

An ihren Früchten sollt ihr sie erkennen. Die Bibel (Matthäus 7, 16)

Es gibt Menschen, die Fische fangen und solche, die nur das Wasser trüben. China

Geh lieber nach Hause und knüpfe ein Netz, als dass du im Teich nach Fischen tauchst. China

Wenn alles gesagt und getan ist, ist meistens mehr gesagt als getan.

Jeder macht, was er will. Keiner macht, was er soll. Aber alle machen begeistert mit.

Die unerledigten Dinge schaffen einen bedenklichen Mangel an Folgen.

Wir wollen auf jeden Fall die Schnellsten sein. Wenn die anderen umfallen, müssen wir schon liegen.

Spare Energie. Aber bitte nicht deine.

Take it easy – but take it!

Effizienz ist die Bequemlichkeit der Intelligenten.

Nicht das Erzählte reicht, sondern das Erreichte zählt.

ANMERKUNGEN H.-J. QUADBECK-SEEGER

Effizienz = M x C^2
(M = Motivation, C = Competence)

Die dümmsten Bauern mögen die dicksten Kartoffeln haben, aber die Klugen haben die frühesten.

Effizienz ist immer anstrengend, obwohl der Fortschritt dem Menschen das Leben erleichtern soll.

Die Optimierung von Routine erhöht die Effizienz, macht aber unsensibel für die Effektivität.

Effizienz heißt „mehr in kürzerer Zeit", Effektivität heißt „das Richtige in der jeweiligen Situation".

Ein Unternehmer darf kein Kostenverächter sein, wenn er dadurch Effizienz und Effektivität erhöht.

Entdecken – Entdecker

Der *Brockhaus* (1970) definiert Entdeckung: „Auffinden einer schon bestehenden, aber noch unbekannten Wirklichkeit“. Im Alltag verstehen wir das Entdecken meist auch so. Amerika und Australien wurden entdeckt, ebenso die Gravitation und die Elektrizität, die 92 Elemente, die es im Universum gibt, wie auch die Elementarteilchen, aus denen diese wiederum bestehen. Im Patentgesetz wird streng unterschieden. Eine Entdeckung kann nicht patentiert werden, denn der Gegenstand oder das Prinzip waren ja vorher schon existent. Ein Patent muss die Lösung eines Problems nachvollziehbar beschreiben, die es bis dato noch nicht gab. Diese gefunden zu haben gilt als die so genannte erfinderische Leistung. Damit scheint alles geklärt.

Und dennoch gibt es eine Art von Entdeckung, die für Innovationen von großer Bedeutung ist und die nicht in diesen Definitionsrahmen fällt. Als Sir Humphry Davy (1778–1829), einer der großen Entdecker des 19. Jahrhunderts (Elektrolyse von

Sir Humphry Davy

Michael Faraday

Wasser, Diamant = Kohlenstoff, Natrium, Kalium, Calcium, Strontium, Barium und Magnesium, Chlor und vieles mehr) einmal gefragt wurde, was er als seine größte Entdeckung ansehe, antwortete er überraschend: „Michael Faraday." Dieser kam wie er aus kleinen Verhältnissen und hatte eine Buchbinderlehre absolviert, um Zugang zu Büchern zu haben. Sein autodidaktisch erworbenes Wissen fiel Davy auf, und er nahm den jungen, bescheidenen Mann als Laborgehilfen zu sich.

Was daraus wurde, ist bekannt. Michael Faraday (1791–1867) entwickelte sich, wie sein Mentor, zu einem der ganz großen Naturforscher. Seine Entdeckungen auf den Gebieten der Chemie und Physik gaben der Wissenschaft richtungsweisende Impulse. Sie aufzuzählen ist hier nicht der Platz. Erinnert sei nur an die Naturgesetze und Phänomene, die seinen Namen unsterblich machen: Faraday-Gesetze der Elektrolyse, Faraday-Konstante, Faraday-Effekt (Wechselwirkung von Licht und Magnetismus) und schließlich der Faraday-Käfig, auf dessen Wirkung wir uns verlassen, wenn wir uns im Flugzeug oder Auto durch ein Gewitter bewegen. Nur am Rande sei erwähnt, dass Faraday trotz weltweiter Anerkennung und Bewunderung bescheiden geblieben ist. Jede Auszeichnung, sogar die Erhebung in den Adelsstand, lehnte er ab.

Woran mahnt uns dieses Stück Wissenschaftsgeschichte? Die wichtigste Entdeckung ist – obwohl sie nicht von der offiziellen Definition abgedeckt ist – die Entdeckung und Förderung von Talenten. Weil wir auf dem Wege in die so genannte Wissensgesellschaft sind, werden Können und Wissen, also Talente und Experten, zur wichtigsten Ressource für die Sicherung der Zukunft.

ZITATE

Heureka! (Ich hab's gefunden!)

Archimedes, Ausruf bei der Entdeckung des Gesetzes vom spezifischen Gewicht (nach Vitruv)

Nie ist die Zeit, die man zum Erforschen der Natur verwendet, völlig verloren.

Denis Diderot

Es ist doch wohl ungezweifelt gewiss, dass durch bloßes empirisches Herumtappen ohne ein leitendes Prinzip, wonach man zu suchen habe, nichts Zweckmäßiges jemals würde gefunden werden.

Immanuel Kant

Sehr viele und vielleicht die meisten Menschen müssen, um etwas zu finden, erst wissen, dass es da ist.

Georg Christoph Lichtenberg

Es ist sonderbar, dass nur außerordentliche Menschen die Entdeckungen machen, die hernach so leicht und simpel scheinen, dieses setzt voraus, dass die simpelsten, aber wahren Verhältnisse der Dinge zu bemerken sehr tiefe Kenntnisse nötig sind.

Georg Christoph Lichtenberg

Wie nah wohl zuweilen unsere Gedanken an einer großen Entdeckung hinstreichen mögen?

Georg Christoph Lichtenberg

Ein großes Genie wird selten seine Entdeckungen auf der Bahn anderer machen. Wenn es Sachen entdeckt, so entdeckt es auch gewöhnlich die Mittel dazu.

Georg Christoph Lichtenberg

Zum Entdecken gehört Glück, zum Erfinden Geist, und beide können beides nicht entbehren.

Johann Wolfgang von Goethe

Was man erfunden hat, tut man mit Liebe; was man erlernt hat, mit Sicherheit.

Johann Wolfgang von Goethe

Genialischer Scharfsinn ist scharfsinniger Gebrauch des Scharfsinns.
Friedrich Schlegel

Keine große Wahrheit, einmal entdeckt, ist wieder verloren gegangen; und keine wichtige Entdeckung ist jemals gemacht worden, die nicht am Ende alles mit sich gerissen hätte.
Henry Thomas Buckle

Erst zweifeln, dann untersuchen, dann entdecken.
Henry Thomas Buckle

Der eigentliche Entdecker ist der, der den neuen Gedanken gehabt hat. Experimente sind zwar auch nötig, doch ist es leichter, diese anzustellen als den Gedanken zu finden, und Experimente kann auch ein anderer anstellen.
Hermann von Helmholtz

Die eigentliche Entdeckung besteht nicht darin, Neuland zu finden, sondern mit neuen Augen zu sehen.
Marcel Proust

Immer bleibt alles noch zu entdecken.
Paul Valéry

Was Not tut, ist nicht der Wille zu glauben, sondern der Wille zu entdecken, also genau das Gegenteil.
Bertrand Russel

Es gibt keine großen Entdeckungen und Fortschritte, solange es noch ein unglückliches Kind auf Erden gibt.
Albert Einstein

Genie oder die Fähigkeit, etwas Neues zu entdecken, besteht immer darin, dass einem etwas Selbstverständliches zum ersten Mal einfällt.
Gustav Ludwig Hertz

Entdecken heißt sehen, was jeder gesehen hat, und dabei denken, was niemand gedacht hat.
Albert von Szent-Györgyi

Das Genie entdeckt die Frage,
das Talent beantwortet sie.

Karl Heinrich Waggerl

SPRICHWÖRTER UND SPRÜCHE

Wer der Erste, der der Beste.

Deutschland

Auf jeden einen Edelstein kommen viel tausend Kiesel.

Deutschland

Gut geforscht ist halb entdeckt.

ANMERKUNGEN H.-J. QUADBECK-SEEGER

Selten werden Entdeckungen auf dem Wege gemacht, der sich im Nachhinein als der einfachste erweist.

Es gibt wohl Ideen, die am Schreibtisch geboren wurden, aber für Entdeckungen ist es der falsche Ort.

Manche Entdeckung fällt vom Baum der Erkenntnis – wie eine reife Frucht.

Grundlagenforschung strebt nach Entdeckungen, angewandte Forschung nach Erfindungen.

Die Naturwissenschaften teilen die Zeit nicht nach ihren Helden ein, sondern nach den Entdeckungen.

Ein Forscher sollte so arbeiten, dass er jeden Tag damit rechnen muss, eine Entdeckung zu machen.

Wer ein Auge für das Neue hat, findet Neues überall.

Entscheidung

Man könnte!
Man sollte!
Man müsste!
Mann,
fang endlich an!!!

ZITATE

Unser Entscheiden reicht weiter als unser Erkennen.	Immanuel Kant
Wenige Menschen denken, und doch wollen alle entscheiden.	Friedrich der Große
Doch der den Augenblick ergreift, der ist der rechte Mann.	Johann Wolfgang von Goethe
Für diejenigen, die immer nur warten, kommt alles zu spät.	Elbert Hubbard
In zweifelhaften Fällen entscheide man sich für das Richtige.	Karl Kraus
In der Technik entscheiden allein die Tatsachen.	Eugen Diesel
Was nicht auf einer einzigen Manuskriptseite zusammengefasst werden kann, ist entweder noch nicht durchdacht oder noch nicht entscheidungsreif.	Dwight D. Eisenhower
Lieber keinen Erfolg als kein Entschluss.	Karl Heinrich Waggerl
Der echte Charakter liebt die Entscheidung; er legt sich fest, und zwar durch die Tat.	Martin Kessel
Der Mann, dem man verweigert, wichtige Entscheidungen zu treffen, wird beginnen, die Entscheidungen für wichtig zu halten, die er treffen darf.	Cyril Northcote Parkinson
Wenn ein Schuss kracht, fliegen die Sperlinge auf. So geht es den Bedenken, wenn ein Beschluss gefasst wird.	Ernst R. Hauschka
Die Welt ist kein Debattierclub. Sie lebt von Entscheidungen.	Alfred Herrhausen
Eine Fehlentscheidung auf Anhieb spart immerhin Zeit.	Helmar Nahr

SPRICHWÖRTER UND SPRÜCHE

Die beste Tat ist die, die du bald tust. — Arabien

Sorgsam durchdacht, wird alles leicht.
Wankelmut macht alles schwer. — China

Wer sich nicht entscheiden kann,
will sich nicht entscheiden. — England

Der Tag, an dem du einen Entschluss fasst, ist ein Glückstag. — Japan

Während die Weisen grübeln,
erobern die Dummen die Festung. — Kroatien

Wer auf allen Wegen geht,
verfehlt den Weg nach Hause. — Senegal

Die kürzeste Antwort ist die Tat. — Senegal

Unentschlossenheit quält die Seele.

Management by Fallobst: Wenn Entscheidungen reif sind, fallen sie von selbst.

Wer lange braucht, sich zu entscheiden, ändert dafür schnell, was er entschieden hat.

Früher war ich unentschlossen, heute bin ich mir nicht mehr so sicher.

Wir wissen nicht, was wir wollen, aber wir versuchen es trotzdem immer wieder.

Zögere nicht – warte ab!

Besser fehlerhaft begonnen als perfekt gezögert.

Dies ist der Tag für feste Entscheidungen!
Oder doch nicht? — Graffito

ANMERKUNGEN H.-J. QUADBECK-SEEGER

Die Entscheidung ist der Blitz,
die Ausführung der Donner.

Große Entscheidungen werfen gerne ihre Schattenseiten voraus.

Hinter jeder Entscheidung lauern übersehene Fakten.

Die wichtigste Entscheidung ist, was für einen am wichtigsten ist.

Suche die Entscheidung mit dem Herzen, aber treffe sie mit dem Verstand.

Manche Entscheidungen fallen im Meinungskampf wie Helden.

Umsatz entsteht durch Umsetzung der richtigen Entscheidungen.

Management-Kunst besteht darin, in eine verworrene Situation durch eine Entscheidung Klarheit zu bringen.

Das Schwierige bei Innovationen ist, dass man manchmal endgültige Entscheidungen aufgrund vorläufiger Erfahrungen treffen muss.

Entscheidungsbäume stehen bei Behörden unter Naturschutz und dürfen nur nach besonderer Genehmigung gefällt werden.

Der Dienstweg ist die längste Entfernung zwischen zwei Entscheidungspunkten.

Ausschüsse und Gremien fassen Beschlüsse, Individuen müssen Entscheidungen fällen.

Auch Entscheidungsketten sind nur so stark wie das schwächste Glied.

Wo ein Weg ist, war irgendwann auch ein Wille.

Nichts wird so leicht entschieden, wie eine Entscheidung zu verschieben.

Das Entscheidungs-Trilemma:

a) Jede Entscheidung hat gewollte Folgen.
b) Jede Entscheidung hat ungewollte Folgen.
c) Das Verhältnis von a) zu b) liegt außerhalb der Entscheidungskompetenz des Entscheidenden.

Erfahrung

Für die richtige Erfahrung am richtigen Platz gibt es im Leben keinen Ersatz.

ZITATE

Der Mensch hat dreierlei Wege, klug zu handeln: erstens durch Nachdenken, das ist der edelste, zweitens durch Nachahmen, das ist der leichteste, und drittens durch Erfahrung, das ist der bitterste.	Konfuzius
Du kannst nicht zweimal in den gleichen Fluss steigen.	Heraklit
Die Weisheit ist die Tochter der Erfahrung.	Leonardo da Vinci
Denken ohne Erfahrung ist leer, Erfahrung ohne Denken ist blind.	Immanuel Kant
Erfahrung ist eine verstandene Wahrnehmung.	Immanuel Kant
Erfahrung ist fast immer eine Parodie auf die Idee.	Johann Wolfgang von Goethe
Wenn die Theorie auf die Erfahrung warten sollte, käme sie nie zustande.	Novalis
Erfahrung ist der beste Lehrer, aber das Schulgeld ist hoch.	Thomas Carlyle
Erfahrung nennt man die Summe unserer Irrtümer.	Thomas Alva Edison
Manche halten es für Erfahrung, was sie 20 Jahre lang falsch gemacht haben.	George Bernard Shaw
Wenn man genug Erfahrung gesammelt hat, ist man zu alt, sie auszunutzen.	William Somerset Maugham
Erfahrung ist nicht, was dir zustößt. Erfahrung ist das, was du aus dem machst, was dir zustößt.	Aldous Leonard Huxley
Der Irrtum ist die tiefste Form der Erfahrung.	Martin Kessel

Fehler vermeidet man, indem man Erfahrung sammelt. Erfahrung sammelt man, indem man Fehler macht. — Laurence J. Peter

SPRICHWÖRTER UND SPRÜCHE

Einmal sehen ist besser als hundertmal hören. — China

Frage nicht einen Gelehrten, frage einen Erfahrenen. — China

Jahre wissen mehr als Bücher. — England

Man glaubt einem Auge mehr als zwei Ohren. — Deutschland

Erfahrung ist ein Arzt, der stets erst nach der Krankheit kommt. — Deutschland

Erfahrung ist ein langer Weg und eine teuere Schule. — Deutschland

Eigene Erfahrung ist der rechte Meister. — Deutschland

Erfahrung ist der beste Mist. — Alte Bauernweisheit

Erfahrung ist der beste Lehrer, weil er bevorzugt Einzelunterricht erteilt.

Erfahrung ist das, was du bekommst, wenn du nicht bekommen hast, was du eigentlich wolltest.

Auch andere machen Fehler, aber wir haben darin die meiste Erfahrung.

Erfahrung gibt uns die Chance, neue Fehler zu machen.

ANMERKUNGEN
H.-J. QUADBECK-SEEGER

Erfahrung schützt uns nur vor den Fehlern, die wir schon einmal gemacht haben, aber nicht vor jenen, zu denen wir noch fähig sind.

Durch Erfahrung werden wir reicher, aber leider nur an Erfahrung.

Erfahrung ohne intellektuelle Durchdringung führt zu Rezepten, aber nicht zu Einsichten.

Nicht die Summe, sondern das Integral aller Irrtümer macht die Erfahrung aus.

Man kann auch zum Erfolg kommen, wenn man aus den Erfahrungen anderer die richtigen Konsequenzen zieht.

Erfahrung heißt, seine Grenzen kennen; Weisheit heißt, seine Grenzen respektieren.

Erfahrung ist Wissen für bestimmte Situationen, Erkenntnis ist Wissen auf Dauer.

Was mit deinen Erfahrungen nicht in Einklang zu bringen ist, bringt dir eine neue Erfahrung.

Erfinden – Erfindung (Invention)

Zur Jahrtausendwende wurde in den USA eine groß angelegte Umfrage nach dem „Mann des 2. Jahrtausends“ durchgeführt. Mit deutlichem Abstand gewann: Johannes Gutenberg! Also keiner der großen Entdecker, an die jeder denkt, sondern ein echter „Innovator“. Da lacht das Herz der Neophilen (Innovationsfreunde – im Gegensatz zu den Neophoben).

Die Wahl war klug und richtig. Keine Innovation hat die Entwicklung von Kultur und Zivilisation nachhaltiger verändert und geprägt, im wahrsten Sinne des Wortes.

Doch wer war dieser Mann? Um 1400 als Johannes Gensfleisch im Mainzer Patrizierhaus im „Hofe zum Gutenberg“ geboren, fiel er früh durch seine wache Neugier und Lernfreude auf. Von allen Handwerken, in denen er sich unterweisen ließ – eigentlich sollte er Goldschmied werden –, faszinierte ihn die Druckkunst am meisten. Damals wurde mit geschnitzten Stempeln gedruckt. Wie so oft in der Innovationsgeschichte, lag der Gedanke an bewegliche Lettern in der Luft. Allerdings wagte sich keiner an die Herkules-Arbeit. Gerade dieses mag den entschlossenen, tat- und ideenfreudigen Mann herausgefordert haben. Unermüdlich experimentierte und entwickelte er.

Was ihm damals nicht bewusst war: Er arbeitete an einer Systeminnovation; das ist das dickste Brett, das man sich vornehmen kann. Aber er gab das Bohren nicht auf. Das Papier musste optimiert werden, die Druckerschwärze war an den Pro-

Johannes Gutenberg

zess anzupassen. Als er sich für Metall-Lettern entschied, galt es die richtige Legierung zu finden, um nur die wichtigste Partialinnovation zu nennen. Natürlich gab es Rückschläge und Geldmangel sowie jede Menge Spott und Hohn. Es kam sogar zum Streit mit seiner Heimatstadt, sodass er von 1428 bis 1444 in Straßburg wirkte.

Mit finanzieller Unterstützung eines reichen Kaufmanns gelingt schließlich das Jahrtausendwerk. Zwischen 1452 und 1455 werden 180 Exemplare der nunmehr weltberühmten 42-zeiligen lateinischen Bibel gedruckt. Ein wirtschaftlicher Erfolg wird es für ihn nicht, denn sein kaufmännischer Partner drängt ihn unfair aus dem Geschäft. Als die Bedeutung dieser Innovation langsam bewusst wird, stellt ihn Kurfürst Adolf von Nassau 1465 in seinen Dienst.

Erst spät, fast schon zu spät, erfährt er bescheidene Anerkennung. 1468 stirbt Johannes Gutenberg zurückgezogen in seiner Heimatstadt. Die rasch einsetzende „Diffusionsphase" – allein in den folgenden fünfzig Jahren entstehen in Europa über 1000 Druckereien – hat er nicht mehr erlebt. Die wirtschaftlichen, politischen und kulturellen Konsequenzen waren von einer Dimension, die er nicht ahnen konnte. Heute erkennen wir: Die Entwicklung des Buchdrucks war eine Innovation, wie sie im Buche steht.

ZITATE

Suche das kürzeste Verfahren.	Leonardo da Vinci
Es ist gar viel leichter, ein Ding zu tadeln, als selbst zu erfinden.	Albrecht Dürer
Das wahre und rechtmäßige Ziel der Wissenschaften ist kein anderes, als das menschliche Leben mit neuen Erfindungen und Mitteln zu bereichern.	Francis Bacon
Keine große Erfindung wurde je gemacht, ohne zuerst eine kühne Vermutung aufzustellen.	Isaac Newton
Es wäre wenig in der Welt unternommen worden, wenn man immer nur auf den Ausgang gesehen hätte.	Gotthold Ephraim Lessing
Es gibt nichts Törichteres im Leben, als zu erfinden.	James Watt nach seinen Mühen mit der Dampfmaschine
In der Mechanik ist es wichtig zu wissen, was man nicht braucht, um etwas zu machen.	James Watt
Es ist noch die Frage, wer die meisten Erfindungen gemacht hat, die Tiere oder die Menschen.	Georg Christoph Lichtenberg
Wie werden einmal unsere Namen hinter den Erfindern des Fliegens und dergleichen vergessen werden.	Georg Christoph Lichtenberg
Erfinden ist eine weise Antwort auf eine vernünftige Frage.	Johann Wolfgang von Goethe
Jeder Erfinder ist ein Märtyrer seiner Originalität.	Ludwig Tieck
Jedes hervorragende Werk ist zunächst unmöglich.	Thomas Carlyle
Das Geheimnis aller Erfinder ist, nichts für unmöglich anzusehen.	Justus von Liebig

Mit Blitzen kann man die Welt erleuchten, aber keinen Ofen heizen. — Friedrich Hebbel

Das Entdecken und Erfinden bringt … Stunden höchsten Genusses, aber auch Stunden größter Enttäuschung und harter, fruchtloser Arbeit. — Werner von Siemens

Auf dem Wege vom gelungenen Experiment bis zum brauchbaren, praktisch bewährten Mechanismus brechen sich zwischen 99 und 100 (von 100) Erfindungen den Hals. — Werner von Siemens

Die Lokomotive hat mehr getan, die Menschen zu vereinen, als alle Philosophen, Dichter und Propheten vor ihr seit Beginn der Welt. — Henry Thomas Buckle

Was der menschliche Geist ersinnen und glauben kann, das kann er auch verwirklichen. — Jules Verne

Kontinuierliche Verbesserungen sind besser als hinauszögernde Vervollkommnung. — Mark Twain

Ich gäbe alle meine Symphonien darum, die Lokomotive erfunden zu haben. — Antonín Dvorák

„Erfinden“ ist halt doch viel schöner als „erfunden haben“. — Carl Benz

Erfinden heißt, den Geheimnissen der Natur auf die Spur zu kommen und sie zum Wohle des Menschen anzuwenden. — Thomas Alva Edison

Wenn es einen Weg gibt, etwas besser zu machen, finde ihn. — Thomas Alva Edison

Der Fehler der meisten Erfinder ist, dass sie ein paar Sachen ausprobieren und dann aufhören.
Ich höre nie auf, bis ich erreicht habe, was ich will.

Thomas Alva Edison

Die Geschichte der Erfindungen lehrt, dass die Väter großer entwicklungsfähiger Ideen selten die Früchte ihrer Ideen ernten. Deshalb bleiben sie aber doch die eigentlichen Wohltäter der Menschheit.

Otto Lilienthal

Eine Flugmaschine zu erfinden bedeutet gar nichts; sie zu bauen nicht viel; sie zu erproben alles!

Otto Lilienthal

Eine Erfindung ist das Ergebnis des Kampfes zwischen Idee und körperlicher Welt. Immer liegt zwischen der Idee und der fertigen Erfindung die eigentliche Arbeits- und Leidenszeit des Erfinders.

Rudolf Diesel

Deshalb arbeitet auch jeder Erfinder mit einem unerhörten Abfall von Ideen, Projekten und Versuchen. Man muss viel wollen, um etwas zu erreichen. Das wenigste davon bleibt am Ende bestehen.

Rudolf Diesel

Faulheit ist die Mutter aller Erfindungen.

Curt Goetz

Das Großhirn unserer Chemiker wird noch manchen Pilzverstand überflügeln.

Gerhard Domagk (Entdecker der Sulfonamide)

Edison's greatest invention was that of the industrial research laboratory.

Norbert Wiener

Wir können mit dem Erfinden nicht aufhören, denn wir sitzen nun einmal auf dem Tiger.

Dennis Gabor

	Alle großen Erfindungen, alle großen Werke sind das Resultat einer Befreiung, der Befreiung von der Routine des Denkens und des Tuns.	Arthur Koestler
	Für die moderne Technologie ist es eine Binsenweisheit, dass sich gewisse Probleme mit einem hohen Maß an Wahrscheinlichkeit lösen lassen, auch wenn man zunächst keine Ahnung hat, worin diese Lösung bestehen könnte.	John Kenneth Galbraith
	I don't know who discovered water, but it probably wasn't a fish.	Marshall McLuhan
	Jede Erfindung ist am Anfang ein Säugling.	Arthur Fischer
	Je einfacher das Produkt ist, desto besser erfüllt es seinen Zweck.	Arthur Fischer
SPRICHWÖRTER UND SPRÜCHE	Not macht erfinderisch.	Deutschland
	Am Werke erkennt man den Meister.	Deutschland
	Erfinden ist wenig, aber die Erfindung verbreiten ist alles.	Deutschland
	Die besten Sachen sind ohngefer erfunden.	Altes Chemiebuch (1775)
	Develop a product where there is no market – then create one.	Motto von Sony (Walkman)
	Wer sucht, erfindet.	
	Stell dir vor, es ist unmöglich und keiner kriegt's hin.	

Die vier Situationen, in denen ein Erfinder sich befinden kann:
1. unberechtigte Sicherheit
2. berechtigte Unsicherheit
3. unberechtigte Unsicherheit
4. berechtigte Sicherheit

ANMERKUNGEN H.-J. QUADBECK-SEEGER

Die Invention ist das Ei,
die Innovation das Küken.

Erfindungen sind Ideen für Problemlösungen, die aus der Zukunft kommen.

Invention is: make things possible.
Innovation is: make things happen.

Es gibt keine Invention auf Bestellung und keine Innovation à la carte.

Erfindungen schaffen Arbeitsplätze, aber Arbeitsplätze lassen sich nicht erfinden.

Selbst die Nieten wurden nicht von Nieten erfunden.

Wer Neues sucht, muss sich neue Wege bahnen.

Invention braucht die Kreativität Einzelner, Innovationen erfordern den Einsatz des ganzen Unternehmens.

Wesentlich für ein Unternehmen sind nur seine Erfinder und seine Kunden, alles dazwischen ist nur notwendiges Beiwerk.

Es ist leichter, ein Weltverbesserer zu sein als ein Erfinder.

Invention is fun; Innovation is work.

Erfolg

Erfolg ist ein schillernder Begriff und bunt sind seine Definitionen. Bücher, die uns helfen wollen oder sollen, erfolgreich zu sein, füllen ganze Regale. Und wird die Spreu vom Weizen getrennt, so findet sich durchaus manch guter Rat darin. Sehr viel schwieriger ist die Frage, wie Innovationen erfolgreich durchgesetzt werden können. Natürlich gibt es keine Patentrezepte oder Königswege. Ratschläge und Wegweisungen zu geben ist nicht zuletzt Sinn dieses Buches.

Von den vielen Aspekten erfolgreichen Handelns sei hier nur einer herausgegriffen: die Offenheit für neue Problemlösungen, auch wenn sie nicht direkt im beruflichen Umfeld liegen. Dazu einige Beispiele.

Als Erfinder des schwarzen Schießpulvers gilt ironischerweise der Mönch Berthold Schwarz. Die erste Taschenuhr baute ein einfacher Schlosser, Peter Henlein, und er brachte damit den Terminstress in unsere Welt! Der Uhrmacher Ottmar Mergenthaler erfand dagegen die Setzmaschine. Der Pariser Gärtner Joseph Monier verstärkte den Beton mit Draht, woraus später der Stahlbeton wurde. Der Weber Friedrich Gottlob Keller fand im Holzschliff die Grundlage für billiges Papier; die Presse könnte ihn zu ihrem Schutzpatron machen. Dem Seifensiedersohn Benjamin Franklin verdankt die Welt den Blitzableiter und die Engländer einen besseren Kaminofen. Zwei Förster fallen aus der Reihe. Freiherr Friedrich Drais ersann die

Graham Bell

Draisine, aus der das Fahrrad entwickelt wurde. Die Schiffsschraube war eine Idee des Försters Franz Ressel. Pfarrer Sylvester Graham wollte durch streng vegetarische Kost die Fleischeslust dämpfen und kam so zu einem schmackhaften Brot, das unter seinem Namen weltweit bekannt wurde. Der Straßenmusikant Isaak Singer hatte die Idee für eine neue Nähmaschine, wurde reich, hatte vier Frauen und zeugte 24 Kinder. Das von dem Physiklehrer Philipp Reis erfundene Telefon wurde von dem Taubstummenlehrer Graham Bell 1876 zur ersten technischen Reife entwickelt. Der Philanthrop erntete nicht nur Anerkennung, sondern geriet auch in Verdacht, seine Telefonleitungen seien mitverantwortlich für Unwetter und Missernten. Doch schließen wir den Reigen, der sich beliebig fortsetzen ließe, wieder mit einem frommen Mann. Arthur Fry, ein Wissenschaftler bei dem Unternehmen 3M, sang eifrig im Kirchenchor und ärgerte sich immer über die herausfallenden eingelegten Merkzettel. Er erinnerte sich an einen Misserfolg seines Kollegen Spencer Silver, der einen nur unzureichend haftenden Klebestreifen entwickelt hatte. Gerade dieses Manko hielt er für die Lösung seines Problems. Seine Vorgesetzten ihrerseits hielten nichts von dieser Idee. So bastelte er in seinem Keller weiter. Nun, den weltweiten Erfolg von „Post-it“ kennt jeder.

Welche Schlüsse sind zu ziehen? Der Mut und die Entschlossenheit, ein Problem zu lösen, hängen nicht allein von Ausbildung und Beruf ab. Freilich setzen technische Innovationen heutzutage profundes Wissen voraus. Aber es ist ermutigend, immer wieder Innovationen zu erleben, die von begabten Außenseitern ausgehen. Die Welt verdankt solchen Menschen und ihren Erfolgen viel.

ZITATE

Das größte Hindernis im Fortgang der Wissenschaft ist das Verlangen, den Erfolg zu frühzeitig zu erleben.	Georg Christoph Lichtenberg
Nichts ist überzeugender als Erfolg.	Leopold von Ranke
Die Welt macht dem Menschen Platz, der weiß, wohin er geht.	Ralph Waldo Emerson
Einen wirklich großen Mann erkennt man an drei Dingen: Großzügigkeit im Entwurf, Menschlichkeit in der Ausführung und Mäßigkeit beim Erfolg.	Otto von Bismarck
Erfolgreich sind wir nur da, wo wir nutzen, nicht, wo wir ausnutzen.	Werner von Siemens
Der Erfolg ist eine Folgeerscheinung. Niemals darf er zum Ziel werden.	Gustave Flaubert
Der Wille öffnet die Türen zum Erfolg.	Louis Pasteur
Erfolg hat nur der, der etwas tut, während er auf den Erfolg wartet.	Thomas Alva Edison
Zum Erfolg braucht der Forscher die vier großen „G": Geist, Geduld, Geld und Glück.	Paul Ehrlich
An dem Kummer eines Freundes teilzunehmen ist leicht, aber es bleibt das Zeichen einer außergewöhnlichen Natur, sich an den Erfolgen des Freundes mit freuen zu können.	Oscar Wilde
Erfolg besteht darin, dass man genau die Fähigkeiten hat, die im Moment gefragt sind.	Henry Ford
Der Preis des Erfolges ist Hingabe, harte Arbeit und unablässiger Einsatz für das, was man erreichen will.	Frank Lloyd Wright
Success is never final.	Winston Churchill

Viele erkennen zu spät, dass man auf der Leiter des Erfolgs einige Stufen überspringen kann.
Aber immer nur beim Abstieg.

William Somerset Maugham

Holzhacken ist deswegen so beliebt, weil man bei dieser Tätigkeit den Erfolg sofort sieht.

Albert Einstein

Der Erfolgreiche lernt aus seinen Fehlern und wird auf neuen Wegen von vorne beginnen.

Dale Carnegie

Erfolg, das ist eine unberechenbare Mischung aus Talent, Glück und Arbeit und oft auch ein Missverständnis.

Carl Zuckmayer

Die Weigerung, Unwichtiges zu tun, ist eine entscheidende Voraussetzung für den Erfolg.

R. Alec Mackenzie

Misserfolge stellen sich am leichtesten ein, wenn man seinem Erfolg treu bleiben will anstatt sich selbst.

Sigmund Graff

Erfolg ersetzt alle Argumente.

Sigmund Graff

Wer sich die Steine zurechtlegen kann, über die er stolpert, hat Erfolg in den Naturwissenschaften.

Erwin Chargaff

Was alle Erfolgreichen miteinander verbindet, ist die Fähigkeit, den Graben zwischen Entschluss und Ausführung äußerst schmal zu halten.

Peter F. Drucker

Erfolg stellt sich ein, wenn man mehr tut als nötig. Und das immer.

Lothar Schmidt

Erfolg ist so ziemlich das Letzte, das einem vergeben wird.

Truman Capote

Langfristig ist man nur erfolgreich, wenn man weiß, warum man erfolgreich ist.

Rupert Lay

Erfolg ist die Kunst, dem Sinnvollen das Rentable vorzuziehen. — Helmar Nahr

Auf der untersten Sprosse der Erfolgsleiter ist die Unfallgefahr am geringsten. — Rupert Schützbach

Der Erfolg zählt. Die Misserfolge werden gezählt. — Nikolaus Cybinski

SPRICHWÖRTER UND SPRÜCHE

Nicht vom Feuer, vom Blasebalg glüht das Eisen. — Russland

Der Erfolg hat viele Väter, der Misserfolg ist ein Waisenkind. — Deutschland

Erfolg bindet, Misserfolg trennt. — Deutschland

SNS-Prinzip (Schaffe, net schwätze.) — Schwäbisch

Wer für seine Erfolgserlebnisse nicht selbst sorgt, hat sie nicht verdient.

Mit dem Erfolg wachsen auch die Probleme.

Erfolg ist die Kunst, Fehler unbemerkt zu machen.

Wer arbeitet, ist vor dem Erfolg nie sicher.

Halbe Erfolge sind die gefährlichsten.

Success breeds success.

ANMERKUNGEN H.-J. QUADBECK-SEEGER

Wer auf den Erfolg wartet, hat bereits verpasst, worauf es ankommt.

Der Aufstieg zum Erfolg ist länger, als der Abstieg steil ist.

Wir stärken uns durch unsere Erfolge, aber wir wachsen an unseren Misserfolgen.

Solange ein Unternehmen wächst, fühlt es sich jung.

Erfolg ist eine Leiter, deren Sprossen nach oben immer größeren Abstand haben.

Die Entwicklung von Kernkompetenzen ist die wichtigste Kernkompetenz eines erfolgreichen Unternehmens.

Beim Erfolg schauen alle auf die Früchte und nicht auf die Wurzeln.

Wer die Nadel gefunden hat, macht den Heuhaufen gerne größer.

Zu den Risiken und Nebenwirkungen des Erfolges fragen Sie Ihre Familie oder Ihren Arzt.

Es gibt keinen Erfolg ohne Zufall, aber es gibt auch keinen Erfolg nur durch Zufall.

Erkenntnis

„Adam, lass bitte noch
einen Apfel übrig – für Newton!“

ZITATE

Erkenne dich selbst! — Thales

Das sicherste Mittel, getäuscht zu werden, ist, sich für schlauer zu halten als die anderen. — La Rochefoucauld

Wenn ich weiter gesehen habe, dann deshalb, weil ich auf den Schultern von Riesen stand. — Isaac Newton

Nicht in der Erkenntnis liegt das Glück, sondern im Erwerben der Erkenntnis. — Edgar Allan Poe

Staunen ist der erste Schritt zu einer Erkenntnis. — Louis Pasteur

Was ich erklären kann, dessen Herr bin ich. — Theodor Haecker

Dem Anwenden muss das Erkennen vorausgehen. — Max Planck

Die „dumme" Frage ist gewöhnlich das erste Anzeichen einer völlig neuen Entwicklung. — Alfred North Whitehead

Nichts im Leben muss gefürchtet werden. Es gilt nur, es zu verstehen. — Marie Curie

Wer seine Grenzen kennt, ist schon ein halber Weiser. — John Galsworthy

Gefragt ist nicht der Wille zu glauben, sondern der Wunsch zu erkennen, was genau das Gegenteil ist. — Bertrand Russell

Alle Mittel bleiben nur stumpfe Instrumente, wenn nicht ein lebendiger Geist sie zu gebrauchen versteht. — Albert Einstein

Das ewig Unbegreifliche an der Welt ist ihre Begreiflichkeit. — Albert Einstein

Das Erstaunen bleibt unverändert – nur unser Mut wächst, das Erstaunliche zu verstehen. — Niels Bohr

Wenn sich eine Frage überhaupt stellen lässt, so kann sie auch beantwortet werden. — Ludwig Wittgenstein

Alle Erkenntnis schwebt über einer grundlosen Tiefe. — Werner Heisenberg

Der menschlichen Erkenntnis sind Grenzen gesetzt, aber wir wissen nicht, wo diese liegen. — Konrad Lorenz

Die große Gefahr für die Menschheit liegt nicht in der Entwicklung der Erkenntnis, sondern in der Unkenntnis. — François Jacob

SPRICHWÖRTER UND SPRÜCHE

Wer am Morgen das richtige Prinzip erkannt hat, kann am Abend ruhig schlafen. — China

Was man nicht versteht, bewundert man. — Indien

An den Scherben erkennt man den Topf. — Deutschland

Der Teufel steckt in den Fußnoten.

Am Fuße des Leuchtturms ist es immer dunkel.

Die wichtigste Erkenntnis ist, dass man Erkenntnis braucht.

ANMERKUNGEN
H.-J. QUADBECK-SEEGER

Dass Adam und Eva vom Baum der Erkenntnis gegessen haben, sei ihnen vergeben. Warum haben sie aber bloß genascht?

Georg Christoph Lichtenberg: „Wer nichts als Chemie versteht, versteht auch die nicht recht." Recht hat er, aber heute gilt ebenso: Wer nichts von Chemie versteht, versteht alles andere auch nicht recht.

Der Erkenntnisfortschritt besteht immer häufiger darin, das Unverständliche durch das Unanschauliche zu beschreiben.

Je wichtiger eine Erkenntnis, desto wahrscheinlicher wird sie anfangs verkannt.

Erkenntnis ist Licht im Gehirn.

Forscherglück hat, wer auf eine Erkenntnisader stößt.

Dogmen sind die vertrockneten Äste am Baum der Erkenntnis.

1. Hauptsatz der Erkenntnis: Ich weiß, dass ich nichts weiß.
2. Hauptsatz der Erkenntnis: Ich weiß, dass andere nichts wissen.
3. Hauptsatz der Erkenntnis: Auch wenn das Wissen zunimmt, nimmt die Dummheit nicht ab.

In den Früchten, die von selbst vom Baum der Erkenntnis fallen, steckt meistens der Wurm.

Unser Erkenntnisdrang stößt immer wieder an die Schädeldecke.

Wer Zweifel sät, wird Erkenntnis ernten.

Der Weg zu neuen Erkenntnissen ist immer lang und mühsam; die Abkürzungen findet man hinterher.

Zur Erkenntnis führen oft verschlungene Wege, aber keine krummen.

Jede allgemeine Erkenntnis kann zu speziellen Irrtümern führen.

Auch wer die Natur liebt,
dem gibt sie keinen Bonus
bei der Suche nach Erkenntnis.

Evolution

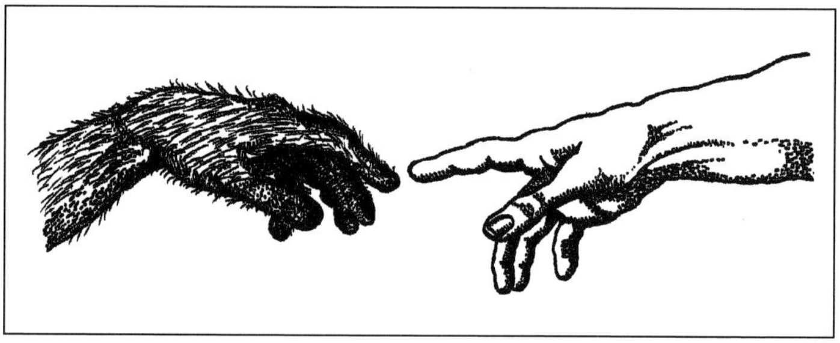

... nach dem neuesten Stand der Erkenntnisse ...

ZITATE

Die Menschen waren zunächst Fische. Als sie in der Lage waren, sich gegenseitig zu helfen, gingen sie an Land.

Anaximander

The expression often used by Mr. Herbert Spencer of „the Survival of the Fittest" is more accurate, and is sometimes equally convenient.

Charles R. Darwin

This survival of the fittest, which I have here sought to express in mechanical terms, is that which Mr. Darwin has called „natural selection", or the preservation of favoured races in the struggle for life.

Herbert Spencer

Gott hat den Menschen erschaffen, weil er vom Affen enttäuscht war. Danach verzichtete er auf weitere Experimente.

Mark Twain

Evolution is the most powerful and the most comprehensive idea that has ever arisen on earth.

Julian Huxley

Der notwendige Weg über eine allgemeine weiteste Erforschung des Lebens führt uns vor die Tatsache, dass der Ursprung des Lebens letztlich ein Geheimnis ist. Dasselbe gilt für die weitere Entwicklung, die Evolution der lebendigen Gestalten.

Adolf Portmann

Nothing in biology makes sense except in the light of evolution.

Theodosius G. Dobzhansky

Das lang gesuchte Zwischenglied zwischen Tier und dem wahrhaft humanen Menschen sind wir.

Konrad Lorenz

It's all engineering, molecular engineering.

Sidney Brenner

Leben entstand, sobald der chemische und thermodynamische Zustand unseres Planeten dies zuließ. — Manfred Eigen

SPRICHWÖRTER UND SPRÜCHE

Gott schuf den Menschen ihm zum Bilde. — Die Bibel (1. Mose 1, 27)

Die ersten Menschen waren die letzten Affen.

Life is not Xerox and you are not a copy, you are unique.

Evolution is simple, but explanation makes it difficult.

ANMERKUNGEN H.-J. QUADBECK-SEEGER

Evolution lässt sich nicht Zeit, sondern nutzt sie.

Die Evolution selektiert ihre Kinder.

Leben ist vorübergehende Teilnahme am Evolutionsprozess.

Das Geheimnis der Evolution ist die planmäßige Nutzung des Zufalls.

Der Mensch ist der zerebrale Neureiche der Evolution.

Die Evolution geht weiter: vom aufrechten Gang zur Gangschaltung.

Wir haben noch allerlei Gerümpel aus der Evolution in unserer Dachkammer.

The fittest surviver: Darwinner!

Experiment

1

2

3

Sempé

ZITATE

Durch Versuch ist alles und jedes zu machen. — Theokrit

Es ist nötig, alles zu messen, was messbar ist, und zu versuchen, messbar zu machen, was es noch nicht ist. — Galileo Galilei

Ein Experiment, dem nicht eine Theorie, d.h. eine Idee vorausgeht, verhält sich zur Naturforschung wie das Rasseln einer Kinderklapper zur Musik. — Justus von Liebig

Nur ein Narr macht keine Experimente. — Charles R. Darwin

Ich will nicht wissen, was Sie gefunden haben, sagen Sie mir bitte, was Sie nicht gefunden haben. — Robert Wilhelm Bunsen

Für das Können gibt es nur einen Beweis, das Tun. — Marie von Ebner-Eschenbach

Ergebnisse! Sie fragen mich, warum ich so viele Ergebnisse habe. Ich weiß tausend Dinge, die nicht funktionieren. — Thomas Alva Edison

Ehe man eine Messung verwertet, muss man sie deuten. — Max Planck

Der Mensch muss sich stets auf neue Überraschungen gefasst machen. — Max Planck

Eine schlecht beobachtete Tatsache ist tückischer als ein falscher Schluss. — Paul Valéry

Ein Problem wird nicht im Laboratorium gelöst, sondern im Kopf. Die ganze Apparatur dient mir dazu, diesen Kopf so weit zu drehen, dass er die Dinge richtig sieht. — Charles Kettering

Keine noch so große Zahl von Experimenten kann beweisen, dass ich Recht habe; ein einziges Experiment kann beweisen, dass ich Unrecht habe. — Albert Einstein

Und jeder Versuch ist ein völlig neuer Beginn und eine andere Art von Fehlschlag. — Thomas S. Eliot

Eine Hypothese ist eine schlafende Schönheit, die auf den Prinzen wartet, der sie aufweckt.
Der Prinz ist das prüfende Experiment. — Carl Djerassi

Wenn man sieht, was Gott auf Erden alles zulässt, hat man das Gefühl, dass er immer noch experimentiert. — Peter Ustinov

SPRICHWÖRTER UND SPRÜCHE

Probieren geht über studieren. — Deutschland

Versuch macht klug. — Deutschland

Ein gelungener Versuch macht kühn. — Deutschland

Versuchet, so werdet ihr erfinden. — nach Matthäus

Besser wissen ist leichter als besser machen.

Reden ist Silber, Experimentieren ist Gold.

Kann die Konkurrenz das Experiment reproduzieren, war es nicht raffiniert genug.

Wenn ein Experiment misslungen ist, versuche nicht, es mit Mathematik zu retten.

Nur Experimente, die man nicht macht, können auch nicht scheitern.

Ein gutes Instrument gibt noch keine guten Ergebnisse. Vor dem Instrument müssen aufmerksame Augen sein und hinter den Augen ein waches Gehirn.

Erspar dir Ärger – wiederhole kein Experiment.

Vielleicht bin ich nur ein biologisches Experiment.

Graffito

ANMERKUNGEN H.-J. QUADBECK-SEEGER

Wegen der Unverzichtbarkeit des Experimentes können die Naturwissenschaften die Praxis nicht umgehen.

Experimente sagen immer die Wahrheit. Die Irrtümer stecken in den Interpretationen.

Jedes Experiment ist so anzulegen, dass die daraus gewonnenen Informationen die Effizienz des Handelns verbessern.

Gefährliche Experimente sind nicht nur solche, bei denen etwas passieren kann, sondern auch solche, die zu Fehlschlüssen führen.

Ein fehlgeschlagenes Experiment kann ein Augenzwinkern der Natur sein.

Mit einem neuen Instrument können auch die einfachsten Experimente schief gehen.

Bevor man einen Triumph über die Kausalität vermutet, ist es ratsam, das Experiment zu reproduzieren.

Wenn ein Experiment auf Anhieb klappt, war entweder die Idee zu einfach oder die Apparatur zu primitiv.

Ein Experiment, das sich nicht wiederholen lässt, ist einmalig.

Nur die trivialen Experimente gelingen auf Anhieb, die gewagten müssen glücken.

Experten

Die selbst ernannten Experten sind ihrer Zeit immer voraus!

ZITATE

Ein Mensch kann nicht alles wissen,
aber etwas muss jeder haben,
was er ordentlich versteht.

Gustav Freytag

Experte: ein Spezialist, der über etwas
alles weiß und über alles andere nichts.

Ambrose Bierce

Alle Berufe sind Verschwörungen gegen
die Laien.

George Bernard Shaw

Experte ist einer, der mehr und mehr
über weniger und weniger weiß.

Nicolas Murray Butler

Wenn alle Experten einig sind,
ist Vorsicht geboten.

Bertrand Russell

Ein Experte ist ein Mann, der hinterher
genau sagen kann, warum seine
Prognose nicht gestimmt hat.

Winston Churchill

Lass dir von keinem Fachmann
imponieren, der dir erzählt:
„Lieber Freund, das mache ich schon seit
20 Jahren so!" Man kann eine Sache auch
20 Jahre lang falsch machen.

Kurt Tucholsky

Die Fachleute sind immer böse, wenn
einem Laien etwas einfällt, was ihnen
nicht eingefallen ist.

John Steinbeck

Ein Physiker ist jemand, der jeden
technischen Defekt erklären, aber nicht
reparieren kann.

Michael Schiff

Mancher gilt bloß deswegen als Experte,
weil er sich für seine Meinung bezahlen
lässt.

Alfred Mohler

Wissenschaftlicher Gutachter:
Persona non gratis.

Gerhard Uhlenbruck

SPRICHWÖRTER UND SPRÜCHE

Der Experte macht es allen recht,
aber nicht billig.

Experten werden in letzter Minute hinzugezogen, um einen Teil der Schuld zu übernehmen.

Experten streiten untereinander, verschwören sich aber gegen die Laien.

Vier Experten, fünf Meinungen!

Traue keinem Experten, der sich alles zutraut.

Schlimmer als Fachidioten sind Allround-Dilettanten.

Die Experten sind der Reichtum eines Volkes.

Experten haben die Titanic gebaut,
ein Amateur die Arche.

Graffito

ANMERKUNGEN H.-J. QUADBECK-SEEGER

Ein Experte weiß immer zu viel, um guten Gewissens einen einfachen Rat geben zu können.

Wer sich einem Laien nicht verständlich machen kann, der hält sich heutzutage schon für einen Experten.

Spezialisten reden mit Spezialisten am liebsten über all die anderen, die ihr Spezialgebiet unterschätzen.

Manche Experten erwecken den Eindruck, mehr Details zu kennen, als es gibt.

Für den Experten ist das Detail das Wesentliche.

Experten wollen nur von Experten verstanden werden, von Laien wollen sie bewundert oder bezahlt werden.

Es ist leichter, Einigkeit unter Laien zu erreichen als unter Experten.

Gesunder Menschenverstand und Expertenwissen verhalten sich wie Bauernschläue zur Agrarökonomie.

Jede Kompetenz hat Grenzen, die zum Überschreiten locken.

Verständlichkeit ist die Höflichkeit der Experten.

Fehler

Dem britischen Nationalökonomen John Maynard Keynes (1883–1946) verdankt die Welt eine wirtschaftstheoretische Innovation. In seinem Hauptwerk „Die allgemeine Theorie der Beschäftigung des Zinses und des Geldes“ (1936) empfahl er entgegen der klassischen wirtschaftsliberalen Sicht in Rezessionszeiten staatliche Konjunkturprogramme durch Schuldenfinanzierung (deficit spending) zur Ankurbelung der Wirtschaft. Dieses Konzept hat die Wirtschaftspolitik nachhaltig beeinflusst. Die Kritiker hielten diese „Rettung aus der wirtschaftlichen Talsohle auf die Schuldenberge“ nicht für ein Allheilmittel. Heute sind die Wirtschaftstheorien differenzierter, nicht zuletzt deswegen, weil die Kontroverse um Keynes so viel in Gang gebracht hat.

John M. Keynes war ein nachdenklicher Beobachter und ein präziser Formulierer. Hier seien nur zwei seiner Zitate über Fehler hervorgehoben. Er hielt übrigens die hohen Reparationsauflagen für Deutschland im Versailler Vertrag (er war Mitglied der englischen Delegation) für einen Fehler. Doch nun zu seinen Aphorismen. „Fehler sind nützlich, aber nur, wenn man sie schnell findet.“ Noch mehr muss man ihm Recht geben, wenn er auf die Konsequenzen von Fehlentwicklungen hinweist, die lange Zeit unbemerkt bleiben. Dazu meinte er lapidar: „Der Sturz aus dem zehnten Stock verläuft bis zum Parterre völlig problemlos.“ Dem ist nichts hinzuzufügen.

John Maynard Keynes

ZITATE

Wer einen Fehler gemacht hat und ihn nicht korrigiert, begeht einen zweiten.	Konfuzius
Wenn wir keine Fehler hätten, würden wir nicht mit so großem Vergnügen an anderen welche entdecken.	La Rochefoucauld
Fehler sind fast immer verzeihlicher als die Mittel, durch die man sie zu verdecken sucht.	La Rochefoucauld
Liebe deine Feinde; sie sagen dir deine Fehler.	Benjamin Franklin
Jeder Fehler erscheint unglaublich dumm, wenn andere ihn begehen.	Georg Christoph Lichtenberg
Der Unterschied zwischen Fehlschlag und Erfolg besteht darin, dass etwas nahezu richtig oder genau richtig werde.	Charles Simmons
Es ist die wertvollste Erfahrung, einige Fehler früh im Leben zu machen.	Thomas Alva Edison
Wenn man einen Fehler gemacht hat, bezeichnet man das selbst als „Erfahrungen sammeln".	Oscar Wilde
Unsere Fehlschläge sind lehrreicher als unsere Erfolge.	Henry Ford
Wer wirklich Autorität hat, wird sich nicht scheuen, Fehler zuzugeben.	Bertrand Russell
Wer noch nie einen Fehler gemacht hat, hat sich noch nie an etwas Neuem versucht.	Albert Einstein
Fehler sind nützlich, aber nur, wenn man sie schnell findet.	John Maynard Keynes
Jeder Mensch macht Fehler. Das Kunststück liegt darin, sie dann zu machen, wenn keiner zuschaut.	Peter Ustinov

Fehlschläge sind die Würze, die dem Erfolg sein Aroma geben. — Truman Capote

SPRICHWÖRTER UND SPRÜCHE

In jeder Töpferei liegen auch Scherben. — Ägypten

Nur mit den Augen der anderen kann man seine Fehler gut sehen. — China

Anderer Fehler sind gute Lehrer. — Deutschland

Durch Fehler wird man klug. — Deutschland

Erkannte Fehler sind schon halb korrigiert. — Deutschland

Wie man's macht, is et falsch.
Und macht man's falsch, is et ooch nich richtig. — Berliner Spruch

Wer keine Fehler macht, macht sowieso etwas falsch.

Auch wer regelmäßig versagt, ist zuverlässig.

Alle Fehler sind entschuldbar, nur die wiederholten nicht.

Mache nie den gleichen Fehler zweimal, sondern denke dir einen neuen aus.

Wer Fehler macht, kann sich der Aufmerksamkeit seiner Vorgesetzten sicher sein.

Wer arbeitet, macht Fehler. Wer viel arbeitet, macht viele Fehler. Wer keine Fehler macht, ist ein fauler Hund.

Fehler zu finden dauert immer länger als Fehler zu machen.

Jeder Fehler, der vermieden werden soll, neigt dazu, sich einzuschleichen.

Es ist nie ganz richtig, irgend etwas für total falsch zu halten.

Kleinhirn macht auch Mist.

Aus Fehlern lernt man; wir machen keine Fehler!

Nobody is perfect. I am nobody.

ANMERKUNGEN H.-J. QUADBECK-SEEGER

Jeder hat das Recht, Fehler zu machen, aber erstens ist keiner dazu verpflichtet, und zweitens hat jeder die Pflicht, den Fehler nicht zu wiederholen.

Die meisten Fehler macht man, wenn man beweisen will, wie gut man ist.

Der Kluge lernt aus seinen Fehlern, der Dumme macht daraus seine Vorurteile.

Fehler des Unterlassens können größere Konsequenzen haben als Fehler des Unternehmens.

Manch kleiner Fehler ist der Samen für einen ganzen Fehlerbaum.

Meistens erfordert es viel Intelligenz, um dumme Fehler zu finden.

Fürchte nicht den Fehler, sondern das Versagen.

Aus Fehlern kann man lernen, deshalb ist lebenslanges Lernen so wichtig.

Manch unternehmerischer Erfolg kommt nur dadurch zustande, dass aus den Fehlern der anderen die richtigen Konsequenzen gezogen werden.

Fehler können das Unternehmen schädigen, aber Unterlassungen können das Unternehmen gefährden.

Jeder strategische Fehler hat viele taktische Rechtfertigungen.

Den Gipfel der Inkompetenz hat man erst erreicht, wenn man die Fehler, die man macht, gar nicht mehr erkennt.

Fehler, die für unmöglich gehalten werden, passieren bevorzugt.

Fehler vermeiden ist billiger als Fehler beheben, Fehler vertuschen ist am teuersten.

Forschung

Das Verhältnis von Management und Forschung hat Matthias Seefelder in der Parabel *Jäger und Hund* treffend beschrieben:

Die Forschung, wie sie an wissenschaftlichen Instituten betrieben wird, hat es gut. Das Publikum steht ihr mit völliger Verständnislosigkeit, aber mit ungeheuchelter Bewunderung gegenüber. Gegen die Obrigkeit schützt sie der Vorwand der Lehre. Nach dem Nutzen fragt keiner, denn allzu viel Neugier in dieser Frage könnte, so muss man fürchten, Überprüfungen des Etats herausfordern. Lassen wir sie also in Ruhe, „verzeihen wir ihnen, denn wir wissen nicht, was sie tun."

Die Industrieforschung dagegen muss nach Brot gehen. Sie ist Unternehmertum im Geistigen. Sie ist verantwortlich für die Zukunft. Und natürlich auch für die Gegenwart; und die Vergangenheit. Deshalb wird sie viel getadelt und selten gelobt. Im eisernen Käfig der Zweckentsprechung hat sie regelmäßig ihre Eier zu legen wie ein Huhn. Jedes Nachlassen bringt es gefährlich nahe an jenen Break-even-Point, hinter dem es als Suppenhuhn ertragsmäßig höher bewertet wird als eine Eierlegerin. Eine bedrohliche Alternative!

Daraus könnte man eine Klage gegen jene herleiten, die die Herren der Industrieforschung sind, vielleicht sogar eine Anklage. Jedoch auch das Management muss gehört werden; denn auch seine geistige Situation ist schwierig: hoher Forschungsaufwand, nicht berechenbares Risiko. Nicht kalkulierbarer Nutzeffekt!

Matthias Seefelder

Das Unternehmenselement Forschung ist unheimlich; ein intellektueller Klotz, unlöslich im Königswasser der betriebswirtschaftlichen Rechnung. Das Verhältnis eines Industrie-Managements zu seiner Forschung kann gut beschrieben werden durch die Allegorie eines Jägers und seines Hundes. Denn auch bei diesen beiden handelt es sich um eine Interessengemeinschaft mit irrationalen Zügen.

Ein einziger Zweck vereinigt sie: die Jagd. Aber während bei dem Hund das Motiv klar aus einer instinktiven Passion seiner Gattung kommt, obliegt der Jäger seiner Tätigkeit mehr, weil ihn ein komplexes Gemisch von Leidenschaft und Erwerbstrieb bewegt. Man muss ja leben! Und so wird die Verbindung der beiden zu einer Schicksalsgemeinschaft.

Dabei ist ihr Verhältnis belastet durch die Tatsache der Artfremdheit. Sie haben keine gemeinsame Sprache. So verständigen sie sich recht und schlecht durch Blicke, Gesten und rührende Urlaute. Zu Missverständnissen kommt es natürlich oft. Hilft dann alles nichts mehr, so hilft vielleicht noch ein Tritt; aber dieser ist nur dem Jäger erlaubt.

Die Gemeinschaft von Herr und Hund wird sinnlos, wenn ihren Unternehmungen kein Erfolg beschieden ist. Aber gerade der ist beständig bedroht durch die Divergenz ihrer Motive und Absichten, die von der Artverschiedenheit kommt. Für den Jäger ein beständiger Anlass zu Sorge und Unbehagen.

Kaum hat er seinen Hund von der Leine gelassen, so verschwindet der stracks im dichtesten Unterholz. Und dann ist lange Zeit nichts zu hören. Hie und da ein Gewinsel im Dickicht. Der Jäger wartet. Geduldig! Lange! In dieser Zeit beschäftigen ihn die beklemmendsten Bilder.

Was kann jetzt nicht alles passieren, was ihn um den Schuss auf ein kapitales Stück bringen wird: Kann sein, der Hund vergisst völlig edle Abstammung und Dressur, stürzt sich nicht auf Hochwild, sondern auf das nächste Karnickelloch und bringt lauter minderwertiges Zeug vor die Flinte, Zeug, das auf dem Markt niemand haben will. Oder auf Aas, längst ausgewaidet von einem anderen. Es gibt ja so viele Versuchungen für den triebhaften Vierbeiner. Noch schlimmer: er legt sich unter einen Strauch und schläft. Noch viel schlimmer: er trifft irgendwo auf andere Hunde, mit denen er sich nutzlos herumrauft! Oder gar sich paart!

Der Manager – Verzeihung! – der Jäger steht und denkt beständig: Was macht der Hund? Was macht der Hund?

Es gäbe vielleicht Sicherheiten für ihn, den Jäger: Den Hund nicht abkoppeln? Aber dann jagt er nicht! Ihm nachgehen ins Unterholz? Da müsste man selber Hund sein! Die ganze Jagd aufgeben und beim Wildbrethändler kaufen? Nun, da kriegt man nur alte Stücke! Der ganze Jammer symbiotischer Unternehmungen kommt über ihn.

Da! Lautes Bellen, Knacken im Holz, ein glücklicher Schuss, und Herr und Hund stehen berauscht vor ihrer großartigen Strecke. Es gibt Lob, Tätscheln, Schweifwedeln! Ein herrliches Essen wird man geben, 20 Lizenznehmer mindestens wird man einladen!

Glücklich ziehen sie heim, Herr und Hund, und der Herr denkt zufrieden: Ich hab es doch immer gesagt: Man muss ihm vertrauen!

Wer forscht, indem er sich auf Autorität beruft, verwendet nicht seinen Geist, sondern nur sein Gedächtnis.

Leonardo da Vinci

Man muss etwas Neues machen, um etwas Neues zu sehen.

Georg Christoph Lichtenberg

Der Mensch muss bei dem Glauben verharren, dass das Unbegreifliche begreiflich ist, sonst würde er nicht forschen.

Johann Wolfgang von Goethe

Auf die Frage von Gladstone: „Wozu soll die Erforschung der Elektrizität gut sein?" antwortete Michael Faraday: „Weil Sie eines Tages darauf Steuern erheben können, Sir."

Michael Faraday

Es gibt kein Wunder für den, der sich nicht wundern kann.

Marie von Ebner-Eschenbach

To study the abnormal is the best way of understanding the normal.

William James

Forschung auf dem Gebiet der angewandten Wissenschaft führt zu Reformen; Forschung auf dem Gebiet der reinen Wissenschaft führt zu Revolutionen.

Joseph J. Thomson

Es ist die nächste und im gewissen Sinne wichtigste Aufgabe unserer bewussten Naturerkenntnis, dass sie uns befähige, zukünftige Erfahrungen vorauszusehen, um nach dieser Voraussicht unser gegenwärtiges Handeln einrichten zu können.

Heinrich Rudolf

Wahre Erfolge sind in der Forschung nur zu erwarten bei völliger Souveränität innerhalb des Arbeitsgebietes.

Carl Bosch

Die Forschung ist die einzige Form, in Deutschland noch auswärtige Politik zu treiben.

Max von Laue

Aber man verlangt vom Forscher, dass er Beweise liefert. Wenn es sich zum Beispiel um die Entdeckung eines großen Berges handelt, verlangt man, dass er große Steine mitbringt.

Antoine de Saint-Exupéry

Ich kenne keinen Unterschied zwischen reiner und angewandter Forschung, ich kenne nur einen zwischen guter und schlechter Forschung.

Robert Burns Woodward

Forschung heißt: Durch Misserfolg ständig stimuliert werden.

Gerhard Uhlenbruck

Gerade in schwierigen Zeiten darf man alles drosseln, nur nicht die Blutzufuhr zum Hirn.

Hubert Markl

SPRICHWÖRTER UND SPRÜCHE

Der Forscher muss viele Frösche küssen, bis sich einer in einen Prinzen verwandelt.

Frisch geforscht ist halb gefunden.

Forschung bringt es an den Tag.

Wer zu lange sucht, könnte das Finden verlernen.

ANMERKUNGEN H.-J. QUADBECK-SEEGER

Die Grundlagenforschung will die Welt erkennen, angewandte Forschung will die Welt gestalten.

Wer die Forschung einschränken will, um den Gewinn zu erhöhen, kann genauso so gut seine Uhr anhalten, um Zeit zu gewinnen.

Die Forschungsfelder werden die Industrielandschaft bestimmen.

In der Forschung herrscht zwangsläufig schöpferische Unruhe und produktive Unordnung, und die Aufgabe eines Forschungsmanagers ist es nicht, für Ruhe und Ordnung zu sorgen, sondern das Chaos zu beherrschen.

Grundlagenforschung fragt nach dem Warum, angewandte Forschung sucht nach dem Wie.

Die Qualität der Fragen gibt der Forschung die Richtung, die Qualität der Methoden bestimmt, wie weit man kommen kann.

Forschung ohne Expertise ist wie eine Expedition ins Unbekannte ohne Proviant.

Auch der Forscher hat mal ein Krea-tief.

Mancher versteht unter Forschungsplanung Fortschritt nach dem Kursbuch.

Forschung ist kein Zuschauersport, obwohl es auch darauf ankommt, der Erste zu sein.

Forschung heißt heute, die Suche nach immer kleineren Stecknadeln in immer größeren Heuhaufen.

Forschung ist immer Aufbruch zu neuen Uferlosigkeiten.

Um erfolgreich in der Forschung zu sein, muss man sicher sein, was man anzweifelt.

Forschung ist immer Mosaikarbeit.

Erfolgsrezept für die Forschung: Sei polymethodisch und monothematisch.

Forschung ist Fortsetzung der Neugier mit anderen Mitteln.

Forschung ist all das, was man noch nicht in Büchern findet.

Wem Gott ein Amt gibt, dem gibt er auch Verstand; wem Gott aber ein Labor gibt, bei dem setzt er Verstand voraus.

Kleider machen Leute, aber Kittel noch keine Forscher.

Beim Erforschen und Versuchen
hört man auch die Frömmsten fluchen.

Fortschritt

ZITATE

Ein großer Teil des Fortschreitens besteht darin, dass wir fortschreiten wollen.

Seneca

Die echte Sehnsucht muss stets produktiv sein, ein Neues, Besseres zu schaffen.

Giordano Bruno

Er erklärte, wer zwei Maiskolben oder zwei Grashalme auf einem Stück Boden wachsen lassen könne, wo bisher nur einer gewachsen sei, würde mehr für die Menschheit tun und seinem Land einen größeren Dienst erweisen als alle Politiker miteinander.

Jonathan Swift

Der Mensch ist ein werkzeugmachendes Wesen.

Benjamin Franklin

Der Wechsel allein ist das Beständige.

Arthur Schopenhauer

Ich bin bereit überall hinzugehen, wenn es nur vorwärts ist.

David Livingstone

Die Industrie eines Landes wird niemals eine international leitende Stellung erwerben und sich erhalten können, wenn das Land nicht gleichzeitig an der Spitze des naturwissenschaftlichen Fortschritts steht.

Werner von Siemens

Alles Alte, soweit es Anspruch hat, sollen wir lieben, aber für das Neue sollen wir recht eigentlich leben.

Theodor Fontane

Zwei Dinge pflegen den Fortschritt der Medizin aufzuhalten: Autoritäten und Systeme.

Rudolf Virchow

Ratlosigkeit und Unzufriedenheit sind die ersten Vorbedingungen des Fortschritts.

Thomas Alva Edison

Fortschritt ist die Verwirklichung von Utopien. — Oscar Wilde

Fortschrittliche Ansichten haben fortschrittliche Pflichten zur Folge. — George Bernard Shaw

Die Kunst des Fortschrittes besteht darin, inmitten des Wechsels Ordnung zu bewahren und inmitten der Ordnung den Wechsel aufrechtzuerhalten. — Alfred North Whitehead

Den Fortschritt verdanken wir den Nörglern. Zufriedene Menschen wünschen keine Veränderung! — Herbert George Wells

Der Fortschritt ist unvorhersagbar, deshalb ist es auch sinnlos, über sein Ende zu spekulieren. — Joseph A. Schumpeter

Technik ist die Anstrengung, Anstrengungen zu vermeiden. — José Ortega y Gasset

Der Mensch gewöhnt sich rasch an die Wunder, die er selbst vollbringt. — François Mauriac

Nichts ist menschlicher als zu überschreiten, was ist. — Ernst Bloch

Den Fortschritt verdanken die Menschen den Unzufriedenen. — Aldous Leonard Huxley

Mehrheiten zementieren das Bestehende; Fortschritt ist nur über Minderheiten möglich. — Bertrand Russell

Nichts hält den Fortschritt der Wissenschaft mehr auf als eine richtige Idee zur falschen Zeit. — Vincent de Vigneaud

Immer wieder hat sich die Menschheit im Fortschritt der Naturwissenschaft selbst überrascht. — Hans Jonas

Man weiß nie, was daraus wird, wenn Dinge verändert werden. Aber weiß man denn, was daraus wird, wenn sie nicht verändert werden? — Elias Canetti

Fortschritt ist nur möglich, wenn man intelligent gegen die Regeln verstößt. — Boleslaw Barlog

Fortschritt ist der Weg von der primitiven über die komplizierte zur einfachen Lösung. — Kurt Biedenkopf

SPRICHWÖRTER UND SPRÜCHE

Wir sind alle für Fortschritt,
aber es soll alles beim Alten bleiben!

Fortschritt ist eine Bewegung in die Richtung der größtmöglichen Bequemlichkeit.

Alles Mögliche war einmal unmöglich.

Fortschritt ist die Brücke in die Zukunft.

Auf dem falschen Weg ist Rückschritt Fortschritt.

ANMERKUNGEN H.-J. QUADBECK-SEEGER

Arbeitsplätze und Wohlstand
sind die wichtigsten Technikfolgen.

Der Fortschritt macht es immer komplizierter, einfache Fragen zu beantworten.

Jeder Fortschritt wird am Anfang in seiner Geschwindigkeit überschätzt und in seiner langfristigen Wirkung unterschätzt.

Der Fortschritt hat Träume in Ansprüche verwandelt.

Die Idee von der guten alten Zeit lebt von Geschichtsfälschung.

Der Fortschritt erlaubt es dem Menschen, die Welt zu ändern, ohne sich selbst ändern zu müssen.

Durch das Über-Bord-Werfen von Traditionen wird der Fortschritt nicht schneller, sondern orientierungslos.

Jedweder Fortschritt erreicht irgendwann die Medizin und kommt den Kranken zugute.

In der Nanotechnologie sind die Meilensteine nur wenige Angström voneinander entfernt.

Die Chemiker verwandeln zwar nur Moleküle, aber damit verändern sie die Welt.

Das Bestehende steht dem Kommenden immer im Wege.

Wer vorausschreitet, hat immer nur ein Bein auf dem Boden.

Leben war früher Überleben, heute ist es Erleben.

Geduld

ZITATE

Ist man in kleinen Dingen nicht geduldig, bringt man die großen Vorhaben zum Scheitern. — Konfuzius

Nicht das Beginnen wird belohnt, sondern einzig und allein das Durchhalten. — Katharina von Siena

Geduld ist ein Pflaster für alle Wunden. — Miguel de Cervantes

Echte Geduld zeugt von großer Elastizität. — Novalis

Vier G dürfen einem Feldherren nicht fehlen: Geld, Geduld, Genie und Glück. — Helmuth Graf von Moltke

Mache es der Natur nach: Ihr Geheimnis ist Geduld. — Ralph Waldo Emerson

Große Zeit ist immer nur, wenn's beinah schief geht, wenn man jeden Augenblick fürchten muss: Jetzt ist alles vorbei. Da zeigt sich's, Courage ist gut, aber Ausdauer ist besser. Ausdauer, das ist die Hauptsache. — Theodor Fontane

Alles gackert, aber wer will noch still auf dem Nest sitzen und Eier brüten. — Friedrich Nietzsche

Wie ich arbeite? Ich taste mich voran. — Albert Einstein

Fähige Männer versagen fast immer aus dem gleichen Grund: weil sie nicht warten können. — Joseph A. Schumpeter

Man braucht sehr viel Geduld, um diese zu lernen. — Kurt Tucholsky

SPRICHWÖRTER UND SPRÜCHE

Ein Augenblick der Geduld kann vor großem Unheil bewahren; ein Augenblick der Ungeduld ein ganzes Leben zerstören. — China

Die Gegenwart belohnt den Fleißigen, die Zukunft belohnt den Geduldigen. — Italien

Die Geduld nicht zu verlieren, auch wenn es unmöglich scheint, das ist Geduld. — Japan

Wenn man lange genug wartet, kommt das schönste Wetter. — Japan

Geduld ist ein Baum, dessen Wurzeln bitter, dessen Frucht aber sehr süß ist. — Persien

Wo kein Schlüssel passt, da öffnet die Geduld. — Deutschland

Geduld und Fleiß erringt den Preis.

Herr, gib mir Geduld, aber dalli!

Nur Geduld! Mit der Zeit wird aus Gras Milch.

ANMERKUNGEN H.-J. QUADBECK-SEEGER

Schlimmer als der Mangel an Geld ist für eine Innovation oft der Mangel an Geduld.

Ungeduld drängt uns zu Fehlern.

Das Universum ist voller Geheimnisse, die geduldig darauf warten, von uns entdeckt zu werden.

Nur die anorganische Welt ist geduldig, Leben ist immer ungeduldig.

Forscher müssen Geduld haben sowohl bei ihrer Arbeit als auch mit ihrem Management.

Geld

Adolf von Baeyer (1835–1917) war ein begnadeter Chemiker, dem die Organische Chemie ein entscheidendes Konzept verdankt. Er bemühte sich insbesondere um die Aufklärung der Struktur von Naturstoffen. Um seine Erkenntnisse abzusichern, wurden die Abbauprodukte jeweils auf unterschiedlichen Wegen synthetisiert. Die Identität der Substanzen war der Beweis für die Richtigkeit. Auf diese Weise klärte er nicht nur die Struktur vieler Naturstoffe auf, wie z.B. die des Indigos, sondern setzte der synthetischen Chemie ständig neue Ziele und stellte sie vor neue Herausforderungen. Für seine wissenschaftlichen Leistungen wurde er 1905 mit dem Nobelpreis ausgezeichnet.

Adolf von Baeyer war ein harter Arbeiter, der sein Leben lang bescheiden und auch sparsam blieb. Für seine genauen Analysen brauchte er einmal einen neuen Satz von feinen, geeichten Gewichten. Diese durften natürlich nicht der Oxidation ausgesetzt sein; deshalb schrieb er in seinem Antrag an das Ministerium: „Ein Satz neuer Gewichte, vergoldet." Der misstrauische Beamte schrieb zurück: „Warum vergoldet?" Adolf von Baeyer antwortete lapidar: „Weil ganz aus Gold zu teuer!"

Adolf von Baeyer

ZITATE

Keine Festung ist so stark, dass Geld sie nicht einnimmt. — Cicero

Geld gleicht dem Dünger, der wertlos ist, wenn man ihn nicht ausbreitet. — Francis Bacon

Es ist leichter, über Geld zu schreiben, als Geld zu machen. — Voltaire

Das Geld, das man besitzt, ist das Mittel zur Freiheit; dasjenige, dem man nachjagt, das Mittel zur Knechtschaft. — Jean-Jacques Rousseau

Ein gesunder Mensch ohne Geld ist halb krank. — Johann Wolfgang von Goethe

Die Phönizier haben das Geld erfunden – aber warum so wenig? — Johann Nepomuk Nestroy

Geld ist geprägte Freiheit. — Fjodor M. Dostojewski

Als ich jung war, glaubte ich, Geld sei das Wichtigste im Leben; jetzt, wo ich alt bin, weiß ich, dass es das Wichtigste ist. — Oscar Wilde

Geld ist die reinste Form des Werkzeuges. — Georg Simmel

Ein Geschäft, das nichts als Geld verdient, ist kein gutes Geschäft. — Henry Ford

Geld ist der sechste Sinn. Der Mensch muss ihn haben, denn ohne ihn kann er die anderen fünf nicht voll ausnutzen. — William Somerset Maugham

Die meisten tragen ihr Geld zur Bank, um es vor sich selbst in Sicherheit zu bringen. — Sigmund Graff

Vielleicht verdirbt Geld den Charakter. Auf keinen Fall aber macht Mangel an Geld ihn besser. — John Steinbeck

Ein Unternehmer, der rote Zahlen schreibt, sündigt. — Basilius Streithofen

SPRICHWÖRTER UND SPRÜCHE

Wer Geld hat, ist ein Drache, wer keines hat, ein Wurm. — China

Geld hat hundert Füße. — China

Geld wird durch Feuer geprüft, der Mensch durch Geld. — China

Der Markt gehört dem, der bezahlt. — Indien

Wer alles bloß des Geldes wegen tut, wird bald des Geldes wegen alles tun. — Italien

Wer wissen will, was ein Taler wert ist, muss einen borgen. — Schweiz

Zu Gott haben wir Vertrauen,
alle anderen müssen bar bezahlen. — USA

Bei jedem Handel und jedem Kauf
beide Ohren und Augen auf! — Deutschland

Geld ist nicht alles, aber es hat einen Riesenvorsprung vor allem, was danach kommt.

So wahr mir Geld helfe!

Für Geld sollte man nicht alles tun – aber es doch zumindest in Erwägung ziehen.

Was du heute dir kannst borgen,
brauchst du morgen nicht besorgen.

Alle wollen mein Bestes, aber so viel Geld hab ich gar nicht.

Saving money is good – making money is better.

Mit dem Bezahlen verplempert man sein ganzes Geld.

ANMERKUNGEN H.-J. QUADBECK-SEEGER

Zeit ist Geld, aber Timing schafft Geld.

Die Prinzipien der Natur sind einfach, aber ihre Anwendung ist kompliziert. Beim Geld ist es genau umgekehrt. Es ist einfach zu handhaben, aber die Prinzipien sind kompliziert.

Geld hilft, Ideen ersetzt es aber nicht.

Wenn ein Unternehmen kein Geld hat, ist es in Gefahr; wenn es keine Ideen mehr hat, ist es verloren.

Wo Geld im Spiel ist, wird es immer ernst.

Beim Geld steckt der Teufel in den Zinsen.

Pecunia non olet (Geld stinkt nicht), sagten die Römer – aber dennoch braucht man einen guten Riecher, wenn man an Geld kommen will.

Geld zu Geld gesellt sich gern.

Die wichtigste Ressource am Markt ist das Geld der Kunden.

Solange der Kunde noch sein Geld hat, hat er Recht.

Geld kommt in allen drei Aggregatzuständen vor: Festgeld, flüssiges Geld und flüchtiges Geld.

Gelegenheit

Erfolgreiche Menschen, die ehrlich sind, geben alle zu, dass Zufälle, besondere Umstände, eben günstige Gelegenheiten, eine entscheidende Rolle auf ihrem Lebensweg gespielt haben. Daraus leiten viele den Kehrsatz ab: Warte auf günstige Gelegenheiten, packe sie beim Schopf und du wirst erfolgreich. Leider ist das ein Trugschluss. Die Lebensklugen wussten das zu allen Zeiten. George Bernard Shaw verdanken wir die knappe und präzise Formulierung, worauf es wirklich ankommt:

„Die Menschen, die es in dieser Welt zu etwas bringen, sind Menschen, die Ausschau halten nach den Umständen, die sie benötigen; und wenn sie diese nicht antreffen, erschaffen sie sie selbst."

George Bernard Shaw

ZITATE

Die Gelegenheit ist flüchtig.	Hippokrates
Kleine Gelegenheiten sind häufig der Anfang großer Unternehmen.	Demosthenes
Ein kluger Mann wird sich mehr Gelegenheiten verschaffen, als sich ihm darbieten.	Francis Bacon
Es steigt der Mut mit der Gelegenheit.	William Shakespeare
Gelegenheit macht nicht Diebe allein, sie macht auch große Männer.	Georg Christoph Lichtenberg
Unvorhergesehene Gelegenheiten sind unverzüglich zu nutzen, und auf unvorhergesehene Schwierigkeiten ist sofort zu reagieren.	nach Carl von Clausewitz
Nichts wird so unwiederbringlich versäumt wie eine Gelegenheit, die sich täglich bietet.	Marie von Ebner-Eschenbach
Die Menschen, die es in dieser Welt zu etwas bringen, sind Menschen, die Ausschau halten nach den Umständen, die sie benötigen; und wenn sie diese nicht antreffen, erschaffen sie sie selbst.	George Bernard Shaw
Die günstige Gelegenheit kommt oft verkleidet als Misserfolg oder vorübergehende Niederlage.	Napoleon Hill
Der originelle Kopf bemerkt, was der gewöhnliche nur sieht.	Emanuel Wertheimer
Für verlorene Gelegenheiten gibt es kein Fundbüro.	Paul Henri Spaak

SPRICHWÖRTER UND SPRÜCHE

Der Hastige überspringt seine Gelegenheiten. — Albanien

Die Götter können dem nicht helfen, der Gelegenheiten vorübergehen lässt. — China

Guter Wille findet bald Gelegenheit. — Deutschland

Eine Handvoll guter Gelegenheiten ist besser als ein Fuder guter Rat. — Deutschland

Die verpasste Gelegenheit läuft keinem nach.

Günstige Gelegenheiten kommen meist im unpassenden Moment.

ANMERKUNGEN H.-J. QUADBECK-SEEGER

Bitter rächen sich die Gelegenheiten, die wir verschmähen.

Man soll keine Gelegenheiten beim Schopfe packen, die eine Perücke tragen.

Das Leben schenkt wenig, bietet aber genügend Gelegenheiten.

Kein Genie hat je auf Gelegenheiten gewartet.

Reisen in ferne Länder sind deshalb so interessant, weil es keine besseren Gelegenheiten gibt, so viel kennen zu lernen, was einem nicht bekommt.

Gewinn

Wie wichtig ist der Gewinn für Innovationen?

In der Nationalökonomie wird dem Gewinnstreben eine zentrale Rolle zugeschrieben. Der Zusammenbruch der sozialistischen Systeme – im Grunde waren sie schlicht pleite – ist der historische Beweis, dass Wohlstand und Fortschritt ohne Gewinnstreben nicht zu entwickeln sind. Aber inzwischen wird auch deutlich, dass hemmungsloses Gewinnstreben, das womöglich in noch ungehemmtere Spekulation übergeht, auch eine Gefahr werden kann. Dennoch ist es gut, wenn junge, unternehmerische Wissenschaftler mit ihren Forschungsergebnissen und Kenntnissen neue Firmen gründen und auch nach Gewinn streben. Aber selten ist es das reine Gewinnstreben, das sie motiviert. In der Regel sind es komplexe Motivationsgefüge. Sie wollen ihre Ergebnisse rasch in die Praxis umsetzen, den großen Firmen zeigen, wie schnell und gut sie sind, oder auch sich selbst beweisen.

Manche sind auch ganz altruistisch. In diesem Zusammenhang sei an Conrad Röntgen (1845–1923) erinnert. Seine Entdeckung der geheimnisvollen Strahlen (im Englischen heißen sie heute noch X-Rays) war eigentlich zufällig. Bei seinen Experimenten mit Elektronenstrahlen wurden Photoplatten geschwärzt, die sicher verpackt auf dem Tisch und in der Schublade lagen. Röntgen zog die richtige Schlussfolgerung und durch-

Willhelm Conrad Röntgen

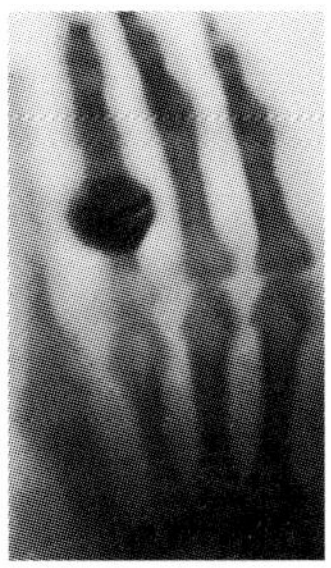

Das erste Röntgenbild ist eine Aufnahme, die Röntgen von der Hand seiner Frau machte.

leuchtete erst seine Hand und dann die seiner Frau, wobei das berühmte Bild entstand. Er war sich der Tragweite seiner Entdeckung wohl bewusst. Selbst eine unbeholfen formulierte Patentanmeldung hätte ihn zum reichen Mann gemacht. Aber er verzichtete, weil er der Meinung war, eine so segensreiche Erfindung müsse der Menschheit gehören und keiner hätte das Recht, sie für sich in Anspruch zu nehmen. Er wurde zwar geehrt, erhielt den Nobelpreis und einen Ruf nach München, materiell hat sich seine bahnbrechende Entdeckung jedoch nicht ausgewirkt. Nach seiner Emeritierung lebte er in München in bescheidenen Verhältnissen. Als er 1923 starb, hatten viele Firmen sehr viel Geld mit seiner Entdeckung verdient, ihn aber mehr oder weniger vergessen.

ZITATE

Das schlimmste Verbrechen gegen die arbeitenden Menschen verübt ein Unternehmen, das keine Profite macht. — Samuel Gompers

Du sollst die Dienstleistung über den Gewinn stellen. Der Gewinn darf nicht die Basis, sondern muss das Resultat der Dienstleistung sein. — Henry Ford

Gewinn ist so notwendig wie die Luft zum Atmen. Aber es wäre schlimm, wenn wir nur wirtschaften würden, um Gewinn zu machen, wie es schlimm wäre, wenn wir nur leben würden, um zu atmen. — Hermann Josef Abs

Sozial ist nicht, wer das Geld anderer Leute verteilt, sondern wer dafür sorgt, dass es überhaupt etwas zu verteilen gibt. — Paul Schnitker

Die soziale Aufgabe des Unternehmens ist es, Gewinne zu machen. Je höher der Gewinn ist, desto sozialer verhält sich der Unternehmer. — Milton Friedman

Der Gewinn ist Maßstab, nicht Ziel eines Unternehmens. — Hans L. Merkle

Gewinn ist das Geld, das zählt. — Lothar Schmidt

Gewinn ist der eigentliche Motor des Wettbewerbs. Er dient der Steigerung der Produktivität, der Kostenersparnis, der Innovation und der Verbesserung der Produkte. — Lothar Schmidt

SPRICHWÖRTER UND SPRÜCHE

Gewinn wagt alles. Deutschland

Risikoloser Gewinn ist ohne Ruhm. Deutschland

Es geht uns nicht um den Gewinn, wir sind schon froh, wenn wir abends müde sind.

Gewinn ist, was man vor dem Staat rettet.

Langfristiger Gewinn kommt nur von glücklichen Kunden.

ANMERKUNGEN H.-J. QUADBECK-SEEGER

Wer nicht wagt, der nicht gewinnt.
Wer viel zagt, der nicht beginnt.

Gewinn ist die Belohnung für die richtigen innovativen Ausgaben.

In der Wirtschaft zählt nicht der Sieg, sondern der Gewinn.

Es gibt Unternehmen, die verplempern zu viel, wenn sie die Gewinne ausschütten.

Gewinnquellen findet man nicht mit der Wünschelrute.

Glück

Glück spielt bei Innovationen eine große Rolle. Manchmal kommt es als überraschender Zufall. Im Angelsächsischen wird es dann Serendipity genannt. Dieser Begriff geht auf ein Märchen aus Ceylon (früher Serendip genannt) zurück, in dem ein glücklicher Prinz immer etwas Besseres findet, als er sucht. Oft kommt das Glück in Form einer anregenden Begegnung. Es gibt aber auch Strategien, bei denen das Glück systematisch herausgefordert wird, wie beim Screening von zahllosen Molekülen bei der Suche nach wirkungsvollen Medikamenten. Der erfahrene Innovator weiß, dass er auf das Glück vorbereitet sein muss, sich aber nicht darauf verlassen kann.

Das Verhältnis der Naturwissenschaftler zum Glück beschreibt eine Anekdote von Niels Bohr sehr treffend. Nach dem Philosophen Odo Marquard neigen alle naturwissenschaftlichen Anekdoten dazu, irgendwann Niels Bohr zugeschrieben zu werden. Aber diese soll authentisch sein.

Niels Bohr (1885–1962), der große dänische Physiker, war einer der zentralen Wissenschaftler, die Anfang des Jahrhunderts den atomaren Aufbau der Materie aufklärten (z.B. das bohrsche Atommodell). Sein Kopenhagener Institut war lange Zeit das intellektuelle Kraftzentrum der Atomphysik. Zu intensiven Diskussionen zog er sich gern mit seinen Freunden in seine Berghütte in Norwegen zurück. Einer der Gäste bemerkte ein Hufeisen über der Tür und fragte, ob er denn an so etwas glaube.

Niels Bohr

Niels Bohr antwortete: „Selbstverständlich glaube ich als Naturwissenschaftler nicht daran; aber ich habe mir sagen lassen, dass Hufeisen auch dann wirken, wenn man nicht an sie glaubt.“

ZITATE

Wer ständig glücklich sein möchte, muss sich verändern.

Konfuzius

Ein Bogenschütze soll nicht hin und wieder treffen, sondern hin und wieder danebenschießen.

Seneca

Das mühsam erlangte Glück wird doppelt genossen.

Baltasar Gracián y Morales

Das größte Glück der größten Zahl.

Jeremy Bentham

Glück hat auf die Dauer nur der Tüchtige.

Helmuth Graf von Moltke

Das Glück begünstigt den aufnahmebereiten Geist.

Louis Pasteur

Fortuna lächelt, doch sie mag
nur selten voll beglücken.
Schenkt sie uns einen Sonnentag,
so schickt sie uns auch Mücken.

Wilhelm Busch

Die Glücklichen sind neugierig.

Friedrich Nietzsche

Seltsam sind des Glückes Launen,
wie kein Hirn sie noch ersann,
dass ich meist vor lauter Staunen
lachen nicht, noch weinen kann.

Frank Wedekind

Ich glaube sehr an das Glück, und ich finde, je härter ich arbeite, desto mehr bekomme ich davon.

Stephen Butler Leacock

Glück ist meistens nur ein Sammelbegriff für Tüchtigkeit, Klugheit, Fleiß und Beharrlichkeit.

Charles F. Kettering

Glück ist Scharfsinn für Gelegenheiten und die Fähigkeit, sie zu nutzen.

Samuel Goldwyn

Glück liegt in der Freude des Erreichten und im Erlebnis der kreativen Bemühungen.

Franklin Delano Roosevelt

Dumm sein und Arbeit haben, das ist Glück. — Gottfried Benn

Das blinde Huhn findet nur ein Korn, wenn es ständig im Mist kratzt. — Walter Gerlach

Unterschätzen Sie nie den Wert des Glücks, aber denken Sie daran, dass nur diejenigen Glück haben, die etwas suchen. — Stanley Marcus

Unglück ist teuer, Glück ist unbezahlbar. — Norbert Stoffel

SPRICHWÖRTER UND SPRÜCHE

Glück ist ein „Flow-Erlebnis“, das sich vor allem nach langer Anstrengung einstellt, wenn das Ziel erreicht ist. — nach Mihaly Csikszentmihalyi

Immer Sonnenschein macht Wüste. — Arabien

Es ist nicht leicht, Glück mit Anstand zu tragen. — England

Wer versucht, allem Unglück auszuweichen, dem wird auch das Glück nicht begegnen. — Griechenland

Das Glück ist in die Tüchtigen vernarrt. — Persien

Lieber eine Hand voll Glück als ein Haufen Verstand. — Russland

Wenn das Glück anklopft, muss man um Verstand bitten. — Deutschland

Wer Glück haben will, darf nichts dem Glück überlassen. — Deutschland

Glück ist, wenn Gelegenheit auf Bereitschaft trifft. — Deutschland

Jeder ist seines Glückes Schmied, wenn er genug Kohlen hat.

Wer Glück hat, braucht keinen Verstand,
wer Verstand hat, braucht kein Glück.

Wenn das Glück dich besucht, sei ein
guter Gastgeber.

Wenn das Glück dich verlässt, geh
einfach mit.

ANMERKUNGEN H.-J. QUADBECK-SEEGER

Thales, Pythagoras und Heraklit lebten in der glücklichen Zeit, in der man mit einem Satz unsterblich werden konnte.

Glück brauchen wir dort am meisten, wo unsere Fähigkeiten am schwächsten sind.

Das Glück bringt nur den Tüchtigen weiter, die übrigen streift es bloß.

Glück ist immer nur ein Übergangszustand.

Zu Innovationen gehört zwar Glück, aber Innovationen sind keine Glückssache.

Glück ist, wenn Gelegenheit und Gegebenheit zueinander passen.

Glücklich ist bereits, wer noch an das Glück glaubt.

Jedes Unglück kann man erklären, aber keines begründen. Beim Glück ist es genau umgekehrt.

Vorsicht bei der Jagd nach dem Glück, dabei passieren die meisten Jagdunfälle.

Der erste Schritt zum Glück:
nicht danach suchen.

Zum Glück entzieht sich das Glück jeder Planung und Berechnung.

Grundsätze

Bevor er seine Schüler verabschiedete, lud sie der weise Lehrer Li Yang in seine Hütte am Fluss ein. Als sie vollständig beisammensaßen, holte er ein großes Glasgefäß herein. Die Wohlhabenden nutzten solche gerne, um bunte Fische darin zu halten. Dann bat er seine Schüler, unten vom Ufer große Steine zu holen. Mit diesen füllte er vorsichtig das Glas. Allzu viele gingen nicht hinein, und seine Schüler sagten, das Glas sei voll.

Nun bat er einige, wieder hinunterzugehen, um Kies zu holen. Und siehe da, es ging noch eine Menge Kies in das Glas, bis alle Zwischenräume gefüllt waren. „Jetzt ist das Glas wirklich voll", meinten sie. Doch der Weise bat wieder einige, feinen Sand zu holen. Als sie zurückkamen, staunten alle, wie viel feiner Sand noch hineinpasste, wenn das Glas nur ein wenig gerüttelt wurde. „Jetzt ist es endgültig voll", stimmten alle überein.

Doch der Weise gab einem, der seine Meinung gerne etwas forsch vertrat, eine kleine Kanne, um damit Wasser aus dem Fluss zu holen. Alle staunten nicht schlecht, als er sogar noch ein zweites Mal hinuntergehen musste, ehe das Wasser am Rande des Glases stand.

„Was lernen wir daraus?" fragte der Weise. „Man soll keine vorschnellen Urteile fällen", meinten die Schüler betroffen. „Das ist auch richtig", ermunterte der Weise zum Weiterdenken, „aber es gibt eine noch wichtigere Lehre, die wir ziehen müssen." Als er merkte, dass die Schüler nicht von selbst da-

rauf kamen, stellte er die einfache Frage: „Wäre die Füllung des Glases auch in der umgekehrten Reihenfolge möglich gewesen?“ Nun wussten sie, was ihr Lehrer meinte. „Ja“, sagte er „betrachtet euer Leben als ein Gefäß, das ihr füllen müsst. Stopft ihr es voll mit den kleinen Dingen und Flüchtigkeiten, dann habt ihr keinen Platz mehr für die großen und wichtigen Anliegen. Darum überlegt sorgsam, was wesentlich ist für euch. Damit beginnt, alles andere findet sich. Und was nicht mehr in euer Leben passt, wird euch nicht reuen, denn ihr habt die richtige Reihenfolge gewählt.“ Dankbar und nachdenklich verabschiedeten sich die Schüler und gingen hinaus ins Leben. Ein jeder wusste nun, worauf es ankam.

ZITATE

Wenn die Begriffe nicht klar sind, breitet sich Unordnung aus. — Konfuzius

Fordere viel von dir selbst und erwarte wenig von anderen. — Konfuzius

Suche nicht andere, sondern dich selbst zu übertreffen. — Cicero

Wer nicht kann, was er will, muss wollen, was er kann. — Leonardo da Vinci

Klug fragen können ist die halbe Weisheit. — Francis Bacon

Gib mir Gelassenheit, Dinge hinzunehmen, die ich nicht ändern kann; gib mir den Mut, Dinge zu ändern, die ich zu ändern vermag, und gib mir die Weisheit, das eine vom anderen zu unterscheiden. — Friedrich Christoph Oetinger

Um große Dinge zu vollbringen, muss man leben, als ob man nie sterben müsste. — Marquis de Vauvenargues

Habe Mut, dich deines eigenen Verstandes zu bedienen! — Immanuel Kant

Du kannst; denn du sollst. — Immanuel Kant

Zu einem großen Mann gehört beides: Kleinigkeiten als Kleinigkeiten und wichtige Dinge als wichtige Dinge behandeln. — Gotthold Ephraim Lessing

Wer Großes schaffen will, muss darauf verzichten, es selbst noch genießen zu können. — Friedrich der Große

Wer etwas Großes will, der muss sich zu beschränken wissen; wer dagegen alles will, der will in der Tat nichts und bringt es zu nichts. — Georg Wilhelm Friedrich Hegel

Talent, Beharrlichkeit und Kühnheit sind die Hauptpotenzen des strategischen Handelns.

Carl von Clausewitz

Mache das Beste aus dir, denn das ist alles, was du hast.

Ralph Waldo Emerson

Ich gehe langsam, aber niemals rückwärts.

Abraham Lincoln

Denke immer daran, dass deine eigene Entschlossenheit, erfolgreich zu sein, wichtiger ist als alles andere.

Abraham Lincoln

Das Kunststück ist nicht, dass man mit dem Kopf durch die Wand rennt, sondern dass man mit den Augen die Tür findet.

Werner von Siemens

In der Aufstellung unserer Grundsätze sind wir strenger als in ihrer Bestätigung.

Theodor Fontane

Für Lügen habe ich Verständnis, aber ich hasse Ungenauigkeiten.

Samuel Butler

Wer glaubt, seine Methode gefunden zu haben, mag in sich gehen und gründlich nachforschen, ob nicht ein Teil des Gehirns eingeschlafen ist.

Henry Ford

Alles selbst machen zu wollen ist das Kennzeichen des Unbegabten.

Richard von Schaukal

Es ist besser, hohe Grundsätze zu haben, die man befolgt, als noch höhere, die man außer Acht lässt.

Albert Schweitzer

Man muss das Unmögliche versuchen, um das Mögliche zu erreichen.

Hermann Hesse

Man sollte die Dinge so nehmen, wie sie kommen. Aber man sollte dafür sorgen, dass die Dinge so kommen, wie man sie nehmen möchte.

Curt Goetz

Es gibt nichts Gutes, außer man tut es.	Erich Kästner
Träume gehen in Erfüllung für den, der jede Gelegenheit beim Schopfe packt.	Malcolm S. Forbes
Frage nicht, was dein Land für dich tun kann, sondern frage, was du für dein Land tun kannst.	John F. Kennedy
Der Klügere gibt nach, aber nicht auf.	Rupert Schützbach

SPRICHWÖRTER UND SPRÜCHE

Lege das Ruder erst aus der Hand, wenn das Boot an Land ist.	Afrika
Grabe den Brunnen, ehe du Durst hast.	China
Wo ein Wille ist, ist auch ein Weg.	Deutschland
Fang nie an aufzuhören; höre nie auf anzufangen.	Deutschland
Die einzige Möglichkeit, einen Sack Kartoffeln zu schälen, ist: eine nach der anderen.	
Nur wer Wesentliches von Unwesentlichem unterscheidet, dem kann Bedeutendes gelingen.	
Hauptsache, die Hauptsache bleibt Hauptsache.	

ANMERKUNGEN H.-J. QUADBECK-SEEGER

Sei immer ehrlich mit dem Herzen und den Händen, aber nimm mit, was du kannst, mit den Augen und den Ohren.

Familienspruch

Man muss seine Grundsätze nicht lieben, es genügt, ihnen treu zu sein.

An Grundsätzen soll man sich festhalten und nicht damit herumfuchteln.

Ein Grundsatz ist kein Wegweiser, sondern ein Kompass.

Voraussetzung für Grundsatzdiskussionen sind vor allem Grundsätze.

Wer seine Grundsätze über Bord wirft, kann schneller vorankommen, kentert aber leichter.

Grundsätze sind unerlässlich, um Opportunitäten langfristig beurteilen zu können.

Gute Vorsätze

Für gute Vorsätze gilt der klassische Rat aus *Doktor Erich Kästners Lyrische Hausapotheke*:

Es gibt nichts Gutes, außer man tut es.

Das trifft besonders für Innovationen zu, und natürlich für die Innovatoren. Bei dem Bemühen, besser zu werden, gibt es auch Innovationen. Zurzeit boomt dieses Thema in der Managementliteratur. Bevor sich hier Spreu vom Weizen trennt, soll lieber auf ein Beispiel aus der Vergangenheit zurückgegriffen werden.

Benjamin Franklin (1706-1790) ist allgemein als Erfinder des Blitzableiters bekannt. Er war, ganz im Gegensatz zu seinen waghalsigen, lebensgefährlichen Versuchen, ein besonnener, kluger und weitsichtiger Mensch und Politiker. Als gläubiger Puritaner war er bereits in seiner Jugend um ein tugendhaftes Leben bemüht. Seine Lösung des Problems sah so aus. Er stellte eine Tabelle mit 13 Tugenden auf. Jede Woche war jeweils einer Tugend besonders gewidmet. Das Jahr hat 52 Wochen, und da 4x13 gerade 52 ergibt, konnte er sein Programm genau viermal im Jahr durcharbeiten.

Benjamin Franklin

Hier seine zu übenden 13 Tugenden:

Mäßigkeit
Schweigen
Ordnung
Entschlossenheit
Sparsamkeit
Fleiß
Aufrichtigkeit
Gerechtigkeit
Mäßigung
Reinlichkeit
Gemütsruhe
Keuschheit
Demut

ZITATE

Es ist besser, ein kleines Licht zu entzünden, als über große Dunkelheit zu klagen. — Konfuzius

Viele Male schaut der Wille durchs Fenster, ehe die Tat durchs Tor schreitet. — Erasmus von Rotterdam

Wünsche nicht, etwas anderes zu sein als was du bist, aber versuche, dies so gut wie möglich zu sein. — Franz von Sales

Versprich nichts Großes, tue was Großes. — Matthias Claudius

Wollen ist Ursein. — Friedrich Wilhelm Joseph von Schelling

Umändern kann sich niemand, bessern jeder. — Ernst von Feuchtersleben

Sei nicht einfach gut – sei gut für etwas. — Henry David Thoreau

Die Herrschaft über den Augenblick ist die Herrschaft über das Leben. — Marie von Ebner-Eschenbach

Tu, was du kannst, mit dem, was du hast, dort, wo du bist. — Theodore Roosevelt

Alles lässt sich besser machen, als es bisher gemacht worden ist. — Henry Ford

Es ist eigenartig im Leben: wenn du dich weigerst, dich mit weniger als dem Besten zufrieden zu geben, wirst du es oft auch bekommen. — William Somerset Maugham

Viel Schlechtes entsteht, indem man Gutes übertreibt. — Thornton N. Wilder

Geh nicht nur die glatten Straßen; geh Wege, die noch niemand ging, damit du Spuren hinterlässt und nicht nur Staub. — Antoine de Saint-Exupéry

Ein gescheiter Mann muss so gescheit sein, Leute anzustellen, die viel gescheiter sind als er. — John F. Kennedy

Ein Mensch kann nicht mehr tun, als in seiner Macht steht – aber zumindest das kann er mit aller Macht tun. — Malcolm S. Forbes

Gute Vorsätze sind sehr beliebt. Sie lassen sich immer wieder verwenden. — Lothar Schmidt

SPRICHWÖRTER UND SPRÜCHE

Quidquis agis, prudenter agas et respice finem. (Was auch immer du tust, tue es klug und denke daran, wie es ausgeht.) — Antikes Rom

Fürchte dich nicht vor dem langsamen Vorwärtsgehen, fürchte dich nur vor dem Stehenbleiben. — China

Bevor du dich daranmachst, die Welt zu verändern, gehe dreimal durch dein eigenes Haus. — China

Der gute Vorsatz ist ein Gaul, der oft gesattelt, aber selten geritten wird. — Mexiko

Taten sprechen lauter als Worte. — USA

Gute Vorsätze sollen schlechte Gewohnheiten verdrängen. — Deutschland

Sei ein Tierfreund, füttere den Reißwolf regelmäßig.

Wer aufhört, besser werden zu wollen, bleibt nicht gut.

ANMERKUNGEN H.-J. QUADBECK-SEEGER

Man soll das Handtuch erst werfen, wenn es völlig durchgeschwitzt ist.

Brauchst du eine hilfreiche Hand, schaue am Ende deiner Arme nach; brauchst du eine hilfreiche Idee, suche zwischen deinen Ohren.

Unsere Vorsätze müssen groß genug sein, um den Graben zwischen Einsicht und Handlung zu überbrücken.

Gute Vorsätze belästigen unsere Gewohnheiten.

Der Tod eines guten Vorsatzes ist der Triumph der alten Gewohnheiten.

Gegen die neuen guten Vorsätze halten die alten Gewohnheiten fest zusammen.

Gute Vorsätze sind Schecks, die durch Taten gedeckt werden müssen.

Tue nicht nur das Bestmögliche, sondern tue das Mögliche am besten.

Ein Vorsatz, der keine Überwindung kostet, ist nichts wert.

Das Dilemma beginnt, wenn die Vorsätze für das neue Jahr auf Gewohnheiten des alten stoßen.

Was du gern tust, braucht keine guten Gründe, denn du selbst bist Grund genug.

Heute

Ich kann freilich nicht sagen, ob es besser wird, wenn es anders wird; aber so viel kann ich sagen, es muss anders werden, wenn es gut werden soll.

Georg Christoph Lichtenberg

ZITATE

	Und wenn ich wüsste, dass morgen die Welt unterginge, würde ich heute noch ein Apfelbäumchen pflanzen.	Martin Luther
	Gegenüber der Fähigkeit, die Arbeit eines einzigen Tages sinnvoll zu ordnen, ist alles andere im Leben ein Kinderspiel.	Johann Wolfgang von Goethe
	Schwierige Dinge sollte man sofort erledigen, unmögliche Dinge ein wenig später.	Fridtjof Nansen
	Die Abenteuer von heute finden in den Computern und Laboratorien statt.	Thornton N. Wilder
	Heute ist immer der Tag, an dem die Zukunft beginnt.	Hans Kudszus
	Aus der Vergangenheit kann jeder lernen. Heute kommt es darauf an, aus der Zukunft zu lernen.	Hermann Kahn
	Das Aufschieben ist eine gute Sache, solange es keine Termine gibt.	Ernst R. Hauschka

SPRICHWÖRTER UND SPRÜCHE

	Mache deine Pläne fürs Jahr im Frühling und für den Tag frühmorgens.	China
	Für den Fleißigen hat die Woche sieben Heute; für den Faulen hat sie sieben Morgen.	Deutschland
	Was du heute löschen kannst, lass nicht bis morgen brennen.	Deutschland
	Heute ist die beste Zeit.	Deutschland
	Die lange Bank ist des Teufels bestes Möbelstück.	
	Was heute nicht richtig ist, kann morgen schon ganz falsch sein.	

Es ist immer viel zu früh zu spät.

Nichts ist so eilig, dass es durch etwas Liegenlassen nicht noch eiliger würde.

Nie war ich so wertvoll wie heute!

Gib jedem Tag die Chance für die Idee deines Lebens.

ANMERKUNGEN H.-J. QUADBECK-SEEGER

Je müder einer ist, desto größer wird seine Kraft, eine Arbeit von heute auf morgen zu verschieben.

Heute ist immer dieser merkwürdige Tag, an dem sich die Entschuldigungen von gestern und die Ausreden für morgen aufdrängen.

Jeder Tag ist 24 Stunden lang, aber unterschiedlich tief.

Heute wird um Marktanteile gekämpft wie früher um Höhenzüge.

Wie einfach hatte es Alexander. Heute gibt es ganze Netzwerke aus gordischen Knoten.

Mach dir den Knoten in die Krawatte, um daran zu denken, den heutigen Tag zu nutzen.

Hoffnung

Rat an Innovatoren

Die Hoffnung, daran halte fest,
dass sie euch nicht zu leicht verlässt.
Und wird es ernst im eignen Leben:
Grad dann ist sie nie aufzugeben.

ZITATE

Wer nicht hofft, wird Unerhofftes nicht finden; denn es ist unaufspürbar und unzugänglich.	Heraklit
Unser Wissen ist Stückwerk, aber es gibt Hoffnung.	Paulus
Hoffnung ist ein gutes Frühstück, aber ein schlechtes Abendbrot.	Francis Bacon
Wo Gefahr wächst, wächst das Rettende auch.	Friedrich Hölderlin
Der Mensch ist vor allen anderen Geschöpfen ein auf Hoffnung gestelltes Wesen.	Friedrich Schlegel
Wenn es dunkel genug ist, kannst du die Sterne sehen.	Ralph Waldo Emerson
Es ist gesünder, nicht zu hoffen und das Mögliche zu schaffen, als zu schwärmen und nichts zu tun.	Gottfried Keller
Die größten Menschen sind jene, die anderen Hoffnung geben können.	Jean Jaurès
Wir haben vage Hoffnungen, aber klare Befürchtungen.	Paul Valéry
Hoffnung, nicht Furcht ist das schöpferische Prinzip in menschlichen Dingen.	Bertrand Russell
Man ist nur unruhig, solange man noch Hoffnungen hat.	Hermann Hesse
Es kommt darauf an, das Hoffen zu lernen.	Ernst Bloch
Wir müssen lernen, vernünftig zu hoffen.	Manès Sperber

Die wahren Optimisten sind nicht überzeugt, dass alles gut gehen wird, aber sie sind überzeugt, dass nicht alles schief gehen wird. — Jean Dutourd

SPRICHWÖRTER UND SPRÜCHE

Solange ich atme, hoffe ich. — Antikes Rom

Hoffnung ist der Anker der Welt. — Bantu

Wer die Hoffnung vor seinen Wagen spannt, fährt doppelt so schnell. — Polen

Alle Toren und Narren leben in Hoffen und Harren. — Deutschland

Hoffnung ist die beste Arznei. — Deutschland

Wer nichts wagt, hat nichts zu hoffen. — Deutschland

Wer um eine Hoffnung ärmer wird, ist um eine Erfahrung reicher.

Seitdem ich die Hoffnung aufgegeben habe, geht es mir schon viel besser.

Selig sind die, die nichts hoffen, denn sie sollen auch nicht enttäuscht werden.

Man muss das Beste hoffen, das Schlimmste kommt von selbst.

ANMERKUNGEN
H.-J. QUADBECK-SEEGER

„Alles fließt“, hat Heraklit uns hinterlassen; er hat nicht gesagt: „Alles geht den Bach runter.“

Unternehmensziele müssen Vorgaben machen und vor allem Hoffnungen wecken.

Früher hatten die Menschen Hoffnungen, heute haben sie Perspektiven.

Hoffnung ist ein Tonikum für Herz und Seele.

Es sind die blinden Hoffnungen, die uns den Blick in die Zukunft versperren.

Hoffnung ist ein zweifelhafter Ratgeber, aber ein guter Motivator.

Hoffnung ist ein Fernrohr für das Licht am Ende des Tunnels.

Hoffnung ist ein endogener Tranquilizer, der zugleich stimuliert.

In dunklen Zeiten wird jedes Licht für das Ende eines Tunnels gehalten.

Wenn das Unternehmen wackelt, muss man ein paar Hoffnungsträger einziehen.

Wo viel Mist ist, keimt auch Hoffnung.

Wie groß eine Hoffnung war, erkennen wir erst in der Enttäuschung.

Am Rande der Verzweiflung blüht die Hoffnung am üppigsten.

Idee

„Frau Wagner, rufen Sie alle zu mir, ich hab eine große Idee!"

ZITATE

Ideen sind mächtiger als Körperkraft. — Sophokles

Tritt eine Idee in einen hohlen Kopf, so füllt sie ihn völlig aus – weil keine andere da ist, die ihr den Rang streitig machen könnte. — Charles de Montesquieu

In der Idee leben heißt, das Unmögliche behandeln, als wenn es möglich wäre. — Johann Wolfgang von Goethe

Nichts auf der Welt ist so mächtig wie eine Idee, deren Zeit gekommen ist. — Victor Hugo

Das Komitee ist eine Sackgasse, in die Ideen hineingelockt und dann in Ruhe erdrosselt werden. — Abraham Lincoln

Eine Idee muss Wirklichkeit werden können, oder sie ist eine eitle Seifenblase. — Berthold Auerbach

Selbst eine schwere Tür hat nur einen kleinen Schlüssel nötig. — Charles Dickens

Einfälle sind die Läuse der Vernunft. — Friedrich Hebbel

Jemand mit einer neuen Idee ist ein Spinner, bis er Erfolg hat. — Mark Twain

Trenne dich nie von deinen Illusionen! Wenn sie verschwunden sind, wirst du weiter existieren, aber aufgehört haben zu leben. — Mark Twain

Ich bin ein guter Schwamm, denn ich sauge Ideen auf und mache sie dann nutzbar. Die meisten meiner Ideen gehörten ursprünglich anderen Leuten, die sich nicht die Mühe gemacht haben, sie weiterzuentwickeln. — Thomas Alva Edison

Eine Idee, die nicht gefährlich ist, verdient es nicht, überhaupt eine Idee genannt zu werden. — Oscar Wilde

Große Ideen treten oft in merkwürdigen Verkleidungen und verdächtigen Allianzen auf. — Alfred North Whitehead

Ideen halten sich nicht. Es muss etwas mit ihnen getan werden. — Alfred North Whitehead

Jede neue Idee, die man vorbringt, muss auf Widerstand stoßen. Der Widerstand beweist übrigens nicht, dass die Idee richtig ist. — André Gide

Jede neue Idee kommt nicht von selbst, sie wird herausgefordert. — Albert Einstein

Wenn eine Idee nicht zuerst absurd erscheint, taugt sie nichts. — Albert Einstein

Jede Firma, jeder große Erfolg hat mit einer Idee begonnen. — Napoleon Hill

Die Schwierigkeit liegt nicht so sehr darin, neue Ideen zu entwickeln, als vielmehr darin, sich von alten Ideen zu befreien. — John Maynard Keynes

Die meisten Schöpfungen des Verstandes oder der Fantasie entschwinden für ewig nach einer Frist, die zwischen einer Stunde nach dem Essen und einer Generation variieren kann. — Joseph A. Schumpeter

Der gesunde Menschenverstand ist eine Methode, von falschen Prämissen durch unsinnige Überlegungen zu brauchbaren Schlüssen zu gelangen. — Joseph A. Schumpeter

Eine brauchbare Idee ist mehr wert als Subventionen. — Gottlieb Duttweiler

Ideen können zünden wie der Blitz. Andere entwickeln sich lange, manche nie. Auf alle Fälle führt die Hoffnung weiter als die Furcht. — Ernst Jünger

Neue Ideen begeistern jene am meisten, die auch mit den alten nichts anzufangen wussten. — Karl Heinrich Waggerl

Man muss nicht nur mehr Ideen haben als andere, sondern auch die Fähigkeit besitzen, zu entscheiden, welche dieser Ideen gut sind. — Linus Pauling

Nichts sieht hinterher so einfach aus wie eine verwirklichte Idee. — Wernher von Braun

Einfallsreichtum muss auch Zinsen tragen. — Gerhard Uhlenbruck

Es gibt keinen Vorrat an konstruktiven Ideen. — Alfred Herrhausen

Je weiter sich eine Idee von ihrem Urheber entfernt, umso mehr wird an ihr verdient. — Werner Mitsch

SPRICHWÖRTER UND SPRÜCHE

Wer Bambus malen will, muss ihn im Herzen tragen. — China

Neue Ideen drücken meist wie neue Schuhe. — Deutschland

Zukunft wird aus Ideen gemacht. — Slogan der Expo 2000

Es genügt nicht, keine Ideen zu haben, man muss auch unfähig sein, diese umzusetzen.

Ideen stören Ruhe und Ordnung!

O Herr, gib mir heute meine tägliche Idee und vergib mir die von gestern.

Mir fällt nicht viel ein, dafür falle ich aber auch nicht viel auf.

Ideen bringen Geld, aber Geld nicht Ideen.

Halte dich nicht mit großen Ideen auf, es gibt immer noch größere.

Lass deinen Ideen Flügel wachsen.

Erfolgreich sein heißt, um Ideen besser zu sein.

Erfolg ist der Sieg der Einfälle über die Zufälle.

Vorsicht vor Brainstorming bei Windstille.

ANMERKUNGEN H.-J. QUADBECK-SEEGER

Ideen sind Kapital, das sich nur in den Händen von Talenten rentiert.

Man soll keine jungen Ideen aus dem Boden reißen, bloß um zu sehen, ob sie auch kräftige Wurzeln haben.

Ideen vergehen, nur handeln kann wandeln.

Manche Idee wird noch gefeiert, wenn sie schon längst auf dem Wege zu ihrer Beerdigung ist.

Von dem, der Ideen hat, wird fleißig geborgt.

Wo alles geregelt ist, werden Ideen zu Ausnahmen.

Wer eine gute Idee hat und sie nicht durchsetzt, beleidigt sie.

Eine neue Idee, die nicht scheitern kann, ist eine Trivialität.

Eine Idee, die nicht infektiös ist, stirbt.

Jede große Idee ist zugleich auch Nährboden für ihren Missbrauch.

Ideen lassen sich nicht in Quarantäne nehmen.

Zündende Ideen haben schon manchen Strohkopf in Flammen gesetzt.

Manche zündende Idee verlischt im Wasserkopf.

Es besteht immer die Gefahr, seine Ideen unter seinen Erfahrungen zu begraben.

Ideen und Projekte verenden leicht auf dem Instanzenweg.

Ohne Geld sind Ideen so lästig wie Fliegen.

Ideen bringen Geld, aber Geld bringt einen höchstens auf dumme Gedanken.

Jede Idee, die Erfolg hat, wird deformiert.

Je größer das Innovationspotenzial einer Idee, desto größer in der Regel auch das Frustrationspotenzial.

Fixe Ideen führen rasch zu fixen Kosten.

Auch Ideen haben ein Image.

Ideenblitze treffen manchmal die Nadel im Heuhaufen.

So wie es Muskelschwund gibt, gibt es auch Ideenschwund.

Ideen könne wie Impfkristalle wirken.

Wer in seine Idee nicht verliebt ist, den wird sie im Stich lassen.

Auf hochfliegende Ideen
wird gerne geschossen.

Eine Idee muss den Kopf überzeugen, das Herz gewinnen und den Willen erobern.

Wer neue Varianten zu einer Idee kennen lernen will, setze diese als Gerücht in die Welt.

Auch das Ei des Kolumbus wurde hinterher in die Pfanne gehauen.

Information

Heute wird ganz ungeniert
über alles informiert.
Wir versuchen zu entwirren,
bis wir schließlich uns verirren.

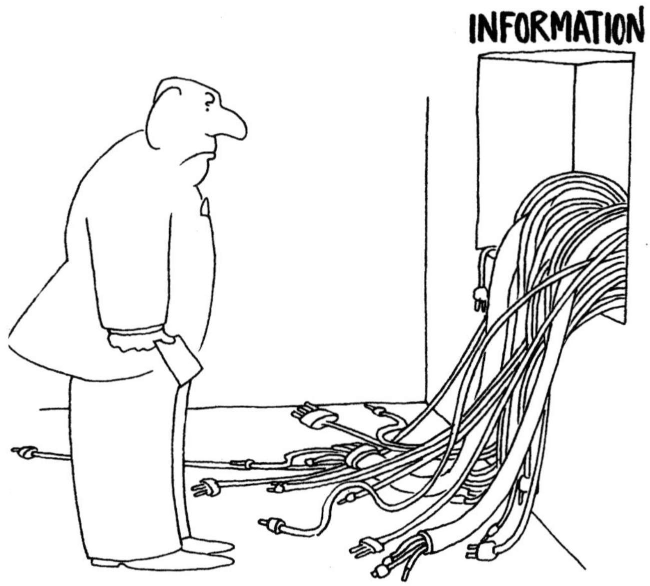

ZITATE

Beherrsche die Sache, die Worte folgen. — Cato

Nicht die Tatsachen, sondern die Meinungen über Tatsachen bestimmen das Zusammenleben. — Epiktet

Sage nicht alles, was du weißt, aber wisse alles, was du sagst. — Matthias Claudius

Der Erfolgreichste ist im Leben der, welcher am besten informiert ist. — Benjamin Disraeli

Und gib dir Mühe, nicht solchen Blödsinn zu schreiben. Fakten, Fakten und Fakten, und die Hauptsache, möglichst kurz. — Fjodor M. Dostojewski

Werden wir richtig informiert? Ich übertreibe nicht, wenn ich behaupte, dass von der Antwort auf diese Frage die Zukunft der menschlichen Gesellschaft abhängt. — Arnold Joseph Toynbee

Information ist der Kitt der Gesellschaft. — Norbert Wiener

Information ist nur, was verstanden wird. — Carl Friedrich von Weizsäcker

Je mehr „wir“ wissen, umso weniger weiß der Einzelne. — Erwin Chargaff

Die besten Informationsquellen sind Leute, die versprochen haben, nichts weiterzuerzählen. — Lothar Schmidt

Wir ertrinken in Informationen, aber dürsten nach Wissen. — John Naisbitt

SPRICHWÖRTER UND SPRÜCHE

Meinungen sind wie Nägel: je mehr du auf sie einschlägst, desto tiefer dringen sie ein. — China

Informationen sind das Gold des 21. Jahrhunderts.

Es ist einfach, etwas zu verkomplizieren, aber es ist kompliziert, etwas zu vereinfachen.

Reden ist Silber, Informieren ist Gold.

Information ist nicht alles, aber ohne Information bleibt alles Gerücht.

Wenn etwas interessant ist, dann ist die Übertreibung noch interessanter.

Genieße die Informationsflut, anstatt darin unterzugehen.

ANMERKUNGEN H.-J. QUADBECK-SEEGER

Die Informationsflut wird immer trüber.

In den Organisationen fließen die Informationsströme aufwärts.

Umfassende Information ist ein Luxus, den man sich nur noch bei ganz ausgewählten Entscheidungen leisten kann.

Gute Informationen stillen keine Neugier, sondern wecken sie; und die besten sind solche, die Aktionen auslösen.

Die Fotografie sollte Optimisten und Pessimisten mahnen: Ein Negativ und ein Positiv enthalten die gleiche Menge an Information.

Information, die unsere Orientierung nicht verbessert, ist geistiger Ballast.

Information und Erfahrung ergeben Expertise.

Wer die Informationsquellen nicht ausschöpft, wird verdursten.

Eine Zahl, die stimmt, ist die sauberste Information.

Wie wir an Informationen kommen, hinterfragen wir selten. Meist laufen wir am Ufer des Informationsstromes entlang und sammeln, was angeschwemmt wurde.

Die Information über das Fehlen einer Information ist auch eine Information.

Heutzutage sind wir informiert bis zur Verwirrung.

In der Informationsflut gehen die Wegweiser unter.

Der Worte sind genug gewechselt, lasst uns endlich Daten sehen.

Innovation (Definitionen)

Das Phänomen der Innovation ist so alt wie die Menschheit. Der Begriff stammt aus dem Latein des Mittelalters, ist somit relativ jung. In den modernen deutschen Sprachraum hat ihn der österreichische Nationalökonom Joseph A. Schumpeter zu Beginn des 20. Jahrhunderts eingeführt und zugleich eine treffende, wenngleich widersprüchlich scheinende Definition mitgeliefert: „Innovation ist schöpferische Zerstörung." Damit meinte er: das bessere Neue ist des Alten Feind.

Heraklit war vor 2500 Jahren der erste Denker, der bewusst auf das Phänomen des ständigen Wandels aufmerksam machte: „Du steigst niemals in den gleichen Fluss" ist von ihm überliefert. Arthur Schopenhauer hat dem Gedanken eine innovative und zugleich bleibende Form gegeben: „Der Wechsel allein ist das Beständige."

Das ist der Menschheit wohl noch nie so bewusst geworden wie im 20. Jahrhundert. Vor allem in den letzten beiden Jahrzehnten wurde die Innovation als treibende Kraft für Fortschritt und Wohlstand erkannt. Und schließlich sah man in ihr auch ein wirksames Mittel gegen die zunehmende Arbeitslosigkeit. Heute fehlt der Begriff in keinem Parteiprogramm und keiner wirtschaftspolitischen Diskussion. So ist das Wort Innovation in aller Munde; aber ist der Begriff in allen Köpfen? Daran darf gezweifelt werden.

Dabei erleben wir lebensnah einen weiteren Effekt. Die Innovationen folgen immer rascher aufeinander, sie beeinflussen und beschleunigen sich gegenseitig. Dieses Phänomen der Akzeleration wird unsere Zukunft wesentlich beeinflussen. Wie tief greifend das geschieht, können wir uns sowohl durch eine genaue Betrachtung der Gegenwart als auch der letzten überschaubaren Jahre machen.

Zum ersten Aspekt ein paar Vorschläge:

- Vergleichen Sie einen Film von heute mit einem von vor 25 Jahren. Beachten Sie nicht nur die veränderten Verhaltensmuster, sondern vor allem auch den Hintergrund. Wie

viel hat sich an der Ausstattung, den Geräten, der Möblierung, der Mobilität geändert?
- Gehen Sie bewusst und mit Aufmerksamkeit durch ein Kaufhaus und staunen Sie, wie viele neuartige Dinge Sie noch nicht kennen.
- Haben Sie den Mut, einen modernen Spielzeugladen zu betreten und fragen Sie nach den Verkaufsschlagern. Sie werden sich wundern.
- Führen Sie ein persönliches Gespräch mit einem/einer Jugendlichen über seine/ihre Lebensziele, Werte oder auch nur über das Freizeitverhalten. Sie werden sich vielleicht noch mehr wundern.

Nun zum Aspekt der Vergangenheitsbetrachtung. Dazu eine Zusammenstellung von je 25 technischen und sozialen Innovationen aus den letzten 25 Jahren. Unabhängig davon, wie ein jeder sie bewertet, sie hat es vorher nicht gegeben und sie werden unsere Zukunft mitgestalten – oder gar durch weitergehende Innovationen abgelöst.

Innovationen der letzten 25 Jahre

Technische Innovationen	Gesellschaftliche und wirtschaftliche Innovationen
PC	Multimedia
Internet	New Economy
E-Mail	Globalisierung
Laptop	Wissensmanagement
CDs	Shareholder Value
Handy	Reengineering
Anrufbeantworter	Altersteilzeit
Bewegungsmelder	Job-Sharing
Telefax	Flexible Öffnungszeiten
Schmelzkleber	Zeitkonten
Mikrowellenherde	Total Quality Management
Airbag	Leiharbeit
ABS-Bremsen	Selbsthilfegruppen
Halogenscheinwerfer	Fernstudium
Global Positioning System	Plastikgeld
Laserdrucker	Light-Produkte
Scanner	Aerobic
Glasfaser	Frauenquote
Giga-Bit-Speicher	Grüner Punkt

Fuzzy Logic
Genanalyse
Human-Insulin
EPO
Kernspintomografie
Genom des Menschen
Mülltrennung
Privates Fernsehen
Nouvelle Cuisine
Last-Minute-Reisen
Printing-on-Demand
Euro

Diese Zusammenstellung ist nur eine subjektive Auswahl, die sich beliebig erweitern ließe. Wie eine solche Liste in 25 Jahren aussehen wird, weiß kein Mensch. Eines aber ist gewiss: sie wird Dinge enthalten, von denen wir heute noch keine Vorstellung haben können. Darum können wir es wagen, die Definition Schopenhauers zu erweitern – und er würde sicher zustimmen:

Der rascher werdende Wechsel allein ist das Beständige geworden.

Das hat soziale, politische und vor allem wirtschaftliche Konsequenzen. Die Innovationskultur eines Unternehmens wird mehr als alles andere seine Zukunft bestimmen.

Arthur Schopenhauer

ZITATE

Alles ist wertvoll, was den Umfang menschlicher Fähigkeiten erweitert und dem Menschen aufzeigt, dass er etwas tun kann, was er bis dahin für unmöglich hielt.

Samuel Johnson

Das Außergewöhnliche geschieht nicht auf glattem, gewöhnlichem Wege.

Johann Wolfgang von Goethe

Alles Vollendete wird angestaunt, alles Werdende wird unterschätzt.

Friedrich Wilhelm Nietzsche

Der beste Ausweg ist meistens der Durchbruch.

Robert Lee Frost

Innovation ist schöpferische Zerstörung.

Joseph A. Schumpeter

Wenn wir wollen, dass alles so bleibt, wie es ist, müssen wir zulassen, dass sich alles verändert.

Giuseppe Tomasi di Lampedusa

Business has only two basic functions – marketing and innovation.

Peter F. Drucker

Innovationen müssen integrierte Bestandteile des Gewöhnlichen und Normalen sein und vielleicht sogar zur Alltagsroutine werden.

Peter F. Drucker

Ein Forscher, wenn er sich, wie sich das gehört, in Neuland begibt, macht meistens Dinge, die er nicht versteht. Und wenn er das Neue hat, kommen die, die es schon immer gewusst haben.

Heinz Maier-Leibnitz

Innovationen sind Pfeiler, die die Zukunft tragen.

Norbert Stoffel

Nachdem ich 29 Jahre lang für die Innovation bei General Electric verantwortlich war, bin ich immer noch verwundert, was für eine empfindliche und unberechenbare Sache Innovation doch ist.

Lowell Steele

SPRICHWÖRTER UND SPRÜCHE

Das Neue, dieser Satz steht fest,
erfordert, dass man Altes lässt.

nach Wilhelm Busch

Forschung ist die Umwandlung von Geld in Wissen, Innovation ist die Umwandlung von Wissen in Geld.

Spruch (Verband der Chemischen Industrie)

Innovationen sind die natürlichen Feinde der Traditionen.

Innovare necesse est.

Innovation ist der Wille, seine Umgebung zu verändern.

Innovationen sind Neues aus der Zukunft.

Eine Innovation ist das Licht am Ende der Produktpipeline.

Innovations are very trendy.

ANMERKUNGEN H.-J. QUADBECK-SEEGER

Innovation is an idea in action.

Gottes erste Taten waren Innovationen.

Innovationen sind ein Bündnis mit der Zukunft.

Innovation ist Wissen und Können, die zum Angriff auf ein Problem übergehen.

Innovation ist fortwährender Aufbruch.

Innovation ist kein gewöhnliches Projekt, Innovation ist eine Veränderungsoffensive.

Innovation ist eine Idee im Gärungsprozess.

Für Innovationen gibt es keine Leitplanken, sondern nur Ziele am Horizont.

Innovationen sind immer Sprünge ins Ungewisse; eine Punktlandung ist Illusion.

Bei Innovationen ertappt man den Fortschritt auf frischer Tat.

Innovationen sind keine Naturereignisse, wir müssen sie wollen und durchsetzen.

Innovationen sind neue Triebe an den Produktstammbäumen.

Die wichtigsten Innovationen sind jene, die das Denken verändern.

Eine Innovation ist jeweils eine neue Art, in der Geschichte Spuren zu hinterlassen.

Es gibt keinen Schnittmusterbogen für Innovationen.

Manche Innovationen stellen sich als Blindgänger heraus, andere haben einen Zeitzünder.

Es gibt vielerlei Arten von Innovationen, aber keinerlei Artenschutz.

Manchmal kommen Innovationen wie Findelkinder in ein Unternehmen.

Innovationen sind Vorboten für die zukünftigen Lebensbedingungen.

Innovationen in der Chemie bestehen darin, aus ganz gewöhnlichen Molekülen aufregende Produkte zu machen.

Innovationen hinterlassen immer Spuren, ganz gleich, wie sie verlaufen sind.

Innovationen sind wie Fahrräder: sie müssen rollen und in Bewegung bleiben, sonst fallen sie um.

Innovationen sind wie Lebewesen: wenn sie unterkühlen, sterben sie.

Innovationen sind die kreativste Form, Unruhe zu erzeugen und Widerspruch zu erregen.

Innovationen sind Gewohnheitsbrecher.

Jede Innovation ist ein Unsicherheit stiftendes Vorhaben.

Innovationen extrapolieren die Vergangenheit nicht, sondern brechen mit ihr.

Jede Innovation ist ein Unikat.

Innovationen müssen wie Infektionen wirken, sonst sind sie bald tot.

Die meisten Innovationen sind von begrenzter Haltbarkeit.

Die Innovationen sind die Wehen für eine neue Zeit.

Ein Paradies, in dem es keine Innovationen gäbe, das wäre ja die Hölle.

Es ist noch keine Innovation vom Himmel gefallen.

Innovation ist, wenn man trotzdem weitermacht.

Für Innovationen gibt es keine Gesetzmäßigkeiten, sondern nur Regeln; aber die Erfolge stecken in der Regel in den Ausnahmen.

Jede Innovation kommt in irgendeiner Phase einer Verschwörung gleich.

Innovation:
Alles ist denkbar;
vieles ist möglich;
manches ist machbar;
nichts ist einfach.

Gesammelte Erfahrungen

Innovation ist eine Herausforderung – nimm sie an!
Innovation ist ein Wagnis – gehe es ein!
Innovation ist ein Abenteuer – lass dich darauf ein!
Innovation ist eine Reise – mache dich auf den Weg!
Innovation ist Frustration – stehe sie durch!
Innovation ist Kampf – gib nicht auf!
Innovation ist Ziel – verfolge es unbeirrt!
Innovation, das bist du, wenn du sie willst!
Innovation ist die schönste Erinnerung, wenn du sie vollendet hast!

I	DEE
N	EU
N	ÜTZLICH
O	RIGINELL
V	ERKAUFSFÄHIG
A	UFREGEND
T	IMING
I	NTERESSANT
O	PTIMAL
N	ACHHALTIG

Innovation und wirtschaftlicher Erfolg

ZITATE

Nur in der Bewegung, so schmerzlich sie sei, ist Leben.

Jacob Burckhardt

Was sich nicht verkaufen lässt, will ich nicht erfinden.

Thomas Alva Edison

Der Gewinn ist der Preis, mit dem in der kapitalistischen Gesellschaft erfolgreiche Innovationen bezahlt werden. Er ist seinem Wesen nach zeitlich beschränkt. Im darauf folgenden Prozess des Wettbewerbs und der Anpassung wird er schwinden.

Joseph A. Schumpeter

Der Markt ist ein harter, unsozialer Arbeitgeber, der selbst den treuesten Diener fristlos entlässt, ohne einen Pfennig Abfindung zu zahlen.

Peter F. Drucker

Wenn eine Innovation nicht von vorneherein den Spitzenplatz anstrebt, ist sie wahrscheinlich nicht innovativ genug.

Peter F. Drucker

Erfolgreiche Firmen schenken dem Markt mehr Aufmerksamkeit als erfolglose. Erfolgreiche innovierende Unternehmen reagieren mit ihrer Innovation auf Marktbedürfnisse, beziehen potenzielle Benutzer ein und verstehen die Benutzerbedürfnisse besser.

Christopher Freeman

Controller können einem Unternehmen Schlankheitspillen verordnen, aber die Wachstumshormone kommen aus den Forschungslabors.

Gert Becker

Man braucht die Fähigkeit, Fehler hinzunehmen. Man kann keine Innovationen schaffen, wenn man nicht gewillt ist, Irrtümer zu akzeptieren.

Charles Knight

SPRICHWÖRTER UND SPRÜCHE

Es ist nicht sehr angenehm, wenn man den Wettbewerbern auch Innovationen zutraut, aber es ist selten falsch.

Der wichtigste Wachstumsfaktor für Unternehmen ist Vitamin I (Innovation).

Keiner Innovation sieht man später an, wie klein sie angefangen hat.

Innovationsphasen:
- wissenschaftliche Entdeckung
- technische Realisierung
- wirtschaftliche Einführung
- erfolgreiche Verbreitung
- schmerzliche Ablösung

ANMERKUNGEN H.-J. QUADBECK-SEEGER

Wer sich auf den globalen Markt begibt, setzt sich unter Innovationszwang.

Man sollte eine Innovation nicht vor der Markteinführung loben.

Es wird immer entscheidender, wann eine Innovation das Licht des Marktes erblickt.

Mit Innovationen fällt sich ein Unternehmen manchmal selbst in den Rücken – bevor es der Wettbewerb tut.

Wer nicht innovativ ist, für den wird eine Nische leicht zur Klemme.

Eine Innovation hat es geschafft, wenn sie für unentbehrlich gehalten wird.

Unternehmen wachsen mit den Innovationen, die sie verwirklichen.

Innovationen beginnen im Kopf und enden in der Kasse.

Jede Innovation wird mit Erwartungen beladen.

Wer sich nicht um Innovationen kümmert, der lässt sein Geschäft verkümmern.

Innovationen sind nachwachsende Ertragskraft.

Jedes Unternehmen entwickelt die Innovationen, die es verdient und verdient an den Innovationen, die es beherrscht.

Es ist wichtig, frühzeitig zu erkennen, wann sich Innovationen ihrem Verfallsdatum nähern.

Innovation ist die Fortsetzung der Unternehmensgeschichte mit anderen Produkten.

Innovationen genießen keine Immunität.

Wenn ein Unternehmen eine Innovation an sich vorbeiziehen lässt, wird diese ihm am Markt entgegentreten.

Innovationen geben dem Unternehmen Gestaltungsfreiheiten. Das ist ihr wichtigster strategischer Aspekt.

Innovationen, die wir nicht machen, kommen uns am teuersten.

„Wie weit reicht euer Gebiet?“, fragte man einen Spartaner. Er entgegnete: „So weit wie unsere Speere.“ „Wie weit reicht euer Marktanteil?“, so fragt man heute. „So weit wie unsere Innovationen.“

Mit Preisen kann man Kunden locken, mit Marketing für sich gewinnen, aber nur mit Innovationen lassen sie sich halten.

Wir wollen die sein, vor denen unsere Konkurrenz Angst hat.

Innovationen sind wie Semmeln: warm gehen sie am besten.

Innovation bedeutet, etwas zu tun, was die Konkurrenz nicht erwartet.

Innovationen geben der Zukunft eine Zukunft.

Innovationshemmnisse

Jede Innovation wird von Kommentaren begleitet, wobei die so genannten „Killerphrasen“ besonders beliebt sind. Hier eine Auswahl, die Sie nach Ihren Erfahrungen beliebig erweitern können:

Das haben wir noch nie gemacht.
Das haben wir immer schon so gemacht.
Das haben wir früher schon alles ausprobiert.
So etwas hat noch nie funktioniert.
Das mag zwar theoretisch richtig sein, aber ....
Daran sind schon ganz andere gescheitert.
Das passt nicht zu unseren Kernkompetenzen.
Nun arbeiten Sie erst mal die Details aus.
Wenn das so einfach wäre, hätte es die Konkurrenz längst so gemacht.
Wir wissen genau, was unsere Kunden wollen.
Dazu fehlen uns die Ressourcen.
Das hätten Sie ins Budget stellen sollen.
Das rechnet sich doch hinten und vorne nicht.
Die Idee ist nicht schlecht, aber dafür haben wir jetzt keine Zeit.
Wir können doch jetzt nicht unsere Anlagen umrüsten.
Unsere Abteilung ist dafür nicht zuständig.
Ich dachte, das wäre nicht so wichtig.
Dafür fehlt uns die Betriebsgenehmigung.
Woher soll ich wissen, dass das eine Ausnahme ist?
Ohne Vorstandsbeschluss ist das nicht zu machen.
Lassen Sie das noch mal durchkalkulieren.
Für die Vermarktung fehlen uns die Mittel.
Das kann doch nur ein Nischenprodukt werden.
Können Sie eine Garantie für den Return-on-Investment geben?
Dafür bin ich nicht zuständig, fragen Sie den Chef.
Ich bin voll ausgelastet; ich dachte, das hätte ich Ihnen gesagt.
Wir sagen Ihnen Bescheid, wenn wir Kapazitäten frei haben.

Warum wollen Sie etwas ändern? Es ist doch bisher auch gegangen.
Ihr Eifer in Ehren, aber Ihnen fehlt die Erfahrung.
Die Sache ist viel komplizierter, als Sie denken.
Glauben Sie mir, die Zeit ist dafür noch nicht reif.

ZITATE

Nichts ist schwieriger durchzuführen, zweifelhafter im Hinblick auf den Erfolg, gefährlicher in der Handhabung, als eine neue Ordnung der Dinge ins Werk zu setzen.

Niccolò Machiavelli

Man kann die Möglichkeit einer Idee anerkennen und doch nicht recht verstehen, sie vollkommen zu nutzen.

Johann Wolfgang von Goethe

Wenn man die Entwicklungsgeschichte neuer Ideen verfolgt, so fehlt die Periode der Verhöhnung niemals.

Honoré de Balzac

Sie haben die meisten Hindernisse auf dem Weg zum Erfolg beiseite geräumt, wenn Sie den Unterschied von Bewegung und Richtung erkannt haben.

Bill Copeland

Mögen hätte ich schon wollen, aber dürfen hab' ich mich nicht getraut.

Karl Valentin

Gesagt ist nicht gehört, gehört ist nicht verstanden. Verstanden ist nicht einverstanden. Einverstanden ist noch lange nicht angewendet. Angewendet ist noch lange nicht beibehalten.

Konrad Lorenz

Aufschub ist die tödlichste Form der Ablehnung.

Cyril Northcote Parkinson

Wer keine Angst hat, ist dumm, aber nicht wer die meiste Angst hat, beweist die größte Klugheit.

Hubert Markl

SPRICHWÖRTER UND SPRÜCHE

Wer zu viele Eisen im Feuer hat, dem werden einige kalt. — England

Wenn ich nicht mehr weiter weiß, bild ich einen Arbeitskreis.

Unmöglich ist alles, was man noch nie versucht hat.

Initiative ist Mangel an Disziplin.

Wenn eine Innovation in die Krise kommt, dann passiert folgendes: — Unbekannt
Die Forschung zeigt, wie es gehen kann.
Die Entwicklung beweist das Gegenteil.
Die Produktion hat keine Kapazitäten frei.
Die Marketingabteilung weiß besser, was der Kunde will.
Die Unternehmensplanung mischt sich ein und ändert die Prioritäten.
Die Personalabteilung rechnet mit dem Schlimmsten.
Die Rechtsabteilung fühlt sich übergangen und erhebt Protest.
Die Verkaufsabteilung fängt schon an, die Preise zu verändern.
Die Technische Abteilung zweifelt an der Machbarkeit.
Die Projektleitung sucht einen Sündenbock.
Das Topmanagement prüft eine Akquisition als Alternative.
Nur ein kleiner, harter Kern arbeitet unbeirrt weiter.

Es ist einfacher, eine Innovation abzubrechen als sie neuen Erfordernissen anzupassen.

Innovationen haben am Anfang immer einen hohen c_w-Wert.

Zu jeder Innovation werden Innovationsbarrieren erfunden.

Killerphrasen sind oft wirksamer als Werbeslogans.

Vorsicht! Der Unterschied zwischen möglich und unmöglich besteht nur aus zwei Buchstaben.

Man kann nicht alles auf einmal tun, aber man kann alles auf einmal lassen.

Wir wissen zwar noch nicht, wie es gehen soll, aber wir sind bestimmt dagegen.

ANMERKUNGEN H.-J. QUADBECK-SEEGER

Jedes Unternehmen versäumt die Technologien, die es nicht verdient.

Heilige Kühe sind gefährliche Bestien für Innovationen.

Trauen Sie keiner Firma, deren Innovationskraft Sie nichts mehr zutrauen.

In Wohlstandsgesellschaften beginnt Highlife mehr zu zählen als Hightech.

Eine Innovation wird durch das begrenzt, was nicht ausprobiert wurde.

Wer Innovationen lieblos behandelt, darf sich nicht wundern, wenn sie zu Stiefkindern werden.

Die Linien in den Organigrammen sind Stolperdrähte für Innovationen.

Vermeiden sie Unterdosierung von Ressourcen. Das ist eine besonders kostspielige Form der Verschwendung.

Innovation schafft Konflikte; wenn nicht, dann ist es verdächtig.

Mancher Weg zu einer Innovation ist mit den Steinen gepflastert, die in den Weg geworfen wurden.

Wann immer man eine Innovation abbricht, es ist nie zum richtigen Zeitpunkt.

Womit Sie bei Innovationen rechnen müssen? Mit allem!

Traue keiner Innovation, die nicht vorübergehend Unordnung und Unsicherheit in dein Leben bringt.

Eine Innovation geht zum Teufel, wenn du aufhörst, an sie zu glauben.

Um jede Innovation wuchern Vorbehalte.

So wie unterlassene Hilfeleistung strafbar ist, so müsste bei Innovationen unterlassene Inanspruchnahme von Hilfeleistung bestraft werden.

Die beliebteste Art der Teilnahme an einem Vorhaben ist, sich einzumischen.

Keine Innovation läuft auf Gleisen.

Die Innovationsblockaden kommen in der Regel von innen.

Innovation ist nichts für Feiglinge.

Die Helden im Unternehmen sind jene, die wichtige Projekte davor bewahrt haben, den Heldentod zu sterben.

Der wichtigste Posten im Budget für Innovationen ist das Unvorhergesehene.

Wer beklagt, dass Innovationen Geld kosten, versteht entweder nichts von Innovationen oder vom Geld.

Innovationskapital ist nicht nur scheu, es ist auch kritisch.

Alkoholiker können ihre eigene Zukunft zerstören, Negaholiker die des Unternehmens.

Wenn eine Innovation auf die Kriechspur gerät, wird sie auch bald zur Schnecke gemacht.

Ein bürokratisches Unternehmen verfällt mit der Zeit in eine Innovationsstarre.

Jeder Innovation schauen Leute zu, die die Grabschaufel schon in den Händen haben.

Betriebsblindheit zählt zu den gefährlichsten Berufskrankheiten.

Die gefährlichste Betriebsblindheit ist, vor der Betriebsblindheit die Augen zu verschließen.

Die Innovationskraft der Politik besteht in der Erfindung neuer Steuern.

Innovationsmanagement

Freiheit für neue Ideen

ZITATE

Ein Mann, der recht zu wirken denkt, muss auf das beste Werkzeug halten. — Johann Wolfgang von Goethe

Der Mensch wird, was er wird, durch die Sache, die er zu der seinen macht. — Karl Jaspers

Die einen erkennt man an ihren Taten, die anderen an ihrem Getue. — Martin Kessel

Eine Tat ist ein in die Wirklichkeit umgesetztes Bekenntnis. — Martin Kessel

Leute, die Gewissheit benötigen, werden selten gute Unternehmer sein. — Peter F. Drucker

Indem sich der Chef für eine Sache interessiert, verleiht er ihr Wichtigkeit. — Cyril Northcote Parkinson

Wer zu spät an die Kosten denkt, ruiniert sein Unternehmen. Wer immer zu früh an die Kosten denkt, tötet die Kreativität. — Philip Rosenthal

Ein Manager muss Atmosphäre schaffen können – eine Atmosphäre, die der Kreativität der Mitarbeiter förderlich ist, innerhalb der der gemeinsame Erfolg angestrebt wird und in der der Ernst des beruflichen Lebens Spaß macht. — Alfred Herrhausen

SPRICHWÖRTER UND SPRÜCHE

Innovate yourself!

Festhalten rettet den Bergsteiger, bringt aber ein Unternehmen in Gefahr.

Innovationsmanagement muss Mitarbeiter zu Mitunternehmern machen.

Es ist noch keine Innovation vom Himmel gefallen.

ANMERKUNGEN H.-J. QUADBECK-SEEGER

Innovationsmanagement macht aus den Zielen von heute die Zahlen von morgen.

Innovation ist eine ständige Aufgabe, man kann nicht auf Vorrat innovativ sein.

Jede Innovation hat grundsätzlich einen chaotischen Verlauf, der organisiert werden muss.

Innovation ist kein Schicksal, sondern Machsal.

Für Innovationen gibt es keine Wege, Innovationen schaffen neue Wege.

Bei Innovationen gibt es keine Gewissheiten, nur Wahrscheinlichkeiten.

Der Weg zu Innovationen führt immer durch irgendwelche Engpässe.

Jede Innovation lässt sich hinterher erklären, aber keine prognostizieren.

Innovation erfordert Zeit; das heißt aber nicht, dass man sich Zeit lassen darf.

Wer zu rasch voranprescht, muss aufpassen, dass er nicht über Meilensteine stolpert.

Natürlich gibt es Regeln für Innovationen, aber jede Innovation hat ihre Ausnahmen.

Das Regelmäßige bei Innovationen ist das Unvorhergesehene.

Innovationen müssen gezogen werden, sie lassen sich nicht schieben.

Es ist anstrengend, in einem innovativen Unternehmen zu arbeiten, aber es ist gefährlich, in einem zu arbeiten, das zur Innovation nicht mehr fähig ist.

Innovation ist eine viel zu wichtige Sache, um sie zu delegieren.

Promotoren sind keine Schirmherren, die für eine gute Sache ihren Namen hergeben, sondern sie müssen Mitstreiter für die gute Idee sein.

Falls Sie mehr über sich erfahren wollen, arbeiten Sie an einer Innovation mit. Sie werden überrascht sein, was in Ihnen steckt – und was nicht.

Eine Innovation zu töten, bevor sie den Markt erreicht hat, gleicht einem Attentat.

Jede Innovation trägt die Handschrift von Personen.

Die letzten Schritte einer Innovation sind in der Regel die teuersten.

Wenn alles seinen geregelten Gang geht, kann man sicher sein, dass keine Innovation im Gange ist.

Innovation sollte keine Option, sondern Passion sein.

Innovationstriebkräfte

Obwohl das Streben nach Verbesserungen, Vereinfachung oder Überlegenheit eine alte Tradition in der Menschheitsgeschichte hat, ist der Begriff „Innovation" relativ jung. Als die Europäer in der Renaissance an die antiken Traditionen wieder anknüpften, tauchte er in Italien erstmals auf. Populär hat ihn im 20. Jahrhundert aber ein Nationalökonom gemacht: Joseph Alois Schumpeter (1883–1950). Als junger Professor in Wien machte er mit einer spektakulären Hypothese auf sich aufmerksam. Bis dahin galten Kapital, Arbeit und Grundbesitz als die Grundpfeiler der wirtschaftlichen Ordnung und Entwicklung. Aufgrund seiner Analysen kam Schumpeter zu einer anderen Schlussfolgerung. Neben Kapital und Arbeit sah er in den Innovationen den entscheidenden Motor für den Fortschritt. Weitsichtig sagte er voraus, dass diese dritte Kraft im Laufe der Zeit sogar die entscheidende würde. Nur Unternehmen, die in diesem Sinne ihre Zukunftssicherung betrieben, hätten langfristige Überlebenschancen. Selten hat sich eine Prognose so überzeugend bestätigt.

Wie so oft, haben es Propheten im eigenen Lande schwer, so auch Joseph Schumpeter. Nach einer Zwischenstation an der Universität Bonn folgte er einem Ruf nach Harvard. Dort lebte er bis an sein Lebensende.

Mit seinem Werk „Theorie der wirtschaftlichen Entwicklung", 1911 erschienen, hat er den modernen Innovationsbe-

Joseph Alois Schumpeter

griff geschaffen. Schumpeter war auch ein literarisches Talent und ein Freund knapper und präziser Formulierungen, mit einem Wort: er liebte und schrieb auch Aphorismen. So ist es kein Wunder, dass ihm eine geradezu geniale paradoxe Definition gelang: Innovation ist schöpferische Zerstörung.

Worin besteht nun sein innovativer Beitrag, mag einer fragen. Nun, die wichtigsten Innovationen sind jene, die dem Denken eine neue Richtung geben. Nach diesem Kriterium war Joseph Alois Schumpeter einer der größten Innovatoren, wie insbesondere die zweite Hälfte des 20. Jahrhunderts zeigte, die er leider nicht mehr erlebte. Umso wichtiger ist es, seine Leistung in Ehren zu halten.

ZITATE

ZITATE	Eine Veränderung bewirkt stets eine weitere Veränderung.	Niccolò Machiavelli
	Neugier treibt uns zu erfahren, was uns vielleicht nützen kann.	La Rochefoucauld
	Die Lebenskraft eines Zeitalters liegt nicht in seiner Ernte, sondern in seiner Aussaat.	Ludwig Börne
	Die Menschen sind in zwei Klassen eingeteilt, in diejenigen, die das Unglaubliche glauben, und in diejenigen, die das Unwahrscheinliche tun.	Oscar Wilde
	Wo aufgeschlossene Geister und bereite Hände existieren, wird es immer Neuland geben.	Charles F. Kettering
	Die Welt besteht durch die Zufriedenen; aber sie schreitet fort durch die Unzufriedenen.	Upton Sinclair
	Die Sehnsucht nach Veränderung trägt die Saat ihrer Erfüllung in sich.	Napoleon Hill
	Denn die einzige dauerhafte Form irdischer Glückseligkeit liegt im Bewusstsein der Produktivität.	Carl Zuckmayer
	Wirklich innovativ ist man nur dann, wenn mal etwas danebengegangen ist.	Woody Allen
SPRICHWÖRTER UND SPRÜCHE	Wandel ist eine Tür, die nur von innen geöffnet werden kann.	Frankreich
	Lass niemals einen Tag vergehen, an dem nichts Neues ist geschehen.	
	Schleichende Verbesserungen lähmen den Innovationswillen.	

ANMERKUNGEN H.-J. QUADBECK-SEEGER

Innovationen entstehen nur,
wenn man etwas anders machen will.

Eine Idee muss in die Hände von Talenten fallen, sonst fällt sie in den Staub.

Jedes Problem ist eine Chance für Innovationen.

Innovationen sind keine Nestflüchter. Sie erfordern viel Fürsorge, bis sie sich selbstständig machen, aber dann sind sie nicht mehr aufzuhalten.

Anti-Murphy: If anything can be done better, somebody will find and do it.

Wer von einer Innovation überzeugt ist, verbessert ihre Chancen.

Innovationen fallen nicht vom Himmel, sie wachsen auf dem Boden der Arbeit.

Innovationen beginnen leise.

Rezepte für Innovationen finden sich nicht in Bücherregalen.

Bei einer Innovation ist jede Aktion mehr wert als ein Aufschub.

Niemals ist eine Innovation zustande gekommen, ohne dass die Beteiligten mehr gearbeitet haben, als sie mussten.

In unserer Welt gibt es zu viel Neuigkeiten und zu wenig Neues.

Der Innovationsprozess braucht Verschworene.

Nieder mit der Gewohnheitsmacht.

Sei innovativ und du wirst Erfahrungen machen, auf die du sonst verzichten musst.

Das Schlaraffenland wäre die Hölle für Innovatoren.

Irrtum

Irrtümer haben ihren Wert,
jedoch nur hier und da:
Nicht jeder, der nach Indien fährt;
entdeckt Amerika.

Erich Kästner

ZITATE

Wer wenig denkt, der irrt viel. — Leonardo da Vinci

Die kürzesten Irrtümer sind immer am besten. — Jean Baptiste Molière

Das einzige Mittel, den Irrtum zu vermeiden, ist die Unwissenheit. — Jean-Jacques Rousseau

Irren ist auch insofern menschlich, als die Tiere wenig oder gar nicht irren, wenigstens nur die klügsten unter ihnen. — Georg Christoph Lichtenberg

Wir irren allesamt, nur jeder irrt anders. — Georg Christoph Lichtenberg

Durch Heftigkeit ersetzt der Irrende, was ihm an Wahrheit und an Kräften fehlt. — Johann Wolfgang von Goethe

Wenn ein paar Menschen recht miteinander zufrieden sind, kann man meistens versichert sein, dass sie sich irren. — Johann Wolfgang von Goethe

Irrtum ist das notwendige Instrument der Wahrheit. — Novalis

Jemand, der ganz Unrecht hat, ist leichter zu überzeugen als einer, der zur Hälfte Recht hat. — Ralph Waldo Emerson

Die Menschheit lässt sich keinen Irrtum nehmen, der ihr nützt. — Friedrich Hebbel

Es gibt keine reine Wahrheit, aber ebenso wenig einen reinen Irrtum. — Friedrich Hebbel

Wer glaubt, niemals zu irren, der irrt. — Wilhelm Raabe

Wer es einmal so weit gebracht hat, dass er nicht mehr irrt, der hat auch zu arbeiten aufgehört. — Max Planck

Würde der Mensch niemals irren, er fände nichts. — Paul Valéry

Man sollte nie die gleiche Dummheit zweimal machen, denn die Auswahl ist groß genug. — Bertrand Russell

Auch wenn alle einer Meinung sind, können alle Unrecht haben. — Bertrand Russell

Wir alle ziehen einen geistreichen Irrtum einer trivialen Wahrheit vor. — Joseph A. Schumpeter

Irrtümer haben ihren Wert,
jedoch nur hier und da.
Nicht jeder, der nach Indien fährt,
entdeckt Amerika. — Erich Kästner

Das ist nicht richtig, das ist nicht einmal falsch. — Wolfgang Pauli

Einen echten MBA erkennt man daran, dass er oft im Irrtum ist, aber nie im Zweifel. — Robert Buzzell

The road to wisdom? Well it's plain and simple to express:
err and err and err again but less and less and less. — Piet Hein

SPRICHWÖRTER UND SPRÜCHE

Irren ist menschlich.
(Errare humanum est.) — Antikes Rom

Irren ist nicht schlimm, solange es zum eigenen Vorteil geschieht. — USA

Wer nichts tut, irrt nicht, und wer nicht irrt, bessert sich nicht. — Deutschland

Ein alter Irrtum hat mehr Freunde als eine neue Wahrheit. — Deutschland

Gebt nicht auf! Es gibt immer Chancen für den Irrtum!

Jeder, der nicht verwirrt ist, hat nicht verstanden, was hier los ist.

Was heute fast richtig ist, kann morgen schon total falsch sein.

Dass viele irrend gehen, macht den Weg nicht richtig.

Irren ist wahrscheinlich.

ANMERKUNGEN H.-J. QUADBECK-SEEGER

Die meisten Holzwege sehen anfangs wie Abkürzungen aus.

Erfahrung: Teams irren nicht seltener als Einzelne. Aber bei Teams fällt der Irrtum wirkungsvoller aus.

Der Beweis ist die Guillotine für den Irrtum.

Der Mensch irrt, aber er lernt aus den Fehlern – leider oft das Falsche.

Irrtum vergeht, Dummheit besteht.

Es irrt der Mensch, solang er strebt.
Es strebt der Mensch, solang er lebt.
Es lebt der Mensch, solang er irrt.
Am Ende ist der Mensch verwirrt.

Das Recht auf Irrtum steht jedem zu, aber man sollte es nicht missbrauchen.

Irrtümer werden tiefer, wenn sie sich verbreiten.

Alle Irrtümer gehen einmal an der Wahrheit zugrunde, aber sie wachsen nach.

Kommunikation

Kommunikation am Beispiel der Sonnenfinsternis am 11. August 1999.

Der Werksdirektor sagt zum Arbeitsdirektor: „Morgen um 14.00 Uhr findet eine Sonnenfinsternis statt. Also etwas, was man nicht alle Tage sehen kann. Lassen Sie die Belegschaft in Arbeitskleidung auf dem Werkhof antreten. Bei der Beobachtung dieses seltenen Ereignisses werde ich selbst Erläuterungen geben. Wenn es regnet, werden wir das nicht gut sehen können. Die Belegschaft begibt sich dann in den Speisesaal."

Der Arbeitsdirektor zum Hauptabteilungsleiter: „Auf Anweisung des Werksdirektors findet morgen um 14.00 Uhr eine Sonnenfinsternis statt. Wenn es regnet, werden wir im Arbeitszeug auf dem Werkhof nicht gut sehen können. In diesem Falle führen wir das Verschwinden der Sonne im Speiseraum durch. Also etwas, was man nicht alle Tage sehen kann."

Der Hauptabteilungsleiter zum Abteilungsleiter: „Auf Anweisung des Werksdirektors wird morgen um 14.00 Uhr im Arbeitszeug das Verschwinden der Sonne im Speiseraum durchgeführt. Der Werksdirektor gibt Anweisung, ob es regnen soll. Also etwas, was man nicht alle Tage sehen kann."

Der Abteilungsleiter zum Gruppenleiter: „Wenn es morgen in Speiseraum regnet, also etwas, was man nicht alle Tage sieht, verschwindet um 14.00 Uhr unser Werksdirektor im Arbeitszeug."

Der Gruppenleiter zum Kollegen: „Morgen soll unser Werksdirektor schon um 14.00 Uhr verschwinden. Schade, dass man das nicht alle Tage zu sehen bekommt."

ZITATE

Nicht viele Worte verraten kluges Urteil.	Thales
Man sollte schweigen oder Dinge sagen, die noch besser sind als das Schweigen.	Pythagoras
Mach's Maul auf! Tritt fest auf! Hör bald auf!	Martin Luther
Das Argument gleicht dem Schuss einer Armbrust – es ist gleichermaßen wirksam, ob ein Riese oder ein Zwerg geschossen hat.	Francis Bacon
Die Menschen bauen zu viele Mauern und zu wenig Brücken.	Isaac Newton
Wenn ein Gedanke zu schwach ist, um einfach ausgedrückt zu werden, beweist es, dass er abgelehnt werden muss.	Marquis de Vauvenargues
Es ist keine Kunst, etwas kurz zu sagen, wenn man etwas zu sagen hat.	Georg Christoph Lichtenberg
Sprachkürze gibt Denkweite.	Jean Paul
Wahre Mitteilung findet nur unter Gleichgesinnten, Gleichdenkenden statt.	Novalis
Man brauche gewöhnliche Worte und sage ungewöhnliche Dinge.	Arthur Schopenhauer
Ein Kluger bemerkt alles, ein Dummkopf macht zu allem eine Bemerkung.	Heinrich Heine
Man kann alle Leute eine Zeit lang an der Nase herumführen und einige Leute die ganze Zeit, aber nicht alle Leute all die Zeit.	Abraham Lincoln
Gesegnet seien jene, die nichts zu sagen haben und den Mund halten.	Oscar Wilde
Es tagt und tagt und will nicht heller werden.	Albert Schweitzer

Ein Abend, an dem sich alle Anwesenden einig sind, ist ein verlorener Abend. — Albert Einstein

Die Bienensprache ist von einer erstaunlichen Prägnanz, wo es gilt, biologischen Notwendigkeiten gerecht zu werden. Aber sie ist frei von jedem unnötigen „Geschwätz“. — Karl von Frisch

Was sich überhaupt sagen lässt, lässt sich klar sagen; und worüber man nicht reden kann, darüber muss man schweigen. — Ludwig Wittgenstein

Wie schnell führt Unverständlichkeit zu Unverständnis. — Hans-Georg Gadamer

Man sollte nie einen Satz beginnen, bevor man sein Ende kennt! — Paul Dirac

Wenn jemand brüllt, sind seine Worte nicht mehr wichtig. — Peter Ustinov

Konferenzen sind Treffen, bei denen entschieden wird, wann das nächste Treffen stattfinden wird. — Henry Ginsberg

SPRICHWÖRTER UND SPRÜCHE

Wer viel redet, erfährt wenig. — Armenien

Wer immer das letzte Wort haben will, spricht bald mit sich allein. — Bretonisch

Eine Rede kann nicht schlecht sein, wenn sie kurz ist. — England

Wo man gut von dir spricht, darfst du nicht zu oft hingehen. — Irland

Vom Schweigen hat die Zunge noch nie geschmerzt. — Russland

Good news is no news. — USA

Klug ist, wer die richtige Hälfte von dem glaubt, was er hört.

Wer nichts zu sagen hat, sollte wenigstens so tun, als ob er etwas zu verschweigen hätte.

Eine gute Rede hat einen guten Anfang sowie ein gutes Ende, und beide liegen nah beisammen.

Auf das jüngste Gerücht brauchen wir nicht lange zu warten.

Wer zu allem seinen Senf gibt, wird bald für ein Würstchen gehalten.

Nicht gackern, Eier legen!

Nach der Sitzung: Die Teilnehmer sind erschöpfter als das Thema.

„Das ist eine gute Frage!" – „Ich stelle keine anderen!" — aus einer Diskussion

„Langweilen Sie mich nicht mit Fakten, sagen Sie mir, was ich hören will." — aus einer Diskussion

Vor Inbetriebnahme des Mundwerkes bitte Gehirn einschalten. — Graffito

Lieber Sprüche klopfen als Steine. — Graffito

Da wir von allem nichts verstehen, können wir überall mitreden. — Graffito

In den Unternehmen bietet die Gerüchteküche in der Regel interessantere Menüs als die Kantine.

Gradlinigkeit ist oft der kürzeste Weg zu Missverständnissen.

Unscharfe Begriffe verschwimmen an den Rändern wie Wasserfarben.

Kommunikation heißt verstehen und verstanden werden.

Erst verrichten, dann berichten.

Alles, was bloß Schall und Rauch ist, sollte schon aus Gründen des Umweltschutzes verboten werden.

Missverständnisse neigen notorisch dazu, sich einzuschleichen.

Was nicht missverstanden werden kann, ist meist auch nicht wert, verstanden zu werden.

Wer vorträgt, trägt auch die Verantwortung für die Zeit der Zuhörer.

Reden ist Silber, Patentieren ist Gold.

Reden ist Silber und Schweigen ist auch nicht mehr das, was es früher war.

Die Diskussion um ungelegte Eier hat den Vorteil, dass sie nicht zu Bruch gehen.

Wer überfordert, kann nicht überzeugen.

Die Menschen erwarten verständnisvolle Antworten und wollen keine technischen Erklärungen.

Auch in der Gerüchteküche gibt es Meisterköche.

Je spektakulärer ein Gerücht, desto größer ist dessen Diffusionskoeffizient.

Je länger etwas auf dem Speisezettel der Gerüchteküche steht, desto interessanter wird es.

Was aus der Gerüchteküche kommt, schmeckt den meisten so wenig, dass jeder seinen Senf dazugeben muss.

Kreativität

ZITATE

Alles in der Welt kommt auf einen gescheiten Einfall und auf einen festen Entschluss an. — Johann Wolfgang von Goethe

Nicht vieles kennen, aber vieles miteinander in Berührung zu bringen, ist eine Vorstufe des Schöpferischen. — William Blake

Niemand kann mit Absicht originell sein. — William Somerset Maugham

Wer wirklich Neues entdecken will, kann gar nicht verrückt genug sein. — Niels Bohr

Kreativität heißt, aus dem Chaos Ordnung zu schaffen. — Georg Stefan Troller

Alle Menschen haben die Anlage, schöpferisch zu arbeiten. Nur merken es die meisten nie. — Truman Capote

Die höchste Form der Individualität ist die Kreativität. — Gerhard Uhlenbruck

Kreativität ist die Eintrittskarte in die Zukunft. — Norbert Stoffel

Als kreativ bezeichne ich eine Idee oder eine Aktivität, die unser Leben verändert oder die Art und Weise, wie wir die Welt sehen. — Mihaly Czikszentmihalyi

SPRICHWÖRTER UND SPRÜCHE

Kreativität ist der Mut, etwas zu tun, was noch nie einer versucht hat.

Kreativität ist das Gegenteil von Imitation.

Kreativität ist eine starke Kraft.

Kreativität ist der einzige unerschöpfliche Rohstoff.

ANMERKUNGEN H.-J. QUADBECK-SEEGER

Innovation ist die Kreativität eines Unternehmens. Fehlende Kreativität lässt sich nicht durch Organisationsoptimierung ausgleichen.

Kreativität ist Denken ohne Schablone und Handeln ohne Vorlage.

Kreative Menschen suchen Probleme und nicht Publikum.

Den Kreativen erkennt man gelegentlich erst daran, dass er völlig neue Fehler macht.

Menschen, die kreativ sind, sind auch kreativ in ihrem Arbeitsstil.

Kreativität und Initiative schwimmen nicht auf der Papierflut, sie gehen darin unter.

Kreativität zeugt Unruhe.

Die wichtigste Voraussetzung für Brainstorming ist brain, storming lässt sich leichter arrangieren.

Krise

ZITATE

Des Mannes Wert wird durch Prüfung bewährt. — Friedrich Rückert

Wer ein Warum zu leben hat, erträgt fast jedes Wie. — Friedrich Nietzsche

Krise wird wirklich als Mangel an Vertrauen. — Karl Jaspers

Der Sturz aus dem zehnten Stockwerk verläuft bis zum Parterre völlig problemlos. — John Maynard Keynes

Krisen meistert man am besten, indem man ihnen zuvorkommt. — Walt Whitman Rostow

Krise ist ein produktiver Zustand. Man muss ihm nur den Beigeschmack der Katastrophe nehmen. — Max Frisch

SPRICHWÖRTER UND SPRÜCHE

Es ist kein Zufall: In der chinesischen Schrift gibt es für die Begriffe „Krise" und „Chance" nur ein Zeichen. — China

Wenn es dir gut geht, mach dir keine Sorgen, die nächste Krise kommt bestimmt.

Jeder kann planen, aber um von Krise zu Krise zu springen, muss man gut sein.

Krisenmanagement muss die Dinge schlimmer darstellen, als sie sind, und die Maßnahmen wirkungsvoller schildern, als sie sein werden.

Die Lage ist hoffnungslos, aber nicht ernst!

Störe meine Krise nicht!

ANMERKUNGEN H.-J. QUADBECK-SEEGER

Stell dir vor, es gibt eine Krise
und wir machen Innovationen.

Die größte Gefahr in turbulenten Zeiten
ist laminares Denken.

Wer immer mit dem Strom schwimmt
und nie in einen Strudel gerät, kennt
seine eigene Kraft nicht.

Um jeden Krisenherd hocken Leute, die
ihr Süppchen darauf kochen.

Kritik

Kritik kann sehr verletzend sein,
und führt sie dich an einen Rand,
dann sage einfach mutig: „NEIN!“
und siehe da: es weicht zurück die
strenge Hand.

ZITATE

Wer sich über Kritik ärgert, gibt zu, dass er sie verdient. — Tacitus

Enge Geister anerkennen nichts als richtig, was ihr eigenes Fassungsvermögen übersteigt. — La Rochefoucauld

Nur wenige Menschen sind klug genug, hilfreichen Tadel nichts sagendem Lob vorzuziehen. — La Rochefoucauld

Kritiken, welche das Maß der Gerechtigkeit überschreiten, erreichen ihren Zweck nicht. — Arthur Schopenhauer

Urteilskraft ist eine Eigenschaft, von der den meisten so viel einwohnt wie dem Kastraten Zeugungskraft. — Arthur Schopenhauer

Der letzte Beweis von Größe liegt darin, Kritik ohne Groll zu ertragen. — Victor Hugo

Es ist viel einfacher, Kritik zu üben, als etwas anzuerkennen. — Benjamin Disraeli

Das ist die klarste Kritik von der Welt, wenn neben das, was ihm missfällt, einer was Eigenes, Besseres stellt. — Emanuel Geibel

Nur wenige sind es wert, dass man ihnen widerspricht. — Ernst Jünger

Die Kritik an anderen hat noch keinem die eigene Leistung erspart. — Noel Coward

Niemand wünscht konstruktive Kritik. Wir können nur mit konstruktivem Lob umgehen. — Mignon McLaughlin

SPRICHWÖRTER UND SPRÜCHE

Verurteile niemand, bevor du in seiner Lage warst. — Talmud

Wenn schon gebrüllt werden muss, dann wie ein Löwe. — Äthiopien

Wer nicht tanzen kann, schimpft auf die Musikkapelle. — Polen

Lieber durch Lob ruiniert als durch Kritik gerettet. — USA

Kritisieren ist leichter als besser machen. — Deutschland

Die schärfsten Kritiker der Elche werden später selber welche.

Kritik ist gut, Vorbild ist besser.

Wer Kritik übt, sollte erst mal noch weiter üben.

ANMERKUNGEN H.-J. QUADBECK-SEEGER

Die Kritiker der Gentechnologie versuchen die Angst zu klonen.

Es sind immer die Pflaumen, die Äpfel und Birnen vergleichen.

Eine wichtige Folge von Führungsseminaren ist, dass die Kritik an den Vorgesetzten besser begründet wird.

Auch bei der Selbstkritik kommt es auf die Dosis an.

Kunde

Der Punkt ist der Kunde, die Pfeile sind wir!

ZITATE

Die Fähigkeit, auf welche die Menschen den meisten Wert legen, ist die Zahlungsfähigkeit. — Oskar Blumenthal

Den Standpunkt des anderen verstehen und die Dinge mit seinen Augen sehen! — Henry Ford

Der Konsument ist der ewige Säugling, der nach der Flasche schreit. — Erich Fromm

Der wahre Präsident des Unternehmens ist der Konsument. — Helmut Maucher

Die Freude an einem Produkt hört dann auf, wenn man zu lange warten muss. — Eberhard von Kuenheim

Die Frage, wer tüchtig ist, sollte von den Kunden und nicht von einer Behörde entschieden werden. — Tyll Necker

Borgt man einem Kunden nichts, geht er zur Konkurrenz; borgt man ihm doch, geht er in Konkurs. — Helmar Nahr

Jede Arbeit hat Kunden. Lassen sie jeden Mitarbeiter herausfinden, wer seine Kunden sind. — Tom Peters

Vergiss nie, dass dein Produkt oder Service sich nicht unterscheidet, wenn der Kunde den Unterschied nicht versteht. — Tom Peters

SPRICHWÖRTER UND SPRÜCHE

Der Kunde ist der Schatz, die Ware ist nur Stroh. — China

The customer is always right. — USA

Wenn man genau hinhört, erklärt einem der Kunde, wie man das Geschäft zu machen hat.

Kunde ist einer erst nach der zweiten Bestellung.

In der westlichen Welt ist der Kunde König, in Japan ist er Gott.

Der Kunde steht bei uns im Mittelpunkt und allen im Wege.

Das Gastgeschenk des Kunden sind seine Wünsche.

Schauen Sie den Kunden nicht nur mit der Beute-Brille an.

Wer die Ware nicht bald liefert, ist bald geliefert.

Beschwerden von Kunden sind ein klassischer Fall von Hausfriedensbruch.

Die Kunden sind auch nicht mehr, was sie nie gewesen sind.

Kunden sind gerne der Annahme, sie seien eine Ausnahme.

Das Verkaufen beginnt, wenn der Kunde Nein sagt.

Wir wollen kluge Kunden, deshalb formulieren wir unsere Gebrauchsanweisungen als Intelligenztest.

Liebe deine Kunden wie dich selbst.

Für den Kunden zählt der Wert mehr als der Preis.

Wir kochen auch nur mit Wasser – aber wir nehmen für jeden Kunden frisches.

Wir können zwar keine Wunder vollbringen, aber über uns werden Sie sich noch wundern können.

Kunden wissen in der Regel genauer, was sie nicht wollen, als was sie wollen.

Unmögliches erledigen wir sofort. Wunder dauern etwas länger, und auf besonderen Wunsch hexen wir auch!

Für unsere Kunden backen wir sogar einen Schneeball knusprig.

Graffito

ANMERKUNGEN H.-J. QUADBECK-SEEGER

Kunden sind fabelhaft, solange man ihnen nichts verkaufen will.

Wer einen Kunden übers Ohr haut, wird nichts Gutes mehr von ihm hören.

Der Kunde muss das Gefühl haben, dass das Unternehmen dafür kämpft, ihn als Kunden zu behalten.

Unternehmen haben keine Freunde, Unternehmen haben Kunden, die sie behandeln sollten wie Freunde.

Liebe das Geld deiner Kunden wie dein eigenes.

Kundenbeziehungen sollten Innovationsbündnisse werden.

Der Kunde ist Gott und der Lieferant ist der Teufel, und zwar ein armer.

Alle Wege müssen zum Kunden führen.

Im Kampf um Marktanteile siegt immer der Kunde.

Die Erwartungen der Kunden sind Verpflichtungen für das Unternehmen.

Die wichtigste Ressource am Markt ist das Geld der Kunden.

Große Kunden sind Könige, die erwarten, dass alle Figuren auf dem Brett um sie herumspringen.

Wer Kunden fischen will, braucht heute: vernetztes Wissen, vernetztes Denken, vernetztes Handeln.

Der Kunde ist der Katalysator, mit dessen Einsatz man Vorräte in Forderungen verwandelt.

Solange es keine theoretischen Kunden gibt, wird es auch keine theoretische Unternehmensführung geben.

Der Kunde ist nicht das Einzige, was zählt, aber er ist der Einzige, der zahlt, und das zählt am meisten.

Der Kunde hat zwei Botschaften: Er sagt, was er bezahlen will; das ist wichtig. Und er erzählt, was genau er braucht; das ist wesentlich.

Behandle deine Freunde mit Nachsicht, deine Feinde mit Vorsicht und deine Kunden mit Umsicht.

Die Mitarbeiter sollten die Kunden so behandeln wie ihre Vorgesetzten.

Jeder Kunde will wie ein Fachmann behandelt werden.

Wer unausgereifte Produkte zum Kunden schickt, darf sich nicht wundern, wenn diese sich grün ärgern.

Achte den Kunden, dann brauchst du die Konkurrenz weniger zu fürchten.

Solange einer etwas in der Tasche hat, ist er als Kunde interessant.

Kundenorientierung ist die kommerzielle Art, das christliche Gebot der Nächstenliebe zu erfüllen.

Für einen guten Kunden kann man immer noch etwas mehr tun.

Die Kunden, die zufrieden sind, kommen wieder, die Kunden, die begeistert sind, bringen neue mit.

Kunden, die bellen, beißen auch.

Der Kunde ist König: Er braucht neue Kleider!

Wir müssen uns heutzutage schon mehr um die Behörden kümmern als um unsere Kunden.

Man ist nicht mit seinen Kunden verheiratet, darum muss man ihnen unaufhörlich den Hof machen.

Leistung

ZITATE

Unsinnig ist es, von den Göttern etwas zu erbitten, was man aus eigener Kraft zu leisten vermag. — Epikur

Niemand weiß, was er kann, bis er es probiert hat. — Publilius Syrus

Wenn du stark bist, dann beginne, wo du stark bist. Wenn nicht, beginne dort, wo du eine Niederlage am leichtesten verschmerzen kannst. — Niccolò Machiavelli

Herr, gewähre mir, dass ich immer mehr wünsche, als ich vollbringen kann. — Michelangelo

Wer aufhört, besser sein zu wollen, hört auf, gut zu sein. — Oliver Cromwell

In jeder Fakultät sollte wenigstens ein recht tüchtiger Mann sein. Wenn die Scharniere von gutem Metall sind, so kann das Übrige von Holz sein. — Georg Christoph Lichtenberg

Alles Vollkommene in seiner Art muss über seine Art hinausgehen. — Johann Wolfgang von Goethe

Unsere Wünsche sind Vorgefühle der Fähigkeiten, die in uns liegen, Vorboten desjenigen, was wir zu leisten imstande sein werden. — Johann Wolfgang von Goethe

Es hat noch niemand etwas Ordentliches geleistet, der nicht etwas Außerordentliches leisten wollte. — Marie von Ebner-Eschenbach

Ich hielt es für besser, etwas zu leisten, als nichts zu versuchen, weil man nicht alles leisten kann. — Alexander von Humboldt

Damit ein Ereignis Größe hat, muss zweierlei dazukommen: der große Sinn derer, die es vollbringen, und der große Sinn derer, die es erleben. — Friedrich Nietzsche

Genie besteht aus 1 Prozent Inspiration und 99 Prozent Transpiration. — Thomas Alva Edison

Das Durchschnittliche gibt der Welt ihren Bestand, das Außergewöhnliche ihren Wert. — Oscar Wilde

Die wichtigste Charaktereigenschaft ist Energie. Der Wille bestimmt das Schicksal des Menschen, nicht das Wissen. Der Wille versetzt die Berge, nicht der Glaube. Wollen ist Können, Mut, Geduld, Beharrlichkeit. Alles Schwere, alles Neue muss man allein tun. — Rudolf Diesel

Gegen Leistungen kommt man nur mit Leistungen auf. — Robert Bosch

Man muss den Preis so niedrig ansetzen, dass jeder gezwungen ist, das Höchste zu leisten. — Henry Ford

Nur eine mittelmäßige Person ist immer in Hochform. — William Somerset Maugham

Nicht der Anmaßende ist der Auserwählte, gehört zur Elite, sondern der, der mehr von sich fordert als die anderen. — José Ortega y Gasset

Man muss von jedem fordern, was er leisten kann. — Antoine de Saint-Exupéry

Urlaub ist nicht ganz ungefährlich. Die Firma könnte dahinterkommen, dass man entbehrlich ist. — George Mikes

Es gibt zwei Möglichkeiten, Karriere zu machen: Entweder man leistet wirklich etwas oder man behauptet, etwas zu leisten. Ich rate zu der ersten Methode, denn hier ist die Konkurrenz bei weitem nicht so groß. — Danny Kaye

SPRICHWÖRTER UND SPRÜCHE

Es gibt Menschen, die Fische fangen, und solche, die nur das Wasser trüben. — China

Viel tadeln und wenig leisten, das können die meisten. — Deutschland

Wer ernsthaft will, der leistet viel. — Deutschland

Wer nichts tut, weiß nie genau, wann er fertig ist.

Was keiner kann, das kann ich auch.

Eine Leistungsgesellschaft ist zunehmend eine Gesellschaft, die sich mehr leistet, als sie sich leisten kann.

Man ist so gut, wie die Kunden einen halten.

Der Zweite ist der erste Verlierer.

ANMERKUNGEN H.-J. QUADBECK-SEEGER

Nur wer ehrliches Lob sät, wird echte Leistung erhalten.

Ob wir Eliten brauchen, entscheiden nicht mehr wir, sondern die Nationen, mit denen wir im Wettbewerb stehen.

Das Versagen einer Elite beginnt damit, dass sich die Falschen dafür halten.

Nur unter der gaußschen Glocke erreicht der Durchschnitt den Gipfel.

Leistung ist der entschlossene Fluchtversuch aus der Durchschnittlichkeit.

Fürchte weder Tod noch Teufel, aber die Mittelmäßigkeit.

Budgettreue ist eine Tugend, keine Leistung.

Keine Ideologie ersetzt Leistung.

Zu den großen Leistungen sind nur wenige fähig, zu großer Faulheit fast jeder.

Gutes reicht nur, wenn es nichts Besseres gibt, aber nicht, wenn das Bessere notwendig ist.

Lernen

Richard Phillips Feynman (1918–1988) war einer der bedeutendsten amerikanischen Physiker (Nobelpreis 1965) und zugleich ein genialer und leidenschaftlicher Lehrer. Er ist Mitbegründer der Quantenelektrodynamik und lieferte entscheidende Beiträge zur Erklärung der Wechselwirkungsprozesse von Elementarteilchen. Die Arbeiten hatten einen hohen Abstraktionsgrad, und so war ihm die didaktische Vermittlung dieser Erkenntnisse ein stetes Anliegen. Zur anschaulichen Darstellung entwickelte er die berühmten Feynman-Diagramme. Weltweite Beachtung fanden seine unnachahmlichen Vorlesungen, die 1963–1965 in drei Bänden als „Feynman Lectures on Physics" erschienen.

Er spielte gerne Schlagzeug und das Enfant terrible, was er in seiner Autobiographie *Surely you're joking, Mr. Feynman* (Sie belieben wohl zu scherzen, Herr Feynman) genüsslich beschreibt. In dem Buch erzählt er eine Begebenheit, die sein Bemühen um Verständlichkeit deutlich macht. Er berichtet von einer jungen Dame, die auf einem Kongress alle Vorträge stenographieren musste. Hinterher sagte sie zu ihm: „Ich schreibe alles auf, was Ihre Kollegen vortragen, aber ich verstehe nicht, was sie sagen. Wenn Sie sprechen, verstehe ich genau, was Sie meinen. Deshalb dachte ich, Sie können kein Professor sein."

Hinter diesem Seitenhieb auf seine Kollegen steckt ein ernstes Problem. Natürlich muss von den Studenten eine hohe

Richard Phillips Feynman

Lernbereitschaft gefordert werden (Holschuld). Aber die Wissenschaftler sollten sich ebenso verpflichtet fühlen, das Wissen so zu vermitteln, dass das Lernen Spaß macht. Diese „Bringschuld" muss heutzutage noch weiter gefasst werden. Es geht darum, der Gesellschaft ein Verständnis von wissenschaftlichen Zusammenhängen zu vermitteln, denn eine Öffentlichkeit, die sich ausgeschlossen fühlt, wird immer misstrauisch sein.

ZITATE

Tue nichts, was du nicht verstehst.	Pythagoras
Lernen und das Wissen zu gegebener Zeit anwenden, ist das nicht das Glück?	Konfuzius
Lernen ist wie das Rudern gegen den Strom: sobald man aufhört, treibt man zurück.	Lao-tse
Was man lernen muss, um es zu tun, das lernt man, indem man es tut.	Aristoteles
Lang ist der Weg durch Lehren, kurz und erfolgreich durch Beispiele.	Seneca
Genug weiß niemand, zu viel so mancher.	Marie von Ebner-Eschenbach
Sobald jemand in einer Sache Meister geworden ist, sollte er in einer neuen Sache Schüler werden.	Gerhart Hauptmann
Wer aufhört zu lernen, ist alt. Er mag zwanzig oder achtzig sein.	Henry Ford
Es ist nicht schlimm, wenn man manchmal falsch liegt – besonders wenn man es sofort feststellt.	John Maynard Keynes
Der Mensch soll lernen. Nur die Ochsen büffeln.	Erich Kästner
Ich hätte viele Dinge begriffen, hätte man sie mir nicht erklärt.	Stanislaw Jerzy Lec
Nichts auf der Welt ist so gerecht verteilt worden wie der Verstand. Jeder glaubt, genug davon mitbekommen zu haben.	Billy Graham
Die Analphabeten der Zukunft sind nicht diejenigen, die nicht lesen und schreiben können, sondern diejenigen, die nicht lernen, verlernen und wieder erlernen können.	Alfred Toffler

SPRICHWÖRTER UND SPRÜCHE

Der Mensch lernt nur auf eigene Kosten. Arabien

Fleiß ist der größte Lehrer. Arabien

Wenn der Vater nicht pflügen kann, lernt auch der Sohn nicht säen. China

Durch Schmieden wird man Schmied. Frankreich

Wer Schwimmen lernen will, muss ins Wasser. Holland

Lehre bildet Geister, doch Übung macht den Meister. Deutschland

Nichts können ist keine Schande, aber nichts lernen. Deutschland

Wer sein eigner Lehrmeister sein will, hat leicht einen Narren zum Schüler. Deutschland

Im Studium lernen wir die Regeln – im Leben die Ausnahmen.

Jeder Mensch stirbt zweimal. Zum ersten Mal, wenn er aufhört zu lernen.

Wer nicht fragt, will nichts dazulernen.

Was man nicht begreift, kann man auch nicht verlernen.

Kapieren geht über kopieren.

ANMERKUNGEN H.-J. QUADBECK-SEEGER

Lernen heißt, auf Empfang zu gehen.

Wissen gibt uns Halt; weiter bringt uns nur, was wir dazulernen.

Manchmal kann man von den Muscheln lernen und aus dem Sandkorn im Getriebe eine Perle machen.

Lernen verläuft in Phasen. Vergessen ist ein Kontinuum.

Der Lehrling lernt sein Handwerk, der Geselle kann es und der Meister beherrscht es.

Das Einzige, was die junge Generation von Einstein noch lernen will, ist, die Zunge herauszustrecken.

Wer zu schnell sein will, kann aus der Lernkurve fliegen.

Learning by learning: knowledge
Learning by doing: know how
Learning by thinking: know why

Management

Beispiele
tun mehr
als alle
Red'
und Lehr

ZITATE

Handle, ehe es da ist, lenke es, ehe es wirr wird. — Lao-tse

Was wir am nötigsten brauchen, ist ein Mensch, der uns zwingt, das zu tun, was wir können. — Ralph Waldo Emerson

Wer seiner Führungsrolle gerecht werden will, muss genug Vernunft besitzen, um die Aufgaben den richtigen Leuten zu übertragen – und genug Selbstdisziplin, um ihnen nicht ins Handwerk zu pfuschen. — Theodore Roosevelt

Über allem Wissen steht das Können und darüber der Charakter. — Carl Duisberg

Ein Chef ist ein Mensch, der anderer bedarf. — Paul Valéry

Management ist die Fähigkeit, Menschen wie dich und mich produktiv zu machen. — Peter F. Drucker

Leute, die Gewissheit benötigen, werden selten gute Unternehmer sein. — Peter F. Drucker

Vielleicht kennzeichnet nichts die effektive Führungskraft so sehr wie die zärtliche Behutsamkeit, mit der sie ihre Zeit pflegt. — Peter F. Drucker

Es ist mein Job, nie zufrieden zu sein. — Wernher von Braun

Ein gutes Mittel gegen Managerkrankheit: Stecke mehr Zeit in deine Arbeit als Arbeit in deine Zeit. — Friedrich Dürrenmatt

Jeder, der in der Wirtschaft Verantwortung übernehmen will, muss lernen, Prioritäten zu setzen. — Lee Iacocca

SPRICHWÖRTER UND SPRÜCHE

The bottleneck is at the head of the bottle. England

Den guten Seemann zeigt das stürmische Wetter. Deutschland

Viele werden gerufen, aber wenige machen sich auf den Weg.

Gute Beispiele verderben die schlechten Sitten.

Sei niemals unersetzlich. Wer unersetzlich ist, wird nicht befördert.

Wer nachts gut schlafen will, muss tagsüber hellwach sein.

Be the jockey, not the horse.

Keine Pflaumen in Kernarbeitsgebiete!

Der Klügere schaut nach.

Wenige Mitarbeiter sorgen dafür, Bürospruch
dass etwas geschieht,
einige Mitarbeiter wollen verhindern,
dass etwas geschieht,
viele Mitarbeiter sehen zu,
wie etwas geschieht,
und die überwältigende Mehrheit hat
keine Ahnung,
was überhaupt geschehen ist.

ANMERKUNGEN H.-J. QUADBECK-SEEGER

Ein guter Manager schafft immer
ein Kraftfeld um sich herum.

Wenn man sich nur um die kleinen Dinge kümmert, verwildern die großen; wenn man sich nur um die großen Dinge kümmert, verkümmern die kleinen.

Managen heißt Ziele erreichen; Führen heißt Ziele setzen.

Es gibt keine Feldherrenhügel im Management.

Die meisten Management-Theorien wirken umso besser, je sparsamer man sie anwendet.

Praktisch alle Desaster im Management lassen sich theoretisch erklären.

Was sich im Kreise dreht, entwickelt Fliehkräfte.

Mit guten Management-Theorien lässt sich alles beweisen, auch das Gegenteil.

Worte sind Löffel, Taten sind Spaten.

Ausschüsse, die nicht herausfinden, wo der Hund begraben liegt, sind für die Katz.

Marketing

„Der Wechsel allein ist das Beständige"

ZITATE

Was sich nicht verkaufen lässt, will ich nicht erfinden. — Thomas Alva Edison

Enten legen ihre Eier in aller Stille, Hühner gackern dabei wie verrückt. Was ist die Folge? Alle Welt isst Hühnereier! — Henry Ford

Bilder malen lernt man ja ganz von selbst, aber wie man Bilder verkauft, das sollten sie einem auf der Akademie beibringen. — Olaf Gulbransson

Zeige mir den Markt der Stadt und ich sage dir, ob dein Volk noch lebendig ist. — Ernst Jünger

Verkauf ist nur die Spitze des Marketing-Eisberges. — Philip Kotler

In Organisationen wird zu oft in den Spiegel geblickt, anstatt durchs Fenster zu schauen. — Philip Kotler

Der Markt ist ein eiserner Besen. — Norbert Stoffel

SPRICHWÖRTER UND SPRÜCHE

Sogar der liebe Gott hat es nötig, für sich Glocken läuten zu lassen. — Spanien

Klappern gehört zum Handwerk. — Deutschland

Wir verkaufen eine Philosophie – das Motorrad gibt es kostenlos dazu. — Werbespruch von Harley-Davidson

Der Markt verdirbt seine Kinder.

Vier Schneider in einer Straße hängten nacheinander folgende Schilder in ihre Schaufenster:

1. Bester Schneider von New York!
2. Bester Schneider der USA!
3. Bester Schneider der Welt!
4. Bester Schneider der Straße!

ANMERKUNGEN H.-J. QUADBECK-SEEGER

Marketing bedeutet nicht, ein Geschäft abzuschließen, sondern Vertrauen zu gewinnen.

Hohe Entwicklungskosten zwingen dazu, jedes neue Produkt umgehend „urbi et orbi“ zu vermarkten.

Marketing ist eine unendliche Zahl von Gleichungen mit einem Unbekannten, nämlich dem Kunden.

Das Geld, das wir brauchen, liegt bei unseren Kunden, und Marketing ist die Kunst, ihnen den Trennungsschmerz erträglich zu machen.

Es gibt keine Nischen, in denen man sich hinter Marketing vor dem Fortschritt oder dem Wettbewerb verstecken kann.

Marketing heißt, mit den Köpfen der Kunden denken.

Der Kampf um Marktanteile endet irgendwann in einer Schlägerei mit dem Preisknüppel.

Marketing: König Kunde ist immer am Zug.

Marketing: Man muss den Kunden nicht lieben, man muss nur alles tun, damit er einem treu bleibt.

Stoßseufzer eines Vorgesetzten

Kommt man morgens zu spät, ist man ein schlechtes Vorbild,
kommt man pünktlich, ist man ein Aufpasser.
Ist man zu seinen Mitarbeitern freundlich, will man sich anbiedern,
ist man zurückhaltend, gilt man als hochnäsig.
Kümmert man sich um die Arbeit seiner Leute, ist man ein Schnüffler,
tut man es nicht, hat man von der Sache überhaupt keine Ahnung.
Geht man oft zum Chef, ist man ein Radfahrer,
geht man selten, traut man sich nicht.
Hält man Konferenzen ab, ist man ein Schwätzer,
hält man keine ab, ist man ein „Mann der einsamen Beschlüsse".
Ist man schon etwas älter, gilt man als verkalkt,
ist man noch jung, fehlt die Erfahrung des Alters.
Bleibt man abends länger, markiert man den Überbeschäftigten,
geht man pünktlich, fehlt das Firmeninteresse.
Stimmt man sich mit seinen Kollegen ab, ist man ein Rückversicherer,
tut man es nicht, ist man ein Eigenbrötler.
Trifft man schnelle Entscheidungen, ist man oberflächlich,
lässt man sich Zeit, mangelt es an Entschlusskraft.
Nimmt man Urlaub, nutzt man seine Stellung aus,
nimmt man keinen, fürchtet man um seine Stellung.
Ist man sehr genau, gilt man als pingelig,
ist man es nicht, lässt man die Zügel schleifen.
Hat man neue Ideen, ist man ein Fantast,
bleibt man beim Alten, ist man rückständig.
Delegiert man viel, spielt man den Generaldirektor,
delegiert man nichts, spielt man den Unersetzlichen.

Unbekannt

ZITATE

Der Mensch ist das Maß aller Dinge.	Protagoras
Wer Menschen führen will, muss hinter ihnen gehen.	Lao-tse
Goldene Zügel machen ein Pferd nicht besser.	Seneca
Nicht Tatsachen, sondern Meinungen über Tatsachen bestimmen das Zusammenleben.	Epiktet
Beide schaden sich selbst: der zu viel verspricht und der zu viel erwartet.	Gotthold Ephraim Lessing
Wer die anderen neben sich klein macht, ist nie groß.	Johann Gottfried Seume
Im Grunde sind es doch die Verbindungen mit den Menschen, die dem Leben einen Wert geben.	Wilhelm von Humboldt
Wirke auf andere durch das, was du bist.	Wilhelm von Humboldt
Unsicherheit im Befehlen erzeugt Unsicherheit im Gehorsam.	Helmuth Graf von Moltke
Jeder Befehl, der missverstanden werden kann, wird missverstanden werden.	Helmuth Graf von Moltke
Wir setzen zu viel Vertrauen auf Systeme und blicken zu wenig auf Männer.	Benjamin Disraeli
Eine Sache ist erst erledigt, wenn sie gerecht erledigt ist.	Abraham Lincoln
Merkmal großer Menschen ist, dass sie an andere weit geringere Anforderungen stellen als an sich selbst.	Marie von Ebner-Eschenbach
Was mich anbetrifft, so zahle ich für die Fähigkeit, Menschen richtig zu behandeln, mehr als für irgend eine andere auf der ganzen Welt.	John Davidson Rockefeller

Es ist noch nicht genug, eine Sache zu beweisen. Man muss die Menschen zu ihr auch noch verführen.	Friedrich Nietzsche
Im rechten Ton kann man alles sagen, im falschen nichts.	George Bernard Shaw
Eine Maschine kann die Arbeit von fünfzig gewöhnlichen Menschen leisten, aber sie kann keinen außergewöhnlichen ersetzen.	Elbert Hubbard
Nicht der Arbeitgeber zahlt die Löhne, sondern das Produkt. Der Arbeitgeber verwaltet das Geld nur.	Henry Ford
Verschiebe die Dankbarkeit nie.	Albert Schweitzer
Niemand kann andere Menschen gut führen, wenn er sich nicht ehrlich an deren Erfolg zu freuen vermag.	Thomas Mann
Nehmen Sie die Menschen, wie sie sind – andere gibt's nicht.	Konrad Adenauer
Es gibt kein besseres Mittel, das Gute in den Menschen zu wecken, als sie so zu behandeln, als wären sie schon gut.	Gustav Radbruch
Wer einen Menschen bessern will, muss ihn erst einmal respektieren.	Romano Guardini
Nur wer die Herzen bewegt, bewegt die Welt.	Ernst Wiechert
Die Größe eines Berufes besteht vor allem darin, dass er Menschen vereinigt. Es gibt nur einen echten Luxus, das sind menschliche Beziehungen.	Antoine de Saint-Exupéry
Nur wenige Führungskräfte sehen ein, dass sie letztlich nur eine einzige Person führen können und müssen. Diese Person sind sie selbst.	Peter F. Drucker

Das Merkwürdige an den Statussymbolen ist, dass die Symbole den Menschen wichtiger sind als der Status. — Cyril Northcote Parkinson

Wer führt, muss mitreißen, denn wir wissen aus der Physik: Ziehen ist besser als schieben. — Hans L. Merkle

Erstklassige Männer stellen erstklassige Männer ein, zweitklassige nur drittklassige. — Franz Luwein

SPRICHWÖRTER UND SPRÜCHE

Wie der Hirte, so die Herde. — Antikes Rom

Stelle niemanden ein, dem du misstraust, aber wen du eingestellt hast, dem misstraue nicht. — China

Willst du in der Welt vorwärts kommen, so hilf erst anderen, vorwärts zu kommen. — Japan

If you pay peanuts, you get monkeys. — USA

Wenn der Abt zum Glas greift, so langen die Mönche zum Krug. — Deutschland

Allen Menschen recht getan
ist eine Kunst, die niemand kann. — Deutschland

Wir nehmen immer nur den Besten,
egal wie gut er ist. — Personal-Spruch

Noch jung, verspricht jedoch,
älter zu werden. — Aus einer Personalakte

Wie die Leitung, so die Leistung.

Wer nicht weiß, was er will, muss wenigstens wissen, was die anderen sollen.

Wer nicht fördert, hindert.

Es gibt Leute, die sind zu allem fähig und zu nichts zu gebrauchen. — Graffito

Privilegien für alle! — Graffito

ANMERKUNGEN H.-J. QUADBECK-SEEGER

Vorbild wirkt mehr als Vorschrift.

Setze die Menschen dort ein, wo sie stark sind; eine flügellahme Ente ist auf dem Wasser nicht zu unterscheiden.

Alle menschlichen Probleme haben einen harten Kern aus weichen Faktoren.

Die gefährlichste Verschwendung eines Unternehmens ist das Versäumnis, Talente nicht zu fördern.

Wo Führung fehlt, übernehmen die Bürokraten die Lenkung.

Von unseren Mitmenschen kennen wir jeweils nur Bruchstücke, den Rest denken wir uns dazu, so hat jeder von jedem ein anderes Bild.

Es gibt mehr Menschen, denen man trauen könnte, als solche, auf die man sich verlassen kann.

Innovation entlarvt die verborgenen Talente.

Wichtigtuer erzeugen Wirbel, aber keine Strömung.

Menschen, die immer an sich selbst denken, sind gerade jene, die nie über sich nachdenken.

Die Qual der Selbsterkenntnis wird durch die Gnade der Selbsttäuschung gemildert.

Wenn man einen Menschen unter Druck setzt, erniedrigt sich sein Siedepunkt.

Überflieger brauchen viel Bodenpersonal.

Auch die Menschen haben ihre Schmelz- und Siedepunkte.

Traue keinem mehr, den du einmal in Verlegenheit gebracht hast.

Die Menschen haben ein gutes Gedächtnis für schlechte Erfahrungen.

Es gibt immer noch Vorgesetzte, die glauben, mit viel Donnerwetter könne man eine Klimaveränderung herbeiführen.

Vollenden kann der Mensch nur sich selbst, fertig machen können ihn auch andere.

Wie man in die Organisation ruft, so schallt es heraus.

Der Sand, der Mitarbeitern in die Augen gestreut wird, fällt leicht ins Getriebe.

Bei schlechter Führung glaubt jeder, er könne der Chef sein, und das macht alles noch schlimmer; bei guter Führung versucht jeder so zu sein wie der Chef, und das macht alle besser.

Vertrauen Sie keinem eine wichtige Aufgabe an, dem Sie nicht eine noch wichtigere Aufgabe zutrauen würden!

Begeisterung ist eine Welle, die weit trägt, solange sie sich nicht überschlägt.

Motivation

Wenn Du ein Schiff bauen willst,
dann trommle nicht Männer zusammen,
- um Holz zu beschaffen,
- Aufgaben zu vergeben
- und die Arbeit einzuteilen;
sondern
lehre sie die Sehnsucht
nach dem endlosen Meer.

Antoine de Saint-Exupéry

ZITATE

Dem Schicksal zur Seite thront der Wille als leitende Macht.	Pythagoras
Wohin du auch gehst, geh mit deinem ganzen Herzen.	Konfuzius
Die Sonne ist jeden Tag neu.	Heraklit
Das ist das Haupthindernis: dass wir zu schnell mit uns zufrieden sind.	Seneca
Nicht weil es schwer ist, wagen wir's nicht, sondern weil wir's nicht wagen, ist es schwer.	Seneca
In dir muss brennen, was du in anderen entzünden willst.	Augustinus
Im Leben ist es besser zu wollen, was man nicht hat, als zu haben, was man will.	Jonathan Swift
Ein gutes Beispiel ist die beste Predigt.	Benjamin Franklin
Begeisterung ist keine Heringsware, die man einpökelt auf einige Jahre.	Johann Wolfgang von Goethe
Alle anderen Dinge müssen; der Mensch ist das Wesen, welches will.	Friedrich Schiller
Es siegt immer und notwendig die Begeisterung über den, der nicht begeistert ist.	Johann Gottlieb Fichte
Wo ein Begeisterter steht, ist der Gipfel der Welt.	Joseph von Eichendorff
Das Leben ist nie etwas, es ist nur die Gelegenheit zu etwas.	Friedrich Hebbel
Wer keine Freude an der Welt hat, an dem hat die Welt auch keine Freude.	Berthold Auerbach

Vergiss, oh Menschenseele, nicht, dass du Flügel hast. — Emanuel Geibel

Der Mensch ist ein Wühler. — Jacob Burckhardt

Der höchste Lohn für unsere Bemühungen ist nicht das, was wir dafür bekommen, sondern das, was wir dadurch werden. — John Ruskin

Auch eine Enttäuschung, wenn sie nur gründlich und endgültig ist, bedeutet einen Schritt vorwärts. — Max Planck

Ob du denkst, du kannst es, oder du kannst es nicht – in beiden Fällen hast du Recht. — Henry Ford

Alles Große ist ein Trotz. — Thomas Mann

Ein Optimist ist ein Mensch, der die Dinge nicht so tragisch nimmt, wie sie sind. — Karl Valentin

Man muss ins Gelingen verliebt sein, nicht ins Scheitern. — Ernst Bloch

Wo dein Interesse ist, da ist auch deine Energie. — Dale Carnegie

Wenn du ein Schiff bauen willst, dann trommle nicht Männer zusammen, um Holz zu beschaffen, Aufgaben zu vergeben und die Arbeit einzuteilen, sondern lehre die Männer die Sehnsucht nach dem weiten, endlosen Meer. — Antoine de Saint-Exupéry

Jedes starke Bild wird Wirklichkeit. — Antoine de Saint-Exupéry

If you can dream it you can do it. — Walt Disney

Es macht immer Spaß, das Unmögliche zu tun. — Walt Disney

In vielen Firmen beginnt das Sparen – beim freundlichen Wort. — Hans-Horst Skupy

SPRICHWÖRTER UND SPRÜCHE

Worte können bewegen, aber Vorbilder reißen mit. — Antikes Rom

Je öfter du fragst, wie weit du zu gehen hast, desto länger erscheint dir die Reise. — China

Wenn der Wille da ist, sind die Füße leicht. — England

Energy flows where motivation goes. — USA

Wenn du willst, dass dein Traum Wirklichkeit wird, dann schlafe nicht weiter. — Deutschland

Wo deine Gaben liegen, liegen deine Aufgaben. — Deutschland

Die Schwingen wachsen im Fluge. — Deutschland

Ein gutes Wort kostet nicht mehr als ein böses. — Deutschland

Ein Beispiel tut mehr als Wort und Lehr! — Deutschland

Dann wollen wir mal, sagt der Bauer, wenn er muss. — Bauernregel

Nicht beschimpft ist genug gelobt.

Wer nur das tut, was er schon immer getan hat, wird zu dem, was er schon immer war.

Lob ist ein Mittel, einen Menschen dahin zu bringen, dass er es verdient.

Sei lieber das Salz in der Suppe als Sand im Getriebe.

Leidenschaft ist ansteckend!

Stell dir vor, es ist Feierabend und keiner will heim.

ANMERKUNGEN H.-J. QUADBECK-SEEGER

Motivation heißt nicht, die Leute zur Arbeit zu bewegen, sondern in Menschen Freude an der Arbeit zu wecken.

Innovationen setzen Motivationen voraus, aber viel wichtiger ist, dass sie Motivation verstärken.

Wenn eine Innovation schon auf der Intensivstation liegt, gerade dann lohnt es sich, weiterzukämpfen.

Motivation ist, wenn man trotzdem weitermacht.

Wer die Motivation vernachlässigt, vergeudet Arbeitskraft.

Handeln ist der Sprung des Willens über den Schatten der Bedenken.

Wahre Begeisterung mobilisiert Tatkraft und nicht bloß Gefühle.

Motivation wohnt immer im Herzen.

Führung heißt die Richtung bestimmen; Motivation heißt das Tempo beschleunigen.

Motivation ist die Fähigkeit, Fähigkeiten zu mobilisieren.

Wer mit falschem Lob motiviert, wird die falschen Motive wecken.

In jedem Stück Kohle steckt das Talent zum Diamanten, man muss nur genügend Druck ausüben.

Christliche Motivation: Wenn dir einer auf die linke Schulter klopft, halte ihm auch die rechte hin.

Motivation ist psychologisches Phlogiston: sobald sie entweicht, wird die Arbeit schwerer.

Mut

Edward Jenner

Die Pocken zählten einst zu den gefährlichsten Seuchen der Menschheitsgeschichte. Viele Millionen Menschen wurden Opfer dieser Virusinfektion. Die Befreiung von dieser Geißel leitete ein junger englischer Landarzt ein. Als Sohn eines Dorfpfarrers wurde Edward Jenner am 17. Mai 1749 in der Grafschaft Gloucestershire geboren und kehrte mit 24 Jahren als Landarzt dorthin zurück. Wie überall im damaligen Europa, hatte er immer wieder mit oft tödlichen Pockeninfektionen zu tun. Auf dem Lande gab es eine alte Bauernweisheit: Wer die (harmlosen) Kuhpocken hatte, bekommt keine Menschenpocken. Durch sorgfältige Beobachtung fand er diese Regel tatsächlich bestätigt. Er suchte Rat bei seinem alten Lehrer Hunter: „Grübeln Sie nicht, sondern versuchen Sie!" Doch noch zwanzig Jahre lang beobachtete und forschte er. Am 15. Mai 1796 wagte er es, den achtjährigen Janus Philipps mit Kuhpocken zu infizieren. Sechs Wochen wartete er, dann hatte er den Mut, den Jungen mit Menschenpocken zu impfen – und dieser blieb völlig gesund. Er war „immun" gegen die fürchterliche Seuche. Erst zwei Jahre später veröffentlichte er seine Ergebnisse auf eigene Kosten, da die Royal Society die Arbeit wegen „mangelnder Überzeugungskraft" abgelehnt hatte.

Doch seine Methode war so erfolgreich, dass er bald weltweit anerkannt wurde. Besonders glücklich war er über das 1803 eröffnete „Jenner-Institut", eine Impfanstalt für Arme. Seine Methode wurde jedoch (leider) nicht nach ihm benannt, so wie es später bei Röntgen geschah. Vielmehr ging sie als „Vakzination" in den medizinischen Wortschatz ein, abgeleitet vom lateinischen Wort „vacca" (die Kuh). So kommt eine der mutigsten Innovationen der Menschheitsgeschichte zu einer so harmlosen Bezeichnung.

ZITATE

Wisset, dass das Geheimnis des Glücks die Freiheit, der Freiheit Geheimnis aber der Mut ist. — Perikles

Ein Athlet, der nie braun und blau geschlagen worden ist, wird keinen großen Kampfgeist zum Wettbewerb mitbringen. — Seneca

Hier stehe ich! Ich kann nicht anders. Gott helfe mir! Amen. — Martin Luther (vor dem Reichstag zu Worms 1521)

Derjenige, der Wohlstand verliert, verliert viel; derjenige, der einen Freund verliert, verliert noch mehr; doch derjenige, der seinen Mut verliert, verliert alles. — Miguel de Cervantes

Es steigt der Mut mit der Gelegenheit. — William Shakespeare

Ohne Mut ist das Wissen unfruchtbar. — Baltasar Gracián y Morales

Habe Mut, dich deines eigenen Verstandes zu bedienen! — Immanuel Kant

Verloren ist alles, sobald man Mutlosigkeit blicken lässt, nur die Zuversicht, die man selbst zeigt, kann Vertrauen entflammen. — Friedrich Schiller

Wer nichts wagt, der darf nicht hoffen. — Friedrich Schiller

Ein einziger mutiger Mensch stellt eine Mehrheit dar. — Andrew Jackson

Jeder muss den Mut der Überzeugung haben. — Alexander von Humboldt

Ohne Mut und Entschlossenheit kann man in großen Dingen nie etwas tun, denn Gefahren gibt es überall. — Carl von Clausewitz

Um große Erfolge zu erreichen, muss etwas gewagt werden. — Helmuth Graf von Moltke

Am Mut hängt der Erfolg.	Theodor Fontane
Wer die Arme sinken lässt, ist überall verloren.	Wilhelm Raabe
Mut ist Widerstand gegen die Angst, die Meisterung der Angst – nicht die Abwesenheit von Angst.	Mark Twain
Man entdeckt keine neuen Erdteile, ohne den Mut zu haben, alte Küsten aus den Augen zu verlieren.	André Gide
Jede Schöpfung ist ein Wagnis.	Christian Morgenstern
Nur die es wagen, zu weit zu gehen, finden heraus, wie weit sie wirklich gehen können.	T. S. Eliot
Wir unterscheiden uns weniger durch die Kräfte, die wir haben, als durch den Mut, von ihnen Gebrauch zu machen.	Hans Kudszus

SPRICHWÖRTER UND SPRÜCHE

Wer einen Tiger töten will, muss ihn zuerst im Geist besiegen.	Indien
Wer nach jeder Wolke schaut, geht nie auf Reisen.	Italien
Das Unbekannte ist immer groß.	USA
Dem Mutigen gehört die Welt.	Deutschland
Wer nicht wagt, der nicht gewinnt.	Deutschland
Ein kühnes Wort macht Mut.	Deutschland
Mut besteht nicht darin, eine Gefahr blind zu übersehen, sondern sie sehend zu überwinden.	Deutschland
Erst wägen, dann wagen.	Wahlspruch (Helmut Graf von Moltke)

Weder unbesonnen noch furchtsam.

Spruch im Danziger Wappen

Wer verzagt, der versagt.

Vom Wankelmut zum Wandelmut!

ANMERKUNGEN H.-J. QUADBECK-SEEGER

Wer einen großen Sprung machen will, muss einige Schritte zurückgehen.

Es wird immer wieder mutig versucht, Abgründe im Dreisprung zu überwinden.

Wer vor großen Fehlern Angst hat, hat auch nur Mut zu kleinen Erfolgen.

Nur wo es Entscheidungsfreiheit gibt, kann sich Mut entfalten.

Mut wohnt im Herzen, im Verstand ist zu viel Zweifel.

Nachahmer

ZITATE

Das Nachahmen ist allezeit, wie mich dünkt, eine sehr nützliche Sache.
Georg Christoph Lichtenberg

Wer die Laterne trägt, stolpert leichter als der, der ihr folgt.
Jean Paul

Über Plagiate sollte man sich nicht ärgern. Sie sind wahrscheinlich die aufrichtigsten aller Komplimente.
Theodor Fontane

Die meisten Nachahmer lockt das Unnachahmliche.
Marie von Ebner-Eschenbach

Wer in den Fußstapfen eines anderen wandelt, hinterlässt keine eigenen Spuren.
Wilhelm Busch

Nachahmung ist die aufrichtigste Form einer Beleidigung.
Elbert Hubbard

Nachahmen und nacheifern ist zweierlei.
Julius Langbehn

Nachahmung führt leicht zur Selbsttäuschung.
Henry Ford

Mit der Fantasie des anderen lässt sich im Leben viel anfangen.
Carl Sternheim

Ein guter Einfall ist wie ein Hahn am Morgen. Gleich krähen andere Hähne mit.
Karl Heinrich Waggerl

Plagiator: Widmet sich mit Nachdruck den Werken anderer.
Ron Kritzfeld

Eine gute Idee erkennt man daran, dass sie geklaut wird.
Gerhard Uhlenbruck

Man kann niemanden überholen, wenn man in seine Fußstapfen tritt.
François Truffaut

SPRICHWÖRTER UND SPRÜCHE

Der Rabe, der den Seeraben nachahmt, ersäuft. — Japan

Wer in die Fußstapfen der Großen tritt, fängt bald an zu hinken. — Türkei

It's the difference that makes the difference. — USA

Wer nachahmt, macht sich zum Sklaven. — Deutschland

Stick to the original! — Werbespruch von Levi's Jeans

Zuerst verlacht, dann nachgemacht.

Erst kapieren, dann kopieren.

Kopieren geht über studieren.

Erfinden ist seliger denn Nachahmen.

ANMERKUNGEN H.-J. QUADBECK-SEEGER

Plagiat: Secondhand-Idee.

Wer Wege geht, die andere schon gegangen sind, findet höchstens deren Abfall.

Nachahmer sind Geier, die bevorzugt über Produkte herfallen, die noch höchst lebendig sind.

Plagiate sind zwangsadoptierte Ideen.

Nachahmer sind Imitäter.

Natur

Charles Darwin (Fotographie von Julia Cameron)

Wann und wie das Leben entstanden ist, davon haben wir nur relativ vage Vorstellungen. Was während der Evolution geschehen ist, wissen wir dagegen viel genauer. Seit Charles Darwin (1809–1882) im Jahr 1859 seine Hypothesen zur Entstehung der Arten veröffentlichte, sind Mutation und Selektion nach dem Prinzip „Survival of the fittest" als treibende Kräfte der Evolution erkannt. Die Übersetzung mit „Überleben des Tüchtigsten" ist unglücklich, denn es geht um das Überleben des Tauglichsten, nämlich jener Lebewesen, die mit ihrer Umwelt am besten zurechtkamen. Diese Umwelt unterlag ihrerseits dem Zufall. Erdbeben, Verschiebung der Kontinente, Vulkanismus und Meteoriteneinschläge veränderten die „Lebensbedingungen" oft auf dramatische Weise. So konnte sich das Leben zwangsläufig auch nur durchsetzen, wenn es sich nach dem Prinzip von Trial and Error entwickelte. Das erforderte von der Evolution die Chance für großartige Innovationen, die wir nur staunend bewundern können.

Jeder mag seine Favoriten haben. Hier ist meine Hitliste für die zehn wichtigsten Innovationen des Lebens. Die Reihenfolge gibt in etwa die zeitliche Abfolge und weniger die Bedeutung wieder:

- Genetischer Code
- Bildung von Membranen und Kompartimenten
- Stoffwechsel und Übergang von der Gärung zur Atmung
- Photosynthese
- Kooperationen von Zellen unter Arbeitsteiligkeit
- Übergang von Calciumcarbonat zu Calciumphosphat und Verlagerung des Stützapparates nach innen (von Schale zu Knochen)
- Sexualität
- Warmblütigkeit
- Entwicklung des Gehirns
- Entstehung von sozialen Strukturen

Die Natur liebt es, sich zu verbessern.	Heraklit
Die Natur schafft immer von dem, was möglich ist, das Beste.	Aristoteles
Nichts in der Natur ist zwecklos.	Aristoteles
Die Naturgesetze lehren uns, was wir eigentlich brauchen.	Michel de Montaigne
Nature to be commanded, must be obeyed.	Francis Bacon
Mir kommen die Wege, auf denen die Menschen zur Erkenntnis gelangen, fast ebenso bewunderungswürdig vor wie die Natur der Dinge selbst.	Johannes Kepler
Leider ist es leichter und weniger umständlich, sich selbst zu befragen als die Natur.	Denis Diderot
Gäbe es in der Natur so viele Gesetze wie beim Staat, könnte nicht mal der liebe Gott Ordnung halten.	Ludwig Börne
Der Natur liegt nur unser Dasein am Herzen, um das Wohlsein müssen wir uns selbst kümmern.	Arthur Schopenhauer
Alles, was gegen die Natur ist, hat auf Dauer keinen Bestand.	Charles R. Darwin
Der Mensch kann die Natur nicht erreichen, nur übertreffen, er ist entweder über ihr oder unter ihr.	Friedrich Hebbel
Die Naturwissenschaft gibt den besten Maßstab für die Fortschritte der Menschheit ab; nur soweit sie die Natur kennt, kennt sie sich selbst.	Friedrich Hebbel
Die Rolle des unendlich Kleinen scheint unendlich groß zu sein.	Louis Pasteur

In der Natur gibt es weder Belohnungen noch Bestrafungen; es gibt nur Konsequenzen. — Robert G. Ingersoll

Der schlechteste Arbeiter in einer Möbelfabrik schafft noch bequemere Sitzgelegenheiten, als die gesamte Natur es vermag. Wäre die Natur behaglich, hätten die Menschen nie die Architektur erfunden. — Oscar Wilde

Freude am Schauen und Begreifen ist die schönste Gabe. — Albert Einstein

Unter den Mikroorganismen finden sich sowohl die besten Freunde als auch die ärgsten Feinde des Menschen, aber er hat eine Million Jahre gebraucht, um das herauszufinden. — Elvin Charles Stakman

Alles Lebendige sucht nach einer besseren Welt. — Karl R. Popper

Die Natur ist nicht freigiebig. — Hans Mohr

Nur wer nichts von der Natur versteht, kann meinen, man dürfte nichts von ihr verstehen, um sie ganz innig lieben zu können. — Hubert Markl

SPRICHWÖRTER UND SPRÜCHE

Natura non facit saltus.
(Die Natur macht keine Sprünge.) — Antikes Rom

Das Wasser kann ohne Fische auskommen, aber kein Fisch ohne Wasser. — China

Alle wollen zurück zur Natur, aber keiner zu Fuß.

Nur die Natur kann Milch aus Gras machen.

Zurück zur Natur im Drei-Liter-Auto!

Die grundlegenden Bausteine der Materie kommen in der Natur nicht frei vor.

ANMERKUNGEN H.-J. QUADBECK-SEEGER

Naturgesetze haben keine Lücken, deshalb braucht die Natur auch keine Juristen.

Die Natur hat Gesetze, aber keine Paragraphen.

Je mehr wir verstehen, desto geheimnisvoller wird die Natur.

Je mehr man von der Natur weiß, desto größer ist der Wunsch, noch mehr von ihr zu wissen; bei den Menschen ist es genau umgekehrt.

In der Natur ist alles wahr und nackt.

Die Natur hat lange vor Kolumbus das Ei entdeckt.

Die Natur zieht keinen ins Vertrauen, jeder muss sich alles selbst erarbeiten.

Die Natur sagt uns immer mehr als wir verstehen.

Das Großartige an der Natur ist ihre gesetzmäßige Präzision bis ins kleinste Detail.

Wer die Natur nicht bewundert, den hat sie eigentlich vergeblich hervorgebracht.

Je mehr wir von der Natur verstehen, desto mehr nehmen wir sie in Anspruch.

Neid

ZITATE

Wie groß die Schar der Bewunderer, so groß ist die der Neider. — Seneca

Unser Neid dauert stets länger als das Glück derer, die wir beneiden. — La Rochefoucauld

Mir ist wenig am Lob der Leute gelegen. Ihr Neid wäre allenfalls das Einzige, was mich noch freuen würde. — Georg Christoph Lichtenberg

Um Neid ist keiner zu beneiden. — Wilhelm Busch

Neid ist etwas Hässliches. Trotzdem strahlen alle Leute, wenn sie hören, dass man sie beneidet. — Sigmund Graff

Wie viel besser wäre es um uns bestellt, ließe sich Motivation ebenso leicht erregen wie Neid. — Lothar Schmidt

An die Stelle des größten Glücks der größten Zahl, wie es Jeremy Bentham ehedem forderte, ist als Ziel der Wirtschaftspolitik der geringste Neid der größten Zahl getreten. — Lothar Schmidt

Der Neid ist die aufrichtigste Form der Anerkennung. — Lothar Schmidt

Neidhammel sind ehrgeizige Schafe. — Gerhard Uhlenbruck

SPRICHWÖRTER UND SPRÜCHE

Wo das Glück einkehrt, da klopft auch der Neid an. — Dänemark

Geht der Wagen wohl, hängt sich der Neid daran. — Deutschland

Wer keine Neider hat, braucht Mitleider. — Deutschland

Wer neidet, der leidet. — Deutschland

Neid nagt nie an schlechtem Holz, drum sei auf deine Neider stolz. — Deutschland

Wer nie beneidet wird, ist nicht beneidenswert. Deutschland

Neid sieht nur das Blumenbeet, aber nie den Spaten. Deutschland

Jedem das Seine, mir das Meiste.

Mitleid bekommt man geschenkt, Neid muss man sich verdienen.

ANMERKUNGEN H.-J. QUADBECK-SEEGER

Neid ist ein Motivationsfresser; vermeide ihn zu wecken und vor allem, reize ihn nicht.

Auf Neid ist mehr Verlass als auf Solidarität.

Neid ist die negative Form der Zuwendung.

Neid korrodiert Motivation.

Neid ist Motivation im Rückwärtsgang.

Ehrgeiz ohne Können und Tatkraft mündet in Neid.

Not invented here (NIH-Syndrom)

Organisationen und Unternehmen werden gerne mit Lebewesen verglichen. Darüber mag man streiten, aber eines ist gewiss: sie haben ein Immunsystem. Es ist immer wieder verwunderlich, mit welcher Intensität das Neue, besonders wenn es von unten oder von außen kommt, abgelehnt, hintertrieben und nach Möglichkeit abgestoßen wird. Dabei ist in Zeiten des Wandels nichts wichtiger, als den Wandel nachzuvollziehen oder besser sogar mitzugestalten.

Rosabeth Moss Kanter, eine kluge und angesehene Management-Professorin aus den USA, ist diesem Phänomen mit wissenschaftlicher Gründlichkeit nachgegangen. In ihrem Buch *The Change Masters – Corporate Entrepreneurs at Work* (1983) hat sie augenzwinkernd und dennoch mahnend ihre zehn Regeln aufgestellt, wie ein skeptischer Manager mit Innovationen umgehen sollte. Weil sich diese „Empfehlungen" auf amerikanische Voraussetzungen beziehen, hier eine Übertragung in Anlehnung an deutsche beziehungsweise europäische Verhältnisse.

10 Regeln, um Innovationen abzuwürgen

1. Misstraue jeder neuen, von unten kommenden Idee – weil sie neu ist und auch noch von unten kommt.
2. Bestehe darauf, dass Mitarbeiter, die deine Zustimmung für ein Vorhaben brauchen, vorher Unterschriften von anderen Abteilungen einholen müssen.
3. Fordere Abteilungen oder Mitarbeiter auf, ihre Vorschläge gegenseitig zu prüfen und zu kritisieren. (Das erspart dir die Mühe der Entscheidung; du übernimmst, was diese Feuerprobe überlebt.)
4. Kritisiere ungehemmt und halte dich mit Lob zurück. (Das hält die Leute auf Trab.) Und erinnere gelegentlich daran, dass keiner unersetzlich ist.

5. Behandle das Aufdecken von Problemen als lästige Fehlleistung, damit die Mitarbeiter sich nicht ermutigt fühlen, dich damit zu belästigen, wenn bei ihnen etwas schief geht.
6. Kontrolliere alles sorgfältig. Stelle sicher, dass alles, was gezählt werden kann, auch wirklich immer wieder gezählt wird, und misstraue allem, was nicht gemessen werden kann.
7. Treffe Entscheidungen zur Organisation oder Änderung der Strategie in aller Heimlichkeit und überrasche Mitarbeiter damit, wenn sie nicht damit rechnen. (Auch das hält die Leute auf Trab.)
8. Stelle sicher, dass der Wunsch nach Informationen sorgfältig begründet wird und sorge dafür, dass Informationen nicht so einfach zur Verfügung gestellt werden. (Du willst doch nicht etwa, dass sie in falsche Hände geraten?)
9. Übertrage – im wohlverstandenen Sinne von Delegation und Partizipation – den nachgeordneten Managern und Managerinnen vor allem die Verantwortung für Einsparungen, Personalabbau und Umstrukturierungen sowie für andere unangenehme Entscheidungen, die in deinem Bereich zu treffen sind. Trage du die Sorge dafür, dass diese Dinge rasch erledigt werden.
10. Vor allem aber: Vergiss nie, dass du als Mitglied der Führungsschicht ohnehin schon alles Wichtige über dieses dein Geschäft weißt.

ZITATE

Ein guter Mann wird stets das Bessere wählen. — Euripides

Wer erneuern will, hat all jene zum Feind, denen es unter den alten Verhältnissen gut gegangen ist. — Niccolò Machiavelli

Die Mittelmäßigkeit lehnt alles ab, was über ihren Horizont geht. — La Rochefoucauld

Man lässt sich gewöhnlich lieber durch Gründe überzeugen, die man selbst gefunden hat, als durch solche, die anderen in den Sinn gekommen sind. — Blaise Pascal

Der Scharfsinn verlässt geistreiche Männer am wenigsten, wenn sie Unrecht haben. — Johann Wolfgang von Goethe

Der Nörgler wird sogar im Paradies allerlei Fehler finden. — Henry David Thoreau

Ein Urteil lässt sich widerlegen, aber niemals ein Vorurteil. — Marie von Ebner-Eschenbach

Ein Standpunkt ist ein Gesichtskreis vom Radius Null. — David Hilbert

Es ist schwieriger, ein Vorurteil zu zertrümmern als ein Atom. — Albert Einstein

Eine neue Gewohnheit anzunehmen, ist leicht. Mit einer Gewohnheit zu brechen, ist dagegen eine heroische Leistung. — Arthur Koestler

Die Ignoranz bleibt nicht hinter der Wissenschaft zurück. Sie wächst genauso atemberaubend wie diese. — Stanislaw Jerzy Lec

SPRICHWÖRTER UND SPRÜCHE

Was der Bauer nicht kennt,
das frisst er nicht.

Altdeutsch

Wer etwas anstößt, erregt Anstoß.

Derjenige, der sagt, dass etwas nicht geht, sollte wenigstens den nicht stören, der es gerade tut.

Das Neue muss gar nicht schlecht sein, aber wir wollen lieber kein Risiko eingehen.

The most powerful antigen in human biology is a new idea.

Graffito in a lab

ANMERKUNGEN H.-J. QUADBECK-SEEGER

Mit dem NIH-Syndrom reagiert das Immunsystem des Unternehmens gegen alles Neue und Fremde.

Es gibt Menschen, die werden erst kreativ, wenn sie eine Innovation verhindern wollen.

Die natürlichen Feinde einer Idee sind all jene, die sie auch hätten haben können.

Wo ein Wille, ist ein Weg; wo er fehlt, sind viele Ausreden.

Es ist immer schwer, Vereinfachungen einzuführen.

Organisation

ZITATE	Nichts ist schwerer zu planen, nichts lässt mehr am Erfolg zweifeln und nichts ist gefährlicher umzusetzen als die Schaffung einer neuen Ordnung.	Niccolò Machiavelli
	Alles im Leben ist Organisation.	Wilhelm von Humboldt
	Es sind Persönlichkeiten, nicht Organisationen, die die Welt bewegen.	Oscar Wilde
	Organisation kann aus einem Inkompetenten kein Genie machen.	Dwight D. Eisenhower
	Leben schafft Ordnung, aber Ordnung bringt kein Leben hervor.	Antoine de Saint-Exupéry
	Structure follows strategy.	Alfred D. Chandler
	Organisation ist ein Mittel, die Kräfte des Einzelnen zu vervielfältigen.	Peter F. Drucker
	Die einzigen Dinge, die sich in einer Organisation von selbst entwickeln, sind Unordnung, Reiberei und schlechte Leistungen.	Helmar Nahr
	Organisation besteht darin, weder den Dingen ihren Lauf noch den Menschen ihren Willen zu lassen.	Helmar Nahr
SPRICHWÖRTER UND SPRÜCHE	Keine Ordnung ist oft die beste.	Dänemark
	Lerne Ordnung, übe sie; Ordnung spart dir Zeit und Müh'.	Deutschland
	Komplexe Organisationen neigen dazu, sich selbst zu behindern.	
	Wer in einer Organisation drinsteckt, erlebt sie intensiver, als er sie durchschaut.	

Jede Organisation lässt sich leichter teilen als straffen.

In großen Organisationen verhalten sich die Abteilungen wie Niederlassungen.

Unsere Organisation ist einfach zu beschreiben: Jeder macht, was er will, keiner macht, was er soll, alle sind mit Begeisterung dabei.

ANMERKUNGEN H.-J. QUADBECK-SEEGER

Beurteile Organisationen danach, wie sie mit Innovationen umgehen.

In jeder straffen Organisation sind Innovationen zunächst verdächtig.

An den Schnittstellen der Organisationen versickert viel Geld und Zeit.

Wo ein unternehmerischer Wille, da ist auch ein organisatorischer Weg.

Man muss das Peter-Prinzip auch umdrehen: Die Chance für die höchste Inkompetenz erreicht man nur in großen Organisationen und dem Staat.

Ein Arbeitskreis ist eine Organisationsform, in der die Arbeit gern im Kreis herumgereicht wird.

Man muss Reorganisation wie eine Flurbereinigung betreiben.

Jedes Bemühen um Reorganisation bringt den Wasserkopf zum Sieden.

In großen Organisationen mäandern die Entscheidungswege.

Die Klugen werden durch
Organisationen nicht klüger, aber die
Dummen mächtiger.

In der Zukunft wird es straffe
Organisationen geben und erfolgreiche.

Phantasie

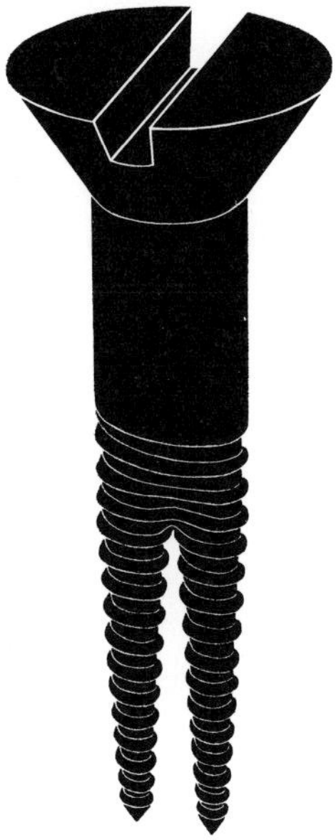

Auch die Phantasie, etwas zu verbessern, hat Grenzen.

ZITATE

Ewig jung ist nur die Phantasie. — Friedrich Schiller

Das Schaffen durch den Gedanken ist die Poesie des Naturforschers. — Justus von Liebig

Ohne Spekulation gibt es keine neue Beobachtung. — Charles R. Darwin

Phantasie ist nur in Gesellschaft des Verstandes erträglich. — Friedrich Hebbel

Lasst uns träumen lernen. — August Kekulé

Phantasie haben heißt nicht, sich etwas auszudenken, es heißt, sich aus den Dingen etwas machen. — Thomas Mann

Phantasie ist wichtiger als Wissen. — Albert Einstein

Jeder, der entschlossen ist, an Wunder zu glauben, braucht sie. — Joseph A. Schumpeter

Der Bau von Luftschlössern kostet nichts, aber ihr Abriss kommt oft teuer. — François Mauriac

Um in der Wissenschaft nützlich zu sein, muss Phantasie mit einem scharf ausgeprägten Fingerspitzengefühl für das Wichtige gepaart sein. — Hans Selye

Nichts schadet der menschlichen Phantasie mehr als eine gesicherte Existenz. — Werner Mitsch

SPRICHWÖRTER UND SPRÜCHE

Zwei Dinge sollte man seinen Kindern mitgeben: Wurzeln und Flügel.

Neuseeland

Träume nicht dein Leben, lebe deinen Traum.

Keine Phantasie reicht aus, sich alles vorzustellen, was schief gehen kann.

Seid realistisch – fordert das Phantastische!

Realität ist etwas für Leute, die mit Phantasie nicht zurechtkommen.

Illusionen sind die Wassertriebe der Phantasie.

ANMERKUNGEN H.-J. QUADBECK-SEEGER

Innovation ist zielorientierte Phantasie.

Die beste Voraussetzung für unternehmerischen Erfolg ist ein Joint Venture von Verstand und Phantasie.

Leute, die keine Phantasie haben, schaffen am liebsten Ordnung.

Die Spekulation ist die hässliche, meist reiche Verwandte der Phantasie.

Lasse dich von der Phantasie beflügeln, aber versuche nicht, abzuheben.

Die Vernunft ist das Gatter für die Phantasie.

Fakten fressen Löcher in die Phantasie.

Logik und Phantasie, das ist wie Nadel und Luftballon.

Phantasie treibt Blüten, Arbeit trägt Früchte.

Plan

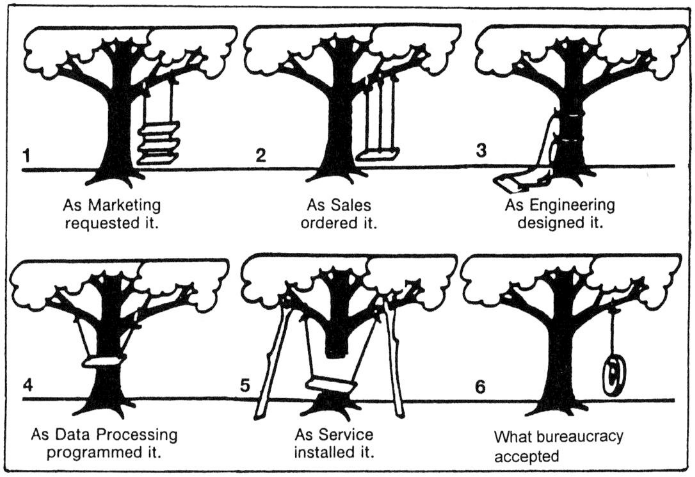
1
As Marketing requested it.
2
As Sales ordered it.
3
As Engineering designed it.
4
As Data Processing programmed it.
5
As Service installed it.
6
What bureaucracy accepted

ZITATE

Alles kommt weniger schlimm,
wenn man mit allem rechnet.

Seneca

Die Menschen haben große Ansprüche
und kleine Pläne.

Marquis de Vauvenargues

Nicht eher an die Ausarbeitung zu gehen, als bis man mit der ganzen Anlage zufrieden ist, das gibt Mut und erleichtert die Arbeit.

Georg Christoph Lichtenberg

Gegen das Fehlschlagen eines Plans gibt es keinen besseren Trost, als auf der Stelle einen neuen zu machen.

Jean Paul

On s'engage et puis on voit. – Man fängt einfach mal an, dann wird man schon weitersehen.

Devise Napoleons

Pläne sind die Träume des Verständigen.

Ernst von Feuchtersleben

Wer ein Programm für die Zukunft verfasst, ist ein Reaktionär.

Karl Marx

Ach, dass der Mensch so häufig irrt
und nie recht weiß, was kommen wird.

Wilhelm Busch

Stets findet Überraschung statt,
wo man sie nicht erwartet hat.

Wilhelm Busch

Pläne sind nichts. Planung ist alles.

Dwight D. Eisenhower

Leben ist, was uns zustößt, während wir uns etwas ganz anderes vorgenommen haben.

Henry Miller

Je üppiger die Pläne blühen,
umso verzwickter wird die Tat.
Man nimmt sich vor, sich zu bemühen,
und schließlich hat man den Salat.

Erich Kästner

Wo Planung ausbricht,
welkt die Phantasie.

Oliver Hassencamp

Planen heißt, das Notwendige ermöglichen. — Helmar Nahr

Solange man Pläne schmiedet, gehört man nicht zum alten Eisen. — Werner Mitsch

SPRICHWÖRTER UND SPRÜCHE

Wenn wir nicht wissen, wohin wir wollen, ist es gleichgültig, welchen Weg wir gehen. — China

Wenn du für ein Jahr planst, pflanze Reis; wenn du für zwanzig Jahre planst, pflanze Bäume; wenn du für die nächsten Generationen planst, erziehe die Menschen. — China

Der Planer fühlt sich stets gekränkt,
wenn's anders kommt, als er sich's denkt. — nach Wilhelm Busch

Plan to be first! — Procter & Gamble

It's better to be right than to be first. — Procter & Gamble

Die sechs Phasen der Planung:
1. Begeisterung,
2. Verwirrung,
3. Ernüchterung,
4. Suche nach dem Schuldigen,
5. Bestrafung des Unschuldigen,
6. Auszeichnung des Nichtbeteiligten.

Kleine Schritte, die man geht, sind mehr wert als große, die man nur plant.

Es bleibt alles ganz anders!

Planung bedeutet, den Zufall durch den Irrtum ersetzen.

Mit Planung macht das Chaos Spaß.

Je exakter die Planung, umso genauer kann man sich irren.

ANMERKUNGEN H.-J. QUADBECK-SEEGER

Man erreicht nie genau, was man plant, aber man kommt dem, was man will, jeweils näher als ohne Plan.

Pläne setzen Leitplanken, ohne zu wissen, wie die Straßen verlaufen werden.

Planung ist der Versuch, festzulegen, was hinter dem Horizont zu sein hat.

Pläne sind die Mythen der Rationalität.

Die Zukunft wird nicht in Planungsabteilungen gemacht.

Was wir heute planen, wird morgen mit Sicherheit anders kommen. Aber was wir wollen und nicht planen, wird sich wahrscheinlich nie ereignen.

Mit einem Plan kann man meist nicht viel anfangen, aber ohne Plan meist nicht viel erreichen.

Planungs-Chef: Kapellmeister für Zukunftsmusik.

Man muss die Pläne schmieden, solang das Herz noch heiß ist.

Ein guter Plan stellt sicher, dass auch der Senf zu Ende geht, wenn keine Würstchen mehr da sind.

Planung zwingt dazu, sich ernsthafte Gedanken zu machen, bevor man sich Sorgen machen muss.

Erst das Unvorhersehbare macht den Plan zur Herausforderung.

Praxis

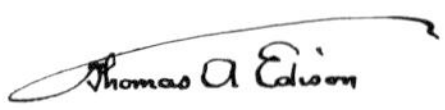

Thomas Alva Edison

Thomas Alva Edison (1847–1931) gilt wohl zu Recht als der größte Innovator der modernen Zeit, und zwar aus zwei Gründen: Zunächst hat er zahlreiche Erfindungen gemacht und in die Praxis umgesetzt: Das Telefon mit dem Kohlekörnermikrophon, den Phonographen (Vorläufer des Grammophons), die Glühbirne, die Elektrizitätserzeugung mittels Dampfmaschine, die Grundlagen der Elektronenröhre und vieles mehr. Insgesamt 1300 Patente belegen seinen Ideenreichtum.

Doch noch bedeutender ist seine „Erfindung", wie man Erfindungen macht. In Menlo Park bei New York richtete er das erste private Forschungslabor ein, in dem bis zu 80 Ingenieure und Naturwissenschaftler systematisch an der Lösung praktischer Probleme arbeiteten. Der Bilderbuch-Selfmademan – aus ungesicherten finanziellen Verhältnissen kommend, konnte er nur wenige Wochen die Schule besuchen und lernte bei seiner Mutter lesen und schreiben – wusste, worauf es ankam. „Genie ist 1 Prozent Inspiration und 99 Prozent Transpiration", hat er uns als Mahnung hinterlassen.

Seinen Sinn für das Praktische zeigt eine Anekdote. Sein Sommersitz in Florida war nach modernstem Stand der Technik eingerichtet, und alles funktionierte hervorragend. Doch eines Tages bemängelte ein Gast das Drehkreuz am Eingang zum Grundstück. Es ließ sich nur mit einigem Kraftaufwand bewegen. „Der Grund ist einfach", erklärte Edison, „jeder, der durch das Drehkreuz geht, pumpt dabei 30 Liter Wasser in den Tank auf meinem Dachboden."

So ist es: Die Theorie erklärt, die Praxis bewegt.

ZITATE

Stets muss die Praxis auf guter Theorie beruhen. — Leonardo da Vinci

Es ist nicht genug zu wissen, man muss auch anwenden; es ist nicht genug zu wollen, man muss auch tun. — Johann Wolfgang von Goethe

Auch im Praktischen ist die Originalität unerlässlich, sonst passt, was man tut, nicht zu dem, was man ist. — Arthur Schopenhauer

Der Mensch ist ein auf Werkzeug angewiesenes Wesen. Ohne Werkzeug ist er nichts, mit Werkzeug ist er alles. — Thomas Carlyle

Wer immer in seiner wissenschaftlichen Arbeit sofort den praktischen Nutzen sucht, kann sicher sein, dass er vergeblich sucht. — Hermann von Helmholtz

Die Praxis von heute ist die Theorie der Großväter. — Joseph A. Schumpeter

Praxis ohne Theorie ist blind, Theorie ohne Praxis unfruchtbar. — John Desmond Bernal

Bei Pragmatikern richten sich Ansichten und Absichten nach den Aussichten. — Robert Lembke

Die Praxis ist immer phantasievoller als die Theorie. — Manfred Rommel

Die Praxis ist der Ernstfall der Theorie. — Norbert Stoffel

SPRICHWÖRTER UND SPRÜCHE

Der Unterschied zwischen Theorie und Praxis ist wie zwischen Rat und Tat.

Deutschland

Lieber in der Praxis versagen als mit der Theorie verzweifeln.

Theorie sät, Praxis erntet.

Das Optimum ist Opium für Perfektionisten.

Rechnen ist Theorie, Fluchen ist Praxis.

Der härteste Test ist und bleibt die Praxis.

Worte sind schön, aber Hühner legen Eier.

ANMERKUNGEN H.-J. QUADBECK-SEEGER

Willst du Rat, wende dich an einen Theoretiker; willst du Hilfe, dann suche sie bei einem Praktiker.

Die Praxis sieht immer anders aus als in der Theorie vorgesehen.

Im klaren Licht der Theorie wirft die Praxis immer Schatten.

Die Praxis hat schon manche Theorie in Misskredit gebracht.

Eine Theorie braucht bloß widerspruchslos zu sein, Praxis braucht Erfolg.

Theoretiker verstehen manchmal die Praxis nicht, was gelegentlich zu ihrem Nachteil ist; Praktiker verstehen oft die Theorie nicht, was meistens zu ihrem Schaden ist.

Theorien, aus denen sich keine Faustregeln ableiten lassen, erreichen die Praxis nur schwer.

Warum Ökonomen nicht reich sind hat den gleichen Grund, aus dem Theologen nicht alles tun, um möglichst rasch in den Himmel zu kommen: Sie kennen die Theorie, aber trauen der Praxis nicht.

Der Unterschied zwischen Theorie und Praxis ist nicht so groß wie der zwischen Praktikern und Theoretikern.

Probleme

Für Leute, die gut mit Hämmern umgehen können, sehen alle Probleme wie Nägel aus.

Abraham Maslow

ZITATE

Neugier steht immer an erster Stelle eines Problems, das gelöst werden will. — Galileo Galilei

Jedes Problem, das ich löste, wurde zu einer Regel, die später dazu diente, andere Probleme zu lösen. — René Descartes

Jede Lösung eines Problems ist ein neues Problem. — Johann Wolfgang von Goethe

Ein Problem lösen heißt, sich vom Problem lösen. — Johann Wolfgang von Goethe

Wer keine Gelegenheit auslassen kann, etwas Kluges zu sagen, dem kann man die Behandlung eines großen Problems nicht anvertrauen. — William Hazlitt

Ein Problem durchläuft bis zur Anerkennung drei Stufen. In der ersten Stufe wirkt es lächerlich, in der zweiten wird es bekämpft und in der dritten gilt es als selbstverständlich. — Arthur Schopenhauer

Hindernisse überwinden ist der Vollgenuss des Daseins. — Arthur Schopenhauer

Die meisten Menschen wenden mehr Zeit und Kraft daran, um die Probleme herumzureden, als sie anzupacken. — Henry Ford

Der Idealismus wächst mit der Entfernung vom Problem. — John Galsworthy

Die Erfindung des Problems ist wichtiger als die Erfindung der Lösung, in der Frage liegt mehr als die Antwort. — Walther Rathenau

Kultur ist Reichtum an Problemen. — Egon Friedell

Die bedeutenden Probleme im Leben können nicht auf dieselbe Art und Weise gelöst werden wie sie entstanden sind. — Albert Einstein

Für jedes menschliche Problem gibt es immer eine einfache Lösung – klar, einleuchtend und falsch. — Henry Louis Mencken

Es ist weniger schwierig, Probleme zu lösen, als mit ihnen zu leben. — Pierre Teilhard de Chardin

Probleme sind Möglichkeiten in „Arbeitskleidung". — Henry J. Kaiser

Die richtige Fragestellung ist oft mehr als der halbe Weg zur Lösung des Problems. — Werner Heisenberg

Ich suche gezielt nach Arbeiten, deren Resultate mir Kopfzerbrechen bereiten. — Linus Pauling

Erkenntnisfortschritt besteht im Wesentlichen im Fortschreiten von Problemen zu tieferen Problemen. — Karl R. Popper

Alles Leben ist Problemlösen. — Karl R. Popper

Leute, die nur mit dem Hammer gut umgehen können, sehen jedes Problem als Nagel. — Abraham Maslow

Wohin wir auch blicken, überall entwickeln sich die Chancen aus Problemen. — Nelson A. Rockefeller

Die Probleme werden dadurch am besten gelöst, dass man sie erkennt, bevor sie Probleme werden. — Joachim Zahn

Unsere Probleme sind von Menschen gemacht, darum können sie auch von Menschen gelöst werden. — John F. Kennedy

Probleme hat man heutzutage fest im Griff, deshalb sind sie so schwer zu lösen. — Ron Kritzfeld

Das größte Problem heute ist: wir haben einen Überschuss an einfachen Fragen und einen Mangel an einfachen Antworten. — Lothar Schmidt

Wissenschaftliche Forschung läuft immer darauf hinaus, dass es plötzlich mehrere Probleme gibt, wo es früher ein einziges gegeben hat. — Norman Mailer

Es wird immer schwerer, etwas zu tun, und immer leichter, etwas zu verhindern. — Manfred Rommel

Das heiße Herz allein löst leider kein Problem, obwohl es unentbehrlich ist, um auf der Suche nach Problemlösungen anzutreiben. — Hubert Markl

SPRICHWÖRTER UND SPRÜCHE

Obwohl sie nicht hundert Jahre alt werden, machen die Menschen sich Sorgen für tausend Jahre. — China

Jede Kehrseite hat ihre Kehrseite. — Japan

Don't bring me problems – bring me answers. — USA

Wenn alle nervös werden außer dir, dann bist du vielleicht das Problem.

Mach dir keine Sorgen, dass du zu früh fertig werden könntest, die Probleme kommen immer noch rechtzeitig.

Eine Lösung hatte ich, aber die passte nicht zum Problem.

Die Lösung eines Problems beginnt, wenn das Palavern aufhört.

Die Randbedingungen werden leicht zum Kern des Problems.

Traue keiner kurzfristigen Lösung für ein langfristiges Problem.

Am liebsten kümmern sich die Leute um Probleme, die sie nichts angehen.

Eine Null kann Probleme verzehnfachen.

Wir sind überm Berg! Ab jetzt geht es bergab.

Haben Sie ein Problem – fragen Sie uns; haben Sie kein Problem – holen Sie uns.

Stell dir vor, es muss gehen und keiner kriegt's hin.

Wenn es nicht geht, probieren Sie was anderes, vielleicht geht's dann auch nicht.

Probleme sind Chancen, zu zeigen, was in einem steckt.

Wie einer Probleme löst, so ist er.

Actually, everything is more complicated.

Jedes Problem hat zwei Seiten: die falsche und die unsrige.

Hast du keine Lösung, gehörst du mit zum Problem.

ANMERKUNGEN H.-J. QUADBECK-SEEGER

Wer Probleme fürchtet,
hat immer welche.

Wie einfach hatte es Alexander. Heute gibt es ganze Netzwerke aus gordischen Knoten.

Für jedes Problem gibt es eine einfache Lösung, die es noch schlimmer macht.

Manche Probleme quellen bei dem Versuch, sie zu lösen.

Kleine Probleme sind Saatkörner für große.

Jeder löst lieber die Probleme, die er lösen kann, als jene, die er lösen soll.

Gib ein Problem in einen Ausschuss. Entweder wird es gelöst oder der Ausschuss wird ein Problem.

Es gibt kein Problem, das sich nicht verändert, während man es löst.

Die Überzeugung, die Probleme des Unternehmens würden nur durch die Konkurrenten verursacht, kann zum Ruin führen.

Die meisten Kompromisse sind nicht die Lösungen von Problemen, sondern deren Umgehung.

Bei Problemen, die sich im Kreise drehen, nehmen die Schwierigkeiten um den Faktor π zu.

Unsere Probleme von heute, das sind die interessanten Erinnerungen von morgen.

Probleme sind wie Unkraut: wenn man sie nicht rechtzeitig beseitigt, überwuchern sie alles.

Die Hoffnung auf einfache, klare Verhältnisse ist ein sicheres Zeichen menschlicher Unreife, zumindest aber mangelnder Erfahrung.

Wer ein Problem bloß anlöst, macht es größer.

Jede Innovation ist ein Problem, das ein Problem lösen soll.

Ein Apparat, der auf Anhieb ohne Probleme funktioniert, wurde wahrscheinlich mit zu großem Aufwand entwickelt.

Wer ein Problem in einem neuen Licht sieht, wird auch neue Schatten entdecken.

In großen Unternehmen besteht die bedenkliche Tendenz, kleine Probleme wie große zu behandeln.

Jedes anständige Problem hat das Zeug zu einer Krise.

Die Menschheit neigt dazu, ihre Probleme ungeklärt im Strom der Zeit entsorgen zu wollen.

Prognose

Carl Friedrich Gauß (1777–1855) war nicht nur ein genialer Mathematiker, sondern auch ein eifriger Geograph – er legte die erste sauber vermessene Landkarte Norddeutschlands an – und ein begeisterter Meteorologe. In Kombination von genauer Beobachtung und Wahrscheinlichkeitsrechnung erstellte er Vorhersagen für das Wetter des nächsten Tages. In wissenschaftlicher Redlichkeit hängte er diese am Abend an die Tür seines Institutes. Er war stolz darauf, eine Trefferquote von 40 bis 45 Prozent erreichen zu können.

Eines Tages wurde ihm zugetragen, der Schäfer vor den Toren der Stadt Göttingen wäre etwas besser als er. So lud er den Schäfer zum Gespräch ein, um dessen Methode zu erfahren. Der ehrliche Mann berichtete treuherzig: Er ginge am frühen Morgen immer am Institut vorbei, um die Prognose des berühmten Professors zu lesen. Und dann sage er das Gegenteil voraus. „Bei meiner Treffsicherheit von 40 Prozent müssen Sie nach der Wahrscheinlichkeitstheorie tatsächlich die besseren Prognosen abgeben", sagte Friedrich Gauß nachdenklich. Es ist nicht bekannt, welche Konsequenzen er aus der Betrachtung zog. Auf jeden Fall ist bei Prognosen bis heute Vorsicht angebracht.

Carl Friedrich Gauß

ZITATE

Zur Wahrscheinlichkeit gehört auch, dass das Unwahrscheinliche eintritt. — Aristoteles

Alles, was lediglich wahrscheinlich ist, ist wahrscheinlich falsch. — René Descartes

Die Fähigkeit vorauszusehen, dass gewisse Dinge nicht voraussehbar sind, ist von entscheidender Bedeutung. — Jean-Jacques Rousseau

Die weisesten Propheten äußern sich hinterher. — Horace Walpole

Prophete links, Prophete rechts, das Weltkind in der Mitten. — Johann Wolfgang von Goethe

Seltsam ist Propheten Lied, doppelt seltsam, was geschieht. — Johann Wolfgang von Goethe

Es gibt Leute, die sich über den Weltuntergang trösten würden, wenn sie ihn nur vorausgesagt hätten. — Friedrich Hebbel

In the long run we are all dead. — John Maynard Keynes

Alles Schöpferische ist unvoraussehbar. — Karl Jaspers

Prognosen sind schwierig – vor allem, wenn sie die Zukunft betreffen. — Niels Bohr

Prophezeien sollten nur Mathematiker. — Louis de Broglie

Wenn's besser kommt als vorausgesagt, dann verzeiht man sogar den falschen Propheten. — Ludwig Erhard

Mit Propheten unterhält man sich am besten drei Jahre später. — Peter Ustinov

Prognosen haben kurze Beine. — Horst Knapp

Prognosen haben zwei Eigenschaften: Sie stimmen nie genau, aber sie stimmen immer mehr als gar keine Prognose. — Manfred Rommel

SPRICHWÖRTER UND SPRÜCHE

Alle Menschen sind klug, die einen vorher, die anderen nachher. — China

Sobald man davon spricht, was im nächsten Jahr geschehen wird, lacht der Teufel. — Japan

Ein Mensch dem Sprichwort
glauben schenkt:
's kommt alles anders, als man denkt –
bis er dann die Erfahrung macht:
genauso kam's, wie er gedacht.
— Spruch nach Eugen Roth

Je positiver die Prognose, umso enttäuschender die Abweichung.

Egal was kommt, wir werden es packen.

Vorsicht! Jede Prognose bringt neue Unsicherheiten!

Nachher erklären ist einfacher als vorher begründen.

ANMERKUNGEN H.-J. QUADBECK-SEEGER

Die meisten Prognosen sind gut, aber die Zukunft kümmert sich wenig darum.

Ein Szenario ist eine Kreuzung zwischen Prognose und Prophezeiung.

Extrapolationen sind Prognosen mit dem Lineal.

Die Genauigkeit einer wirtschaftlichen Prognose ist proportional zum Humor des Ökonomen.

Je langfristiger die Prognose, desto ähnlicher wird sie einer Fata Morgana.

Prognosen sind oft nur
computergestützte
Milchmädchenrechnungen.

Zukunft braucht Mut, darum heißt es,
eine Prognose zu wagen.

Die falschen Propheten machen
zumindest richtige Fehler.

Manche Prognosen sind Tangenten an
einen Teufelskreis.

Heutzutage benutzt Kassandra den
Computer.

Die Zukunft bahnt sich ihren Weg,
indem sie die Prognosen über den
Haufen wirft.

Die wichtigste Prognose: Prognosen
werden immer Prognosen bleiben.

Public Relations

Für den Erfolg eines Produktes ist eine effektive Öffentlichkeitsarbeit von größter Bedeutung. Public Relations umfasst dabei wesentlich mehr als Werbung. Es geht darum, den Kunden zu gewinnen, das ist mehr, als nur das Produkt an den Mann/die Frau zu bringen. Im Laufe der Zeit ist PR zu einem wirksamen Instrument von Öffentlichkeitsarbeit jeglicher Art geworden. So bemühen sich die Firmen um ein gutes Ansehen bei ihrem Kundenstamm und ihren Aktionären. Auch für Ideen wird PR gemacht, wie Verbände und Parteien zeigen. Regionen bemühen sich um ein besseres Image. Inzwischen muss man die Frage umdrehen und suchen, wofür keine PR zu finden ist.

Besonders ausgeprägt ist die PR-Arbeit für Personen wie Parteiführer oder auch manche Firmenchefs. Manchmal geschieht es sogar gegen den Willen des Betreffenden. So hatte Albert Einstein schon zu Lebzeiten ein außergewöhnliches Ansehen. Vielleicht sogar deswegen, weil ihm jede Art von Personenkult zuwider war. Dennoch konnte er sich nicht in der Öffentlichkeit zeigen, ohne ständig fotografiert zu werden. Als er einmal von einem Fremden, der ihn zu seiner Freude nicht erkannte, nach seinem Beruf gefragt wurde, antwortete er verschmitzt: „Ich bin Fotomodell."

Das „Fotomodell" Albert Einstein

ZITATE	Wer dem Publikum nachläuft, sieht doch nur dessen Hinterteil.	Johann Wolfgang von Goethe
	Kannst du keine Blitze werfen, Freund, so lass das Donnern auch.	Emanuel Geibel
	Wer an die Öffentlichkeit tritt, hat keine Nachsicht zu erwarten und keine zu fordern.	Marie von Ebner-Eschenbach
	Es gibt nur eins, das schlimmer ist, als wenn die Leute über einen reden, und das ist, wenn sie nicht über einen reden.	Oscar Wilde
	Wenn du einen Dollar investierst, halte einen zweiten bereit, um es bekannt zu machen.	Henry Ford
	Wer viel Staub aufwirbelt, muss auch viel Staub schlucken.	John Galsworthy
	Es ist sehr schwierig, Menschen hinters Licht zu führen, sobald es ihnen aufgegangen ist.	Alfred Polgar
	Wo Nachrichten fehlen, wachsen die Gerüchte.	Alberto Moravia
SPRICHWÖRTER UND SPRÜCHE	Tue Gutes und rede darüber.	USA
	Lass andere dich loben.	Deutschland
	Leere Fässer machen den größten Lärm.	
	Die PR-Aktion sollte nicht besser sein als das Produkt.	
	PR heißt, im Gespräch zu bleiben, ohne ins Gerede zu kommen.	
	PR-Devise: Vom Profil zum Profit.	

ANMERKUNGEN
H.-J. QUADBECK-SEEGER

Wer ins Licht der Öffentlichkeit tritt,
wirft auch seinen Schatten ins Publikum.

PR ist der Versuch, Aufsehen zu erregen,
um Ansehen zu gewinnen.

Für Publicity in der Wissenschaft muss
einer erst einmal etwas Besonderes
leisten, danach gelten die allgemeinen
Regeln.

Gute PR heißt nicht, Presse und
Öffentlichkeit gelegentlich einzuladen,
sondern ständig einzubeziehen.

Qualität

„Beim Fundament haben wir tüchtig Geld gespart. Aber das merkt kein Mensch!" *Otto Langer/W. Baaske Cartoon*

ZITATE

Besser, man wird im Preis als in der Ware betrogen.	Baltasar Gracián y Morales
Gut ist nicht gut, wo Besseres erwartet wird.	Thomas Fuller
Es ist nichts groß, was nicht gut ist.	Matthias Claudius
Alles Vollkommene in seiner Art muss über seine Art hinausgehen.	Johann Wolfgang von Goethe
Sollte dies Kaffee sein, bringen Sie mir bitte Tee; sollte dies Tee sein, bringen Sie mir bitte Kaffee.	Abraham Lincoln
Qualität ist kein Zufall; sie ist das Ergebnis angestrengten Denkens.	John Ruskin
Das Beste oder nichts.	Gottlieb Daimler
Die sicherste Grundlage einer Produktion ist die Qualität. Danach – eine große Strecke weiter – kommen die Produktionskosten.	Andrew Carnegie
Die Kraft steckt in der Qualität.	Friedrich Wilhelm Nietzsche
Qualität bleibt noch lange bestehen, nachdem der Preis vergessen ist.	H. Gordon Selfridge
Qualität ist immer das Anständige.	Theodor Heuss
Man achte immer auf Qualität. Ein Sarg zum Beispiel muss fürs Leben halten.	Kurt Tucholsky
Quantität lässt sich zählen, Qualität zählt.	Lothar Schmidt
Über alles andere können wir streiten, aber Qualität darf nicht Gegenstand unserer Auseinandersetzungen sein.	Lee Iacocca
Qualität steckt jene an, die ihr gewachsen sind – die anderen schreckt sie ab.	Hubert Markl

SPRICHWÖRTER UND SPRÜCHE

The proof of the pudding is in the eating. England

Was nicht besser wird, bleibt nicht gut. Japan

Gute Ware lobt sich selbst. Deutschland

Qualität ist die Gesamtheit von Merkmalen einer Einheit bezüglich ihrer Eignung, festgelegte und vorausgesetzte Erfordernisse zu erfüllen. DIN-ISO 8202, Entwurf März 1992

Qualität ist, wenn der Kunde zurückkommt und nicht die Ware.

Die Qualität der Produkte kann niemals die Qualität des Managements übertreffen.

Wer nicht die Zeit hat, etwas richtig zu machen, wird die Zeit haben müssen, es noch mal zu machen.

Qualität muss man erst denken, dann schaffen.

Qualität ist Respekt vor dem Kunden.

Alles lässt sich so lange verbessern, bis es zu kompliziert oder veraltet ist.

Qualitätsware ist ein Produkt, das hält, bis es bezahlt ist.

Wer etwas nur anders, aber nicht besser machen will, sollte besser etwas anderes machen.

Qualität währt am längsten.

Qualität kommt nicht von ungefähr, sondern von ganz genau.

Qualität ist das Gegenteil von Zufall.

ANMERKUNGEN
H.-J. QUADBECK-
SEEGER

Wenn die Qualität nicht stimmt, stimmt kein Preis.

Pünktlichkeit ist die Höflichkeit der Könige; die Höflichkeit der Unternehmen ist Qualität.

Qualitätsniveau darf kein Gipfel sein, es muss ein Hochplateau werden.

Verbessern Sie die Qualität, wenn der Kunde es verlangt und nicht erst, wenn der Wettbewerb Sie dazu zwingt.

Natürlich kostet Qualität, aber fehlende Qualität kostet auf Dauer mehr.

Jenseits des Geldes hat sich auf den Weltmärkten eine gemeinsame Währung durchgesetzt, und die heißt Produktqualität.

Wer es mit der Qualität ernst meint, muss dafür sorgen, dass die Arbeit Spaß macht.

Für Qualität gibt es nur eine Werbung: Qualität.

Qualität kennt keine Grenzen.

Qualität hat immer Konjunktur.

Qualität ist keine Religion, weil beten nichts nützt.

Die unendlich lange Reihe der ausgestorbenen Arten und die vielen Fehlbildungen innerhalb einer Art zeigen, dass die Natur sich mit der Qualität auch schwer tut.

Bei der Qualität verstehen die Kunden selten Spaß.

Es gibt keine Qualität der Produkte ohne Qualität der Arbeit.

Den Pfuscher beißen die Kunden.

Der Kunde fängt an fremdzugehen, wenn er keine Qualität bekommt.

Ein Unternehmen, das aufhört, seine Produkte besser machen zu wollen, hat innerlich Konkurs angemeldet.

Mängel in der Qualität sind Indikatoren für Probleme, die tiefer liegen als die Qualität.

Qualität heißt, den Teufel aus dem Detail zu vertreiben.

Das Gegenteil von Reklame ist Reklamation.

Wer sich um die Qualität der Mitarbeiter kümmert, braucht sich wenig Sorgen um die Qualität der Produkte zu machen.

Qualität ist Fortsetzung des Wettbewerbs mit besseren Mitteln.

Heiliger St. Florian,
schütze uns vor Schlendrian,
sowie vor allem Pfusch und Mist,
was fast so schlimm wie Feuer ist.

Ratschlag

ZITATE

Wenn man in den Grundsätzen nicht übereinstimmt, kann man einander keine Ratschläge geben. — Konfuzius

Stelle eine dumme Frage, wenn du eine kluge Antwort willst. — Aristoteles

Kurz sei dein Rat, wann immer du einen solchen gibst. — Horaz

Man muss immer die klugen Leute um Rat fragen und dann das Gegenteil von dem tun, was sie raten. — Heinrich Heine

Die Schlauen geben keine unerbetenen Ratschläge, die Weisen geben nicht einmal erbetene Ratschläge. — Louis Pasteur

Ratschläge gebe ich immer weiter. Es ist das Einzige, was man damit anfangen kann. — Oscar Wilde

Haben Sie jemals einen Wegweiser gesehen, der den Weg beschreitet, auf den er zeigt? — Joseph A. Schumpeter

Nur Dumme erteilen Ratschläge, Intelligente haben selbst einen so großen Bedarf an Ratschlägen, dass sie sich hüten, irgendwelche abzugeben. — John Steinbeck

Immer wieder finden sich Eskimos, die den Bewohnern des Kongo sagen, was diese zu tun haben. — Stanislaw Jerzy Lec

Auch für Ratschläge gilt: Geben ist seliger als nehmen. — Lothar Schmidt

Zu den schönsten menschlichen Tätigkeiten gehört es, anderen sagen zu dürfen, was richtig ist, ohne dies selbst tun zu müssen. — Manfred Rommel

SPRICHWÖRTER UND SPRÜCHE

Einmal sehen ist besser als hundertmal hören.	China
Die besten Lotsen sind am Ufer.	Holland
Ratschläge sind wie Medizin: Je besser sie sind, umso schlechter schmecken sie.	Montenegro
Ein Löffel voll Tat ist besser als ein Scheffel voll Rat.	Deutschland
Alle wissen guten Rat, nur nicht, wer ihn nötig hat.	Deutschland
Raten ist leichter als helfen.	Deutschland
Nach der Tat weiß jeder Rat.	Deutschland
Alles hören, vieles vergessen, einiges verbessern.	Volksweisheit

Geh in Deckung, wenn die Ratschläge kommen.

Von einem guten Rat zu profitieren, erfordert mehr Weisheit, als ihn zu geben.

Ratschläge für alle nützen in der Regel keinem.

Kommt Zeit, kommt Rat. (Aber gutes Rad ist teuer!)

Ratschläge können auch Schläge sein.

Gut gemeint hat oft geschadet.

ANMERKUNGEN
H.-J. QUADBECK-SEEGER

Vertraue dem Rat anderer,
aber glaube an dich.

Orientiere dich mit den Ohren, aber
überzeuge dich mit den Augen.

Mancher Ratschlag ist zum
Schicksalsschlag geworden.

Die Vergangenheit ist ein guter Mahner,
erteilt aber keine guten Ratschläge.

Es sind immer die Weihnachtsmänner,
die gute Ratschläge für Ostern geben.

Ist einer selber voll auf Draht, braucht er
selten guten Rat.

Ratschläge gegen den Wind kommen als
Schläge zurück.

Ratschläge, gute

Übernimm dich nicht!

ZITATE

Die Art, wie man eine Sache tut, ist oft wichtiger als die Sache selbst. — Lord Chesterfield

Beide schaden sich selbst: der zu viel verspricht und der zu viel erwartet. — Gotthold Ephraim Lessing

Für den, der über glattes Eis gleitet, ist das richtige Tempo Sicherheit. — Ralph Waldo Emerson

Sieh nach den Sternen! Gib Acht auf die Gassen. — Wilhelm Raabe

Vorsicht und Misstrauen sind gute Dinge, nur sind auch ihnen gegenüber Vorsicht und Misstrauen nötig. — Christian Morgenstern

Der gesunde Menschenverstand ist eine Methode, von falschen Prämissen durch unsinnige Überlegungen zu brauchbaren Schlüssen zu gelangen. — Joseph A. Schumpeter

Wer die Dummköpfe gegen sich hat, verdient Vertrauen. — Jean-Paul Sartre

Um an die Quelle zu kommen, muss man gegen den Strom schwimmen. — Stanislaw Jerzy Lec

Die sechs Regeln von Jack Welch: — Jack Welch

1. Nehmen Sie die Realität so, wie sie ist, nicht wie sie war oder wie Sie sie gern hätten.
2. Seien Sie ehrlich zu jedermann.
3. Verwalten Sie nicht, führen Sie.
4. Nehmen Sie Veränderungen vor, ehe Sie dazu gezwungen werden.
5. Konkurrieren Sie nicht, wenn Sie keinen Wettbewerbsvorteil haben.
6. Bestimmen Sie Ihre Zukunft selbst, sonst werden es andere tun.

Ärgere dich nicht darüber, dass der Rosenstrauch Dornen trägt, sondern freue dich darüber, dass der Dornenstrauch Rosen trägt. — Arabien

Es ist besser, Deiche zu bauen als zu hoffen, dass die Flut Vernunft annimmt. — China

Spanne den Bogen, aber schieße nicht los! Noch gefürchtet zu werden, ist wirksamer. — China

Nur derjenige hat den rechten Vorteil im Auge, der auch den Vorteil des anderen mit bedenkt. — China

Sorge dich nicht um die Ernte. Sorge dich um die richtige Bestellung deiner Felder. — China

In einer aussichtslosen Lage hast du zwei Möglichkeiten: Entweder du änderst die Lage oder dich selbst. — China

Suche Rat bei Gleichen, aber Hilfe bei Überlegenen. — Dänemark

Der erste Schlag muss kräftig sein, dann ersparst du dir viele weitere. — Persien

Wirf nie einen alten Eimer weg, bevor du nicht weißt, ob der neue dicht ist. — Schweden

Wenn du die Hitze nicht verträgst, geh nicht in die Küche. — USA

Es ist besser, zweien zu nützen als hundert zu gefallen. — Deutschland

Auf dem Acker ist kein besserer Mist, als der an des Bauern Schuhen ist. — Bauernregel

Wer außer sich gerät, sollte in sich gehen.

Entspannen sollte man sich immer dann, wenn man keine Zeit dazu hat.

Ruhig bleiben – auch wenn dich keiner ärgert.

Wenn das Wasser bis zum Kinn steht, darf man den Kopf nicht hängen lassen.

ANMERKUNGEN H.-J. QUADBECK-SEEGER

Wer Perlen sucht, muss tief tauchen.

Bohren Sie nur, wenn Sie Öl suchen, und bohren Sie nur dort, wo Sie Öl vermuten, aber bohren Sie nie, bloß weil Sie einen Bohrer haben.

Suchen Sie nicht nach dem Huhn, das goldene Eier legt, sondern besorgen Sie sich Hühner, die ständig Eier legen.

Mache die Innovation, an der du arbeitest, zu deinem Hobby.

Ohne Prioritäten gibt es keine Ordnung, aber Vorsicht, wenn die Ordnung selbst die Priorität wird.

Gelassenheit ist nicht Kapitulation vor der Hektik, sondern der Sieg über sie.

Wer schöne Tulpen will, muss Knollen züchten, nicht Blüten.

Die beliebteste Anwendung von Statistiken ist ihr Missbrauch.

Bedenke: Jeder faule Kompromiss fault weiter.

Zehn Ratschläge für die Arbeit an Innovationen:

1. Gehe geizig mit der Zeit um.
2. Gehe sparsam mit dem Geld um.
3. Gehe gut mit Menschen um.
4. Gehe gewissenhaft mit den Entscheidungen um.
5. Gehe ehrlich mit der Information um.
6. Gehe umsichtig mit Schwierigkeiten um.
7. Gehe entschlossen gegen Fehler vor.
8. Gehe kreativ mit den Ressourcen um.
9. Gehe klug mit den Kritikern um.
10. Mit einem Wort:
    Gehe verantwortungsbewusst mit den Problemen um.

Regeln

So wie Hundertjährige regelmäßig nach Rezepten und Regeln für das hohe Alter gefragt werden, so werden erfolgreiche Innovatoren und besonders kreative Menschen immer wieder nach ihren „Geheimnissen" befragt. Es ließe sich eine beliebig lange Liste erstellen. Eine kurze und prägnante Antwort gab bei dem letzten Lindauer Nobelpreisträgertreffen (2001) der 76-jährige Japaner Leo Esaki, der 1973 den Nobelpreis für Physik erhalten hatte:

- Machen Sie den Blick frei für das Unkonventionelle.
- Lösen Sie sich von den Autoritäten, wie dem eigenen Lehrer.
- Entsorgen Sie sich von Informationsmüll.
- Suchen Sie Konfrontation.
- Bewahren Sie sich Ihre Neugier.

Fangen wir mit der fünften Regel an und bewahren wir uns die Neugier nach den Regeln, die andere für sich nutzen. Es deutet nämlich vieles darauf hin, dass jeder seine ganz individuellen Regeln braucht. Wer Glück hat und die seinen rechtzeitig findet, braucht nur noch das bisschen Glück, das auch der Tüchtige braucht.

Leo Esaki

ZITATE

Ausnahmen sind nicht immer Bestätigung der alten Regel; sie können auch die Vorboten einer neuen Regel sein. — Marie von Ebner-Eschenbach

Hier gibt es keine Regeln, wir versuchen schließlich, etwas zu erreichen. — Thomas Alva Edison

Die goldene Regel lautet: Es gibt keine goldene Regel. — George Bernard Shaw

Was einfach ist, ist immer falsch. Was nicht einfach ist, ist unbrauchbar. — Paul Valéry

Keine Regel ohne Ausnahme, aber wehe, wenn die Ausnahme zur Regel wird. — Hans Kasper

SPRICHWÖRTER UND SPRÜCHE

Nulla regula sine exceptione. (Keine Regel ohne Ausnahme.) — Antikes Rom

Hoffe aufs Beste und sei aufs Schlimmste gefasst.

Viele Regeln sind eigentlich nur geregelte Ausnahmen.

Lebe nach der goldenen Regel: Wer das Gold hat, macht die Regel.

Eine Ausnahme regelt die andere.

Ausnahmen durchlöchern die Regel.

ANMERKUNGEN
H.-J. QUADBECK-SEEGER

Die Regelung von Ausnahmen
darf die Regeln nicht verbiegen.

Je umfassender eine Regel, desto
häufiger die Ausnahmen.

Die Ausnahmen versuchen immer, die
Regeln schlecht zu machen.

Nur der Verlierer meckert über die
Spielregeln.

Mit Ausnahme der Ausnahmen gelten in
der Regel die Regeln.

Rechtmäßige Ausnahmen machen neue
Regeln.

Die Ausnahmen der goldenen Regeln
wiegen schwer wie Blei.

Erst die Ausnahmen vervollständigen die
Regeln.

Wer die Regeln umstößt, den überrollen
die Ausnahmen.

Manche Ausnahmen verletzen die
Regeln so ernsthaft, dass sie sich nie
mehr erholen oder gar zugrunde gehen.

Resignation

Alles fließt, sagt Heraklit,
manchmal träge, manchmal munter;
doch er meinte nicht damit:
Alles geht den Bach hinunter!

ZITATE

Niemand weiß, was er kann, bis er es probiert hat. — Publilius Syrus

Widerwärtigkeiten sind Pillen, die man schlucken muss und nicht kauen. — Georg Christoph Lichtenberg

Vieles geht der Welt verloren, weil man es zu geschwind für verloren gibt. — Johann Wolfgang von Goethe

Nur Taten geben dem Leben Stärke. — Jean Paul

Heitere Resignation – es gibt nichts Schöneres. — Marie von Ebner-Eschenbach

Das Wort „unmöglich“ kenne ich nicht. Geht’s nicht so, geht’s anders, aber es geht. — Heinrich von Brunck

Es gibt mehr Leute, die kapitulieren, als solche, die scheitern. — Henry Ford

Never, never, never give up. — Winston Churchill

Nichts ist verantwortungsloser als Pessimismus! — Karl R. Popper

Vielleicht gibt es schönere Zeiten, aber diese ist die unsere. — Jean-Paul Sartre

Man macht sich übertriebene Vorstellungen von dem, was man nicht kennt. — Albert Camus

Wer den Kopf hängen lässt,
reizt zu weiteren Nackenschlägen. — Gerhard Uhlenbruck

SPRICHWÖRTER UND SPRÜCHE

Was man vorgestern hätte tun sollen, hat auch noch bis übermorgen Zeit. Spanien

Jeder sollte an was Gutes glauben. Ich glaube, jetzt reicht's mir.

Wer heute den Kopf in den Sand steckt, knirscht morgen mit den Zähnen.

Selig sind die, die nichts erwarten, denn sie sollen auch nicht enttäuscht werden.

Resignation ist Zuversicht, die sich zur Ruhe gesetzt hat.

Der Pessimist ist der einzige Mist, auf dem nichts wächst.

Ins Schwarze treffen ist besser als schwarzsehen.

ANMERKUNGEN H.-J. QUADBECK-SEEGER

Zufriedenheit ist das statistische Mittel zwischen Hoffnung und Resignation.

Die Resignation ist das schwarze Loch der Psyche.

Regeneration statt Resignation.

Resignation schließt Frieden mit der Unzufriedenheit.

Verzicht kann Fortschritt bedeuten, Resignation nie.

Risiko

Risiko-Statistik

17 Prozent aller Autounfälle werden von betrunkenen Autofahrern verursacht.

Das bedeutet, dass 83 Prozent aller Unfälle von nichtbetrunkenen Autofahrern verursacht werden!

Das ist beängstigend!!
So darf es nicht weitergehen!!!

Warum kann man diese nüchternen Stümper nicht von der Straße fernhalten, um somit unsere Sicherheit um über 400 Prozent zu steigern???

Hier besteht dringender Handlungsbedarf! Den Politikern muss dazu endlich etwas einfallen!!!

Aus keiner Gefahr rettet man sich ohne Gefahr. — Niccolò Machiavelli

Risikolos gewinnen heißt ruhmlos siegen. — Pierre Corneille

Wer rechnet, ist immer in Gefahr, sich zu verrechnen. — Theodor Fontane

Wir haben nur vage Hoffnungen, aber klare Befürchtungen. — Paul Valéry

Das größte Risiko auf Erden laufen Menschen, die nie das kleinste Risiko eingehen wollen. — Bertrand Russell

Das Leben ist kein Geländer. — Carl Sternheim

„Wird's besser? Wird's schlimmer?"
Fragt man alljährlich.
Seien wir ehrlich:
Leben ist immer
Lebensgefährlich.
— Erich Kästner

Risiko ist die Bugwelle des Erfolges. — Carl Améry

An irgendeinem Punkt muss man den Sprung ins Ungewisse wagen. Erstens, weil selbst die richtige Entscheidung falsch ist, wenn sie zu spät erfolgt. Zweitens, weil es in den meisten Fällen so etwas wie eine Gewissheit gar nicht gibt. — Lee Iacocca

Nichts geschieht ohne Risiko, aber ohne Risiko geschieht auch nichts. — Wolfgang Röller

Jeder Versicherungsschein hat zwei Seiten. Auf der Vorderseite wird man versichert. Und auf der Rückseite wird man verunsichert. — Werner Mitsch

Wer das Risiko tilgt, zertrümmert die Chance. — Emil Baschnonga

SPRICHWÖRTER UND SPRÜCHE

Das Leben ist größtenteils gefährlich und endet meist tödlich. — Arabien

Wer alle Eier in einen Korb legt, darf sich nicht mehr um die Eier kümmern, sondern muss den Korb behüten. — USA

Nichts ist ohne Risiko, allein die Dosis macht's, ob das Risiko gefährlich sein kann. — nach Paracelsus

Ein Schiff im Hafen ist sicher, aber dafür werden Schiffe nicht gebaut.

Risiko ist der Preis der Entscheidungsfreiheit.

Wegen der riesigen Nebenwirkungen schlucken Sie die Packungsbeilage und schlagen Sie Ihren Arzt oder Apotheker.

Rund ein Drittel aller Todesfälle ereignet sich zu Hause! Besser, Sie sind so oft wie möglich weg.

ANMERKUNGEN H.-J. QUADBECK-SEEGER

Risiko ist das Salz des Lebens.

Innovation ist immer auch Risiko.

Das Investitionsbudget ergibt sich als Differenz von Risikofreude und Verlustangst.

Wenn ein Manager glaubt, seinem Unternehmen drohen keine Gefahren, dann zählt er mit zu den Risikofaktoren.

Die Zukunft und der Zufall sind die größten Risikofaktoren für unsere Pläne.

Früher galt die Forderung von Jeremy Bentham: Das größte Glück der größten Zahl; heute wird gefordert: Das kleinste Risiko der größten Zahl.

Aus der Haut fahren ist Risikosport für die Seele.

Schwierigkeiten

Jede Innovation verläuft anders, sonst wäre sie keine. Das sagt sich so leicht, aber gibt es denn wirklich keine Gemeinsamkeiten? Natürlich, konzentrieren wir uns hier auf die Wichtigste. Alle Innovationen haben Schwierigkeiten! Dafür gibt es sogar ein Gesetz, das dabei ist, Karriere zu einer allgemeinen Lebensweisheit zu machen:

Murphy's Law: If anything can go wrong, it will.

Wie kam dieses Gesetz zustande? Sein Entdecker Ed Murphy war Major und Sicherheitsingenieur bei der US-Luftwaffe und bekam in den vierziger Jahren eine schwierige Aufgabe: Für die damals aufkommenden Düsenjäger war ein neues Rettungssystem zu entwickeln. Die Piloten konnten bei den nunmehr erreichbaren Geschwindigkeiten nicht mehr einfach aussteigen. Eine klassische Situation: Es galt, ein neues Problem in unerforschtem Neuland mit unkonventionellen Methoden durch eine Innovation zu lösen. Heute kennt jedes Kind die Lösung, nämlich den Schleudersitz. Aber bevor er zuverlässig funktionierte, mussten unzählige Versuche und Tests durchgeführt werden, bei denen es von Pannen nur so wimmelte. Dabei fiel Murphy eine geheimnisvolle Gesetzmäßigkeit auf, die er in die schlichte Formulierung fasste: „If anything can go wrong, it will.", zu deutsch: „Was schief gehen kann, wird schief gehen.", oder etwas üppiger übersetzt: „Wenn irgendetwas irgendwie schief gehen kann, wird es irgendwann passieren."

Nehmen wir als Beispiel die Arbeit im Haushalt oder im Labor. Wer mit Glasgerätschaften ungegangen ist, kann gar nicht umhin zu bestätigen: Wenn ein Gegenstand fällt, ist er in der Regel einer von den teuersten, und er fällt so, dass der größtmögliche Schaden angerichtet wird. Diese Regel kennt nur so wenige Ausnahmen, dass diese nicht einmal zu ihrer Bestätigung ausreichen. Als „Gesetz der selektiven Schwerkraft" ist die Beschreibung dieses Phänomens in die einschlägige Literatur eingegangen.

Einmal auf die Spur gesetzt, wittert der findige Geist überall Varianten und Schlussfolgerungen von Murphy's Law, das gelegentlich als „Gesetz der größtmöglichen Heimtücke" bezeichnet wird. Dieses intellektuelle Vergnügen mit ernstem Hintergrund hat in Amerika weite Verbreitung gefunden, ja es ist fast zu einer Mode geworden. Ein findiger Amerikaner namens Arthur Bloch hat fleißig zusammengetragen, was sich aus diesem Blickwinkel der Weltbetrachtung inzwischen an Geist, Witz, Ironie bis hin zum Zynismus, aber auch an Lebensweisheiten angesammelt hat. Die drei von ihm veröffentlichten Bücher haben nicht nur Murphy's Law, sondern vor allem auch ihn bekannt und reich gemacht.

Die „Murphylogie" setzt sich mit dem Phänomen auseinander, dass unsere Lebensumstände von immer perfekteren Systemen gestaltet werden, wir aber dennoch vor unliebsamen Überraschungen keineswegs sicher sind. Ja, manchem mag es vorkommen, als hätten sich die Fehlerquellen mit dem technischen Fortschritt eher vermehrt. „To err is human, but to really foul things up requires a computer." Irren ist menschlich, aber um wirklich Mist zu bauen, braucht man einen Computer!

Interessanterweise stammen die meisten dieser in die Hunderte gehenden „Gesetze" und „Prinzipien" von Insidern, das heißt von Naturwissenschaftlern und Technikern. Sie sind mit der „Tücke des Objekts" (diesen Begriff hat der deutsche Philosoph Friedrich Theodor Vischer schon im vorigen Jahrhundert eingeführt) intim vertraut. Die Tatsache, dass die „Murphylogie" auf so breite Resonanz stößt, erweckt fälschlicherweise den Eindruck, es handele sich um ein Phänomen unserer Zeit. Das ist aber durchaus nicht der Fall. Die Geschichte ist voll davon.

Was sagt uns also Murphy's Law für Innovationen? Wir müssen mit allem rechnen! Was aber auf keinen Fall heißt, dass alles schief gehen muss. Denn auch davor schützt und dieses mysteriöse Gesetz. Es unterliegt nämlich sich selbst: If Murphy's law can go wrong, it will!

If anything can go wrong, it will.

1. Ableitung: Arbeiten Sie hart daran, dass alles glatt geht, aber seien Sie auf alles gefasst.

2. Ableitung: Rechnen Sie immer damit, dass etwas schief geht, aber seien Sie auch darauf gefasst, dass alles gut gehen kann.

ZITATE

Unser größter Ruhm liegt nicht darin, niemals zu fallen, sondern jedes Mal wieder aufzustehen, wenn wir gescheitert sind. — Konfuzius

Zu wissen, wie man etwas macht, ist nicht schwer. Schwer ist es nur, es zu machen. — Lao-tse

Je größer die Schwierigkeit, die man überwand, desto größer der Sieg. — Cicero

Das Wort „Schwierigkeit“ muss gar nicht für einen Menschen von Geist als existent gedacht werden. Weg damit. — Georg Christoph Lichtenberg

Entschlossenheit im Unglück ist immer der halbe Weg zur Rettung. — Johann Heinrich Pestalozzi

Das Außerordentliche geschieht nicht auf glattem gewöhnlichen Wege. — Johann Wolfgang von Goethe

Alles Bedeutende ist unbequem. — Johann Wolfgang von Goethe

Ein verzweifeltes Übel will eine verwegene Arznei. — Friedrich Schiller

An kleinen Dingen muss man sich nicht stoßen, wenn man zu großen auf dem Weg ist. — Friedrich Schiller

Es ist ein Unglück, nie Unglück gehabt zu haben. — Karl Julius Weber

Kann sich jemand an Zeiten erinnern, die nicht hart waren und in denen das Geld nicht knapp war? — Ralph Waldo Emerson

Sobald wir anfangen, die Kosten zu berechnen, beginnen die Kosten. — Henry David Thoreau

Wenn man es nur versucht, so geht's, das heißt mitunter, doch nicht stets. — Wilhelm Busch

„Ist die Luft nicht ein sehr gefährliches Element?“, wurde Wilbur Wright 1903 in Paris von einer Bewunderin gefragt. „Madame“, antwortete er, „die Luft ist völlig ungefährlich. Das einzig Gefährliche am Fliegen ist die Erde.“ Wilbur Wright

Dass etwas schwer ist, muss ein Grund mehr sein, es zu tun. Rainer Maria Rilke

Inmitten von Schwierigkeiten liegen günstige Gelegenheiten. Albert Einstein

Verbringe nicht die Zeit mit der Suche nach einem Hindernis; vielleicht ist keines da. Franz Kafka

In Seelenkämpfen mit Schwierigen
Schon deine Nerven, nicht die ihrigen. Eugen Roth

Ganze Sachen sind immer einfach, wie die Wahrheit selbst. Nur halbe Sachen sind kompliziert. Heimito von Doderer

Murphy's Laws: Capt. Ed Murphy
(1) Nothing is as easy as it looks.
(2) Everything takes longer than you think.
(3) If anything can go wrong, it will.

Nach Möglichkeit vermeide ich Ärger, aber wenn es sich nicht umgehen lässt, soll sich der andere mehr ärgern als ich. Georg Melchers

Mit einigem Geschick kann man sich aus den Steinen, die einem in den Weg gelegt werden, eine Treppe bauen. Robert Lembke

SPRICHWÖRTER UND SPRÜCHE

Auf einem weiten Weg gibt es keine leichten Lasten. — China

Der Drachen lehrt: Wer hoch steigen will, muss es gegen den Wind tun. — China

Ein Mensch, der immer nur Unglück erwartet, dem wird das Missgeschick bald begegnen. — China

Verwandle große Schwierigkeiten in kleine und kleine in gar keine. — China

Fürchte dich nicht, langsam zu gehen; fürchte dich nur, stehen zu bleiben. — China

Hab Geduld, alle Dinge sind schwierig, bevor sie leicht werden. — Frankreich

Das kleinste Steinchen im Schuh macht mehr Schwierigkeiten als der größte Fels im Weg. — Korea

Muss es sein, so schick dich drein. — Deutschland

Wo keine Reibung, da kein Funken. — Deutschland

Fehlt es am Wind, so greife zum Ruder. — Deutschland

Es ist leichter, sich zu ändern als andere.

Drei Viertel seines Lebens hackt der Specht vergebens.

Alles hat zwei Seiten. Das ist das Gute am Schlechten und das Schlechte am Guten.

Kranke Unternehmen holen lieber Medizinmänner als Ärzte.

ANMERKUNGEN H.-J. QUADBECK-SEEGER

Das Leben gibt jedem Gelegenheit, durch Schwierigkeiten seine Grenzen kennen zu lernen.

Es gibt immer zu wenige, die es gut machen und zu viele, die wissen, wie man es besser machen müsste.

Die Zahl der Vorschläge nimmt mit der Zahl der Ausschussmitglieder proportional zu, die Zahl der Vorbehalte wächst im Quadrat.

Nichts regt den Einfallsreichtum stärker an als der Widerstand gegen einen Einfall, der von einem anderen kommt.

Murphy's law für Forscher: Je einfacher eine Problemlösung auf dem Papier aussieht, desto vertrackter ist sie im Labor.

Von einem Unternehmen, das am Boden liegt, können keine umwerfenden Dinge mehr erwartet werden.

Das Bestehende steht dem Kommenden immer im Weg.

Jeder Mensch braucht läuternde Misserfolge.

Wer etwas will, sucht einen Weg; wer nicht weiß, was er will, diskutiert über Wege.

Eine Sache wird umso fader, je mehr ihren Senf dazugeben.

Die kleinste Einheit im Getriebe ist das Sandkorn.

Teamarbeit

Johannes Buridan (um 1300–1358) war französischer Philosoph der Scholastik und Rektor der Pariser Universität. Unter Kennern ist er als Kommentator von Aristoteles zu Ansehen gekommen. Populär wurde er durch sein Gleichnis vom Esel: Wird ein Esel zwischen zwei identische Heuhaufen gestellt, so kann er sich nicht für einen entscheiden und wird verhungern – theoretisch natürlich.

Seit dem vorigen Jahrhundert gibt es dieses Ur-Cartoon. Die buridansche Esel-Metapher wurde dabei durch einen zweiten Esel sogar noch komplizierter. Zugleich wird aber aufgezeigt, wie die Esel durch Teamgeist das Problem lösen. Die Moral: Selbst für Esel ist Teamwork vorteilhaft.

ZITATE	Man kann schlauer sein als ein anderer, aber nie schlauer als alle anderen.	La Rochefoucauld
	Art is I; science is we.	Claude Bernard
	Nichts ist besser geeignet, die Verschmelzung der widerstrebenden Elemente zu fördern, als gemeinsame Arbeit an gemeinsamen Aufgaben.	Otto von Bismarck
	Zusammenkommen ist ein Beginn, Zusammenbleiben ist ein Fortschritt, Zusammenarbeiten ist ein Erfolg.	Henry Ford
	Die Welt ist voller Leute, die bereit sind. Einige sind bereit zu arbeiten, der Rest ist bereit, sie zu lassen.	Robert Lee Frost
	Der Einzelne ist es, der etwas Neues entdeckt. Aber was es auch sei, je komplizierter die Welt wird, umso weniger sind wir imstande, ohne die Mitarbeit von anderen zum Erfolg zu gelangen.	Alexander Fleming (Entdecker des Penicillins)
	Die Größe eines Berufes besteht vor allem darin, dass er Menschen vereinigt. Es gibt nur einen echten Luxus, das sind menschliche Beziehungen.	Antoine de Saint-Exupéry
	Wenn einer alles selber machen will, braucht er sich nicht zu beklagen, dass er schließlich alles selbst machen muss.	Henri Nannen
	Die Arbeit eines Teams, dessen Beteiligte dasselbe Ziel haben, ist das Optimum.	Philip Kotler
SPRICHWÖRTER UND SPRÜCHE	Wer alleine arbeitet, addiert – wer zusammenarbeitet, multipliziert.	Arabien
	Hilf anderen über den Fluss und siehe, auch du hast das Ufer erreicht.	Indien

Einer allein ist nicht einmal gut im Paradies. — Italien

Der Nagel, der herausragt, wird eingeschlagen. — Japan

Mit nur einer Hand lässt sich kein Knoten knüpfen. — Mongolei

TEAM = Toll-Ein-Anderer-Macht's

Network or Not Work, that is no question.

Teamwork ist, wenn ich teame und die anderen worken.

Bei uns herrscht Einigkeit: Alles klar, aber keiner blickt durch.

ANMERKUNGEN H.-J. QUADBECK-SEEGER

Verhalte dich im Team, als ob alles von den anderen abhinge, aber arbeite, als ob alles von dir abhängt.

Wenn zwischen den Mitgliedern eines Teams die Chemie nicht stimmt, dann stinkt's und kracht's bald.

Teamwork ist mehr als die Summe von Talenten; wahres Teamwork ist eine Gruppe von Talenten, die über sich hinauswachsen will.

Im Leben wie im Sport hat jedes Team mehr Anhänger als Helfer.

Never wake up a dreaming team.

Ein falsch zusammengesetztes Team ist eine Gefahr für jedes Projekt.

Theorie

„Gibt es einen Unterschied zwischen Theorie und Praxis? Es gibt ihn. In der Tat." So hat der Aphoristiker Werner Mitsch knapp und präzise formuliert. Den bedeutenden Theoretikern war das immer bewusst. Es lag ihnen im Blut, nicht abzuheben und die Bodenhaftung zu behalten. Dazu gibt es eine schöne Anekdote von Werner Heisenberg, einem der bedeutendsten Theoretiker des 20. Jahrhunderts.

Vor Abfahrt des Zuges ging Heisenberg mit einem begabten Schüler diskutierend am Bahnsteig entlang. Als sie die Lokomotive erreichten, unterbrach er das angeregte Gespräch und bemerkte, dass es sich um ein neues Modell handelte. Er vertiefte sich in die Einzelheiten. Als der Schüler die Diskussion weiterführen wollte, fragte Heisenberg verwundert: „Interessiert Sie denn diese Lokomotive nicht?" Irritiert antwortete der Schüler: „Nein, Lokomotiven interessieren mich nicht!" Darauf meinte Heisenberg mit erkennbarem Unverständnis: „Wenn man theoretischer Physiker werden will, muss man sich auch für Lokomotiven interessieren."

Werner Heisenberg

ZITATE

One of the tragedies of life is the murder of a beautiful theory by a gang of brutal facts. — Benjamin Franklin

Es gibt nichts Praktischeres als eine gute Theorie. — Immanuel Kant

Man muss Hypothesen und Theorien haben, um seine Kenntnisse zu organisieren, sonst bleibt alles Schutt. — Georg Christoph Lichtenberg

Grau, teurer Freund, ist alle Theorie und grün des Lebens goldner Baum. — Johann Wolfgang von Goethe

Hypothesen sind Netze; nur der wird fangen, der auswirft. — Novalis

Wenn die Theorie auf die Erfahrung warten sollte, so käme sie nie zustande. — Novalis

Der Praktiker unterscheidet sich somit vom Theoretiker nur dadurch, dass er früher zu fragen aufhört. — Wilhelm Ostwald

Aber zu einer vernünftigen Frage gelangt man nur mit Hilfe einer vernünftigen Theorie. — Max Planck

Die Theorie bestimmt, was wir beobachten können. — Albert Einstein

Theorien sollten sterben, nicht wir. — Karl R. Popper

A good model is worth its weight in gold. — Francis Crick

Gefährlicher als eine falsche Theorie ist eine richtige in falschen Händen. — Gabriel Laub

Eine Theorie produziert die Fakten, die sie stützen. — Johannes Gross

Gibt es einen Unterschied zwischen Theorie und Praxis? Es gibt ihn. In der Tat. — Werner Mitsch

Ein Theoretiker ist ein Mensch, der praktisch nur denkt. — Werner Mitsch

Theoretisch gibt es keinen Unterschied zwischen Theorie und Praxis. — Zarko Petan

SPRICHWÖRTER UND SPRÜCHE

Fragte die Grille den Tausendfüßler: „Wie schaffst du es, deine Füße nicht durcheinander zu bringen?“ – „Ich werde darüber nachdenken“, antwortete er. Am nächsten Tag: „Ich hab's herausgefunden, aber jetzt stolpere ich dauernd.“ — Fabel

Theorie ist, wenn man alles weiß, aber nichts funktioniert. Praxis ist, wenn alles funktioniert und keiner weiß warum. Bei uns sind Theorie und Praxis vereint. Nichts funktioniert und keiner weiß warum.

Für die Theorie ist die Realität ein Ausnahmefall.

Die Theorie hat andere Probleme als die Praxis.

Theoretiker sind Leute, die mehr wissen als sie können.

Mit Gedanken schlägt man keinen Nagel in die Wand.

Theorie wohnt im Kopf, Erfahrung im Bauch.

Die Theorie ist der Praxis voraus oder sie hinkt hinterher.

Nach aerodynamischen Berechnungen müsste eine Hummel wegen ihrer Form, des Gewichts und der Behaarung flugunfähig sein. Aber sie weiß es nicht und wird so lange herumbrummen, bis es ihr einer sagt.

ANMERKUNGEN H.-J. QUADBECK-SEEGER

Theorie ist das, was über die Erfahrung hinausgeht.

Schon manche gute Theorie ist auf experimentellem Mist gewachsen.

Theorien sind wie Äpfel: in den frühreifen steckt meistens der Wurm.

Jede Zeit hat die Theorien, die sie verdient.

Theorie bringt Licht in die Praxis; Praxis bringt Leben in die Theorie.

Man ist ein anderer in Theorie und Praxis.

Theorie erklärt, Praxis lehrt.

Vertrauen verdienen nur Theorien, die sich zu ihren Grenzen bekennen.

Die Theoretiker leben jenseits ihrer experimentellen Verhältnisse.

Der Theoretiker löst die Aufgabe und verallgemeinert dann das Problem.

Die Theorie darf die Praxis nie im Stich lassen.

Manche Theorie ist einfach – einfach unbrauchbar.

Theorien helfen uns, in der Praxis keine unnötigen Fehler zu machen.

Die Theorie ist grau, aber die Praxis ist manchmal grauenvoll.

Die Vervielfältigung der Theorie des Tropfens ergibt noch keine Theorie des Meeres.

Eine Theorie lässt sich nur mit einer neuen Theorie bekämpfen.

Oft ist die Theorie eine gute Brille, die wir aber beim praktischen Arbeiten auf die Stirn schieben.

Für den Theoretiker steckt der Teufel in der Praxis.

Theorie und Praxis sind Partner, aber nicht immer Freunde.

Verantwortung

ZITATE

Verantwortlich ist man nicht nur für das, was man tut, sondern auch für das, was man nicht tut. — Lao-tse

Der Mensch ist das Maß aller Dinge. — Protagoras

Zeit ist Leben, und Leben ist Verantwortung, und Verantwortung bestimme Eure Zeit. — Augustinus

Ich könnte nicht an Projekten arbeiten, die nur deshalb für einige nützlich sind, weil sie anderen schaden. — René Descartes

Fast nie kommt der Mensch aus Vernunft zur Vernunft. — Charles de Montesquieu

Der Mensch hat keinen Wert, sondern Würde. — Immanuel Kant

Handle so, dass die Maxime deines Willens jederzeit zugleich als Prinzip einer allgemeinen Gesetzgebung gelten könnte. (Kategorischer Imperativ) — Immanuel Kant

Zwei Dinge erfüllen das Gemüt mit immer neuer und zunehmender Bewunderung und Ehrfurcht, je öfter und anhaltender sich das Nachdenken damit beschäftigt: der gestirnte Himmel über mir und das moralische Gesetz in mir. — Immanuel Kant

Unternimm nie etwas, wozu du nicht das Herz hast, dir den Segen des Himmels zu erbitten. — Georg Christoph Lichtenberg

Gut sein ist edel. Aber anderen zeigen, wie gut sie sein sollen, wirkt edler und macht nicht so viel Mühe. — Mark Twain

Freiheit bedeutet Verantwortlichkeit. Das ist der Grund, weshalb die meisten Menschen sich davor fürchten. — George Bernard Shaw

In Träumen beginnt die Verantwortung. William Butler Yeats

Ethik ist ins Grenzenlose erweiterte Verantwortung gegen alles, was lebt. Albert Schweitzer

Echte Verantwortung gibt es nur da, wo es wirklich Antworten gibt. Martin Buber

Die Sorgen um den Menschen selbst und sein Schicksal müssen stets das Hauptanliegen aller fachwissenschaftlichen Bestrebungen bilden. Das sollte man mitten unter seinen Diagrammen und Gleichungen nie vergessen. Albert Einstein

Der Forscher hat erkennen müssen, dass er ebenso wie jeder andere Mensch sowohl Zuschauer wie Mitspieler in dem großen Drama der Existenz ist. Niels Bohr

Als menschliche Wesen sind wir ausgestattet mit der Freiheit der Wahl, und wir können unsere Verantwortung nicht auf Gott oder die Natur abschieben. Wir müssen sie selbst auf uns nehmen. Arnold Joseph Toynbee

Aber du darfst diese Wahrheit nicht vergessen: Du bist zeitlebens für das verantwortlich, was du dir vertraut gemacht hast. Antoine de Saint Exupéry

Die Ideen sind nicht verantwortlich für das, was die Menschen aus ihnen machen. Werner Heisenberg

Wenn der Mensch so viel Vernunft hätte wie Verstand, wäre alles viel einfacher. Linus Pauling

Nichts ist verantwortungsloser als Pessimismus. Karl R. Popper

Nur der Mensch selbst kann die Macht begrenzen, die ihm zugewachsen ist. Hans Jonas

Handle so, dass die Wirkungen deiner Handlungen verträglich sind mit der Permanenz echten menschlichen Lebens auf Erden.

Hans Jonas

Wir sind der Natur gefährlicher geworden als sie uns je war.

Hans Jonas

Der Wissenschaftler ist verantwortlich für die Erklärung seines Wissens, nicht aber dafür, wie dieses Wissen angewendet wird.

Edward Teller

Der Versuch, die Kernphysik aus dem Gedächtnis zu löschen, wäre genauso grotesk wie die Vorstellung, man könnte durch Zurückblättern im Kalender ins achtzehnte Jahrhundert zurückkehren.

Edward Teller

Es gibt zwei mächtige Elemente in der menschlichen Existenz: die egoistische Wissbegierde und das altruistische Mitgefühl. Wissbegierde ohne Mitgefühl wird unmenschlich, und Mitgefühl ohne Wissbegierde bleibt wirkungslos.

Victor Frederick Weisskopf

Es gibt keine Passagiere auf dem Raumschiff Erde, jeder gehört zur Besatzung.

Marshall McLuhan

Die besondere Verantwortung des Wissenschaftlers besteht darin, auf jene Folgen aufmerksam zu machen, die er aufgrund seiner Expertise erkennen kann.

Heinz Maier-Leibnitz

Soweit unsere Vernunft ausreicht, kann die Technik gesteuert werden. Die Technik kann aber kein Versagen der Vernunft ausgleichen.

Carl Friedrich von Weizsäcker

Macht ohne Verantwortung ist wie Feuer außer Kontrolle.

Ernst R. Hauschka

Je mehr wir können, desto weniger dürfen wir. Je weniger wir dürfen, desto mehr müssen wir wissen. — Manfred Eigen

Wissenschaft und Technik sind nicht wertfrei und nicht neutral, sondern eingebunden in die Verpflichtung, den Menschen zu dienen. — Hans Küng

Die primäre Verantwortung des Wissenschaftlers ist trivial, er trägt Verantwortung für Zuverlässigkeit (oder Wahrheit) der wissenschaftlichen Sätze. — Hans Mohr

Zuerst kommt das Wissen, dann die Moral. — Helmut F. Spinner

Wissenschaft kann nur helfen, besser zu verstehen, was wir moralisch zu verantworten haben. — Hubert Markl

Am ersten Tag deutete jeder auf sein Land. Am dritten oder vierten Tag zeigte jeder auf seinen Kontinent. Ab dem fünften Tag achteten wir auch nicht mehr auf die Kontinente. Wir sahen nur noch die Erde als den einen, ganzen Planeten. — Sultan Ben Salman al Saud

SPRICHWÖRTER UND SPRÜCHE

Wenn keiner erfahren soll, was du tust, dann tue es besser nicht. — China

Wenn zwei verantwortlich sind, ist keiner verantwortlich. — Portugal

Würde bringt Bürde. — Deutschland

Aus fremdem Leder ist leicht Riemen schneiden. — Deutschland

Keine Schneeflocke in der Lawine wird sich je verantwortlich fühlen. — Lebensweisheit

Wer die Sitzung verlässt, wird gewählt oder bekommt die Verantwortung.

ANMERKUNGEN H.-J. QUADBECK-SEEGER

Arbeit lässt sich teilen, Verantwortung nicht.

Dagegen sein kann auch eine Form der Verantwortungslosigkeit sein.

Es gibt kein Zurück in die unschuldige Unwissenheit, sondern nur ein Vorwärts in das verantwortliche Wissen.

Wissen ist Macht; Gewissen sollte mächtiger sein.

Es ist leichter und deshalb beliebter, Bedenken zu tragen als Verantwortung.

Die Verantwortung bindet uns, obwohl sie aus uns selbst kommt.

Intelligenz ohne Werte ist gefährlicher als ein Revolver ohne Waffenschein.

Wer keine Verantwortung trägt, glaubt, für alles Verantwortung übernehmen zu können.

Es gibt keine Nische der Verantwortungsfreiheit.

Erst in der Verantwortung zeigt sich, was in einem steckt.

Es gibt keinen Safe für Erkenntnisse, die nicht in die falschen Hände geraten dürfen.

Vision

Das Verhältnis der Menschen zu Visionen hat eine wechselvolle Geschichte. Wer im Mittelalter Visionen hatte, konnte damit rechnen, heilig gesprochen zu werden. Im 19. Jahrhundert waren Menschen mit Visionen ein Fall für den Nervenarzt oder sie wurden Schriftsteller wie zum Beispiel Jules Verne. Anfang des 20. Jahrhunderts nahmen sich die Psychiater der Leute an, die von ihren Visionen berichteten. Erst in der letzten Hälfte des vergangenen Jahrhunderts wurden Visionen als Kraftquelle unternehmerischen Handelns erkannt. Wenn heute ein Manager keine Visionen hat, ist er ein klarer Fall fürs Consulting.

Zeitlos schön sind Visionen in einem Sinnspruch aus dem Sanskrit beschrieben. Schließen wir uns dieser Definition an, denn sie wird wie bisher den Zeitströmungen standhalten.

Das Gestern ist nichts als ein Traum
und das Morgen nur eine Vision.
Das Heute jedoch – recht gelebt –
macht jedes Gestern zu einem Traum voller Glück
und das Morgen zu einer Vision voller Hoffnung.

ZITATE

Vision ist die Kunst, unsichtbare Dinge zu sehen. — Jonathan Swift

Wer keine Vision hat, vermag weder große Hoffnungen zu erfüllen noch große Vorhaben zu verwirklichen. — Thomas Woodrow Wilson

Wir müssen die Veränderungen leben, die wir uns für die Welt wünschen. — Mahatma Gandhi

Visionen brauchen Fahrpläne. — Ernst Bloch

Wer nicht an Wunder glaubt, ist kein Realist. — Niels Bohr

Wenn das Leben keine Vision hat, nach der man sich sehnt, die man verwirklichen möchte, dann gibt es auch kein Motiv, sich anzustrengen. — Erich Fromm

Wege entstehen dadurch, dass wir sie gehen. — Hans Kudszus

Die einzigen Begrenzungen sind – wie auch immer – die Grenzen deiner Visionen. — James Broughton

Ich ermutige die Menschen, kühn zu träumen, Visionen zu entwickeln. — Jack Welch

SPRICHWÖRTER UND SPRÜCHE

Eine Vision ohne Handeln ist nur ein Tagtraum, Handeln ohne Vision ist ein Albtraum. — Japan

Don't dream it, do it.

Visionen beginnen mit nüchternen Fragen.

Vision ist der Wille zu sehen, was kommen soll.

ANMERKUNGEN H.-J. QUADBECK-SEEGER

Wenn das Unternehmen keine Visionen hat, machen sich Illusionen breit.

Visionen müssen in den Herzen leben, in den Köpfen geprüft und mit den Händen umgesetzt werden.

Die tibetanischen Sherpas legen nach anstrengendem Aufstieg Pausen ein, damit ihre Seelen nachkommen. Mit Visionen schicken wir unsere Seelen voraus und haben viel zu tun, dass unsere Körper nachkommen.

Visionen ohne Aktionen degenerieren zu Illusionen.

Viele, die genau wissen, wo es lang gehen soll, haben keine Ahnung, wo das hinführen wird.

Wer früher sagte, er habe Visionen, den schickte man zum Nervenarzt. Ein Unternehmen, das heute keine Visionen hat, holt sich Consultants.

Der Visionär will Realitäten schaffen, der Utopist will ihnen entfliehen.

Visionen sind geflügelte Pläne.

Wer geht, wo es keine Spuren mehr gibt, muss den Sternen folgen.

Wer keine Visionen hat, wird zukunftsblind.

Wahrheit

„In Wahrheit interessiert mich nur, ob es da draußen auch Astronomen gibt."

ZITATE

Die Wahrheit kommt mit wenigen Worten aus.	Lao-tse
Die Menschen sind verschieden, doch die Wahrheit ist eine, und alle, die sie suchen, auf welchem Gebiet es sei, helfen einander.	Gottfried Wilhelm Leibniz
Wer die Wahrheit sucht, der darf nicht die Stimmen zählen.	Gottfried Wilhelm Leibniz
Es ist unmöglich, die Fackel der Wahrheit durch ein Gedränge zu tragen, ohne jemandem den Bart zu versengen.	Georg Christoph Lichtenberg
Vom Wahrsagen lässt sich wohl leben, aber nicht vom Wahrheit sagen.	Georg Christoph Lichtenberg
Die gefährlichsten Unwahrheiten sind Wahrheiten, mäßig entstellt.	Georg Christoph Lichtenberg
Einer neuen Wahrheit ist nichts schädlicher als ein alter Irrtum.	Johann Wolfgang von Goethe
Wo die Wahrheit bekämpft werden muss, da hat sie schon gesiegt.	Carl Gustav Jochmann
Du kannst wählen zwischen der Wahrheit und der Ruhe, aber beides zugleich kannst du nicht haben.	Ralph Waldo Emerson
Es gibt Lügen, unverschämte Lügen und es gibt Statistiken.	Mark Twain
Überzeugungen sind gefährlichere Feinde der Wahrheit als Lügen.	Friedrich Nietzsche
Um die Wahrheit zu erfahren, muss man den Menschen widersprechen.	George Bernard Shaw
Denn was man messen kann, das existiert auch.	Max Planck

Die Wahrheit triumphiert nie, ihre Gegner sterben nur aus.	Max Planck
Glaube denen, die die Wahrheit suchen, und zweifle an denen, die sie gefunden haben.	André Gide
Den Felsen der Wahrheit können wir nicht von seiner Stelle rücken, wohl aber können wir an ihm scheitern.	Hans Spemann
Die Wahrheit ist immer konkret.	Wladimir Iljitsch Lenin
Wir wissen nicht, ob wir die Wahrheit erkannt haben.	Karl R. Popper
Die Wahrheit ist immer einfacher als der Weg zu ihr.	Erwin Chargaff
Für den Wissenschaftler ist selbst die hässlichste Wahrheit schöner als der lieblichste Anschein.	Hans Selye
Wer lügt, hat die Wahrheit immerhin gedacht.	Oliver Hassencamp
Die Wahrheit ist Geschäftsgeheimnis.	Helmar Nahr

SPRICHWÖRTER UND SPRÜCHE

Der Scherz ist oft das Loch, aus dem die Wahrheit pfeift.	China
Das Wort sei wahr, die Tat entschlossen.	China
Die Wahrheit ist immer obdachlos.	Dänemark
Wer die Wahrheit sagt, muss einen Fuß im Steigbügel haben.	Türkei
Zahlen lügen nicht, aber Lügner können zählen.	USA
Die Wahrheit geht nicht mit der Sonne unter.	Deutschland

Wahrheit gibt kurzen Bescheid, Lüge macht viel Redens. — Deutschland

Zum Begräbnis der Wahrheit gehören viele Schaufeln. — Deutschland

Manches ist zu wahr, um schön zu sein.

Die Wahrheit liegt in der Mitte – helft ihr, sich zu erheben!

Wahrheiten, die man ungern hört, hat man ganz besonders nötig.

ANMERKUNGEN H.-J. QUADBECK-SEEGER

Der nackten Wahrheit werden gern neue Kleider angeboten.

Die nackte Wahrheit ist selten attraktiv.

Die Überzeugungskraft eines Argumentes hängt weniger vom Wahrheitsgehalt ab als von der Plausibilität.

Mit der Wahrheit ist es wie mit der Medizin: je bitterer, desto heilsamer.

Irrtümer haben leidenschaftlichere Anhänger als Wahrheiten.

Wo Interessen im Spiel sind, hat die Wahrheit schlechte Karten.

Die Wahrheit ist meist ein Wegweiser für einen steinigen Weg.

Die Wahrheit ist eine Arznei mit vielen Risiken und Nebenwirkungen.

Auch Zahlen sagen nicht immer die Wahrheit, aber mit ihnen werden Lügen wenigstens konkret.

Jemandem, der die Wahrheit sagt, ist alles zuzutrauen.

Zu Risiken und Nebenwirkungen der Wahrheit fragen sie die Geschichte.

Werbung

So würde Columbus heute in See stechen.

ZITATE

Ein Kaufmann macht durch allzu großes Rühmen die Ware, die er feilbietet, nur verdächtig.	Horaz
Die Hälfte des Geldes, das ich für Werbung ausgebe, ist verloren; das Problem ist, ich weiß nicht welche Hälfte.	John Wanamaker
Wer keine Werbung macht, um Geld zu sparen, könnte ebenso seine Uhr anhalten, um Zeit zu sparen.	Henry Ford
Wenn die Werbung keinen Erfolg hat, muss man die Ware ändern.	Edgar Faure
Die Werbung ist die höchste Kunstform des 20. Jahrhunderts.	Herbert Marshall McLuhan
Werbung ist die Kunst, auf den Kopf zu zielen und die Brieftasche zu treffen.	Vance Oakley Packard
Wer den Sirenengesängen der Werbung widersteht, ist ein mündiger Bürger. Und gefährdet Arbeitsplätze.	Oliver Hassencamp
Werbung ist das Glück der Unzufriedenen; Zufriedene sind das Unglück der Werbung.	Helmar Nahr
Es gibt drei Arten von Werbung. Laute, lautere und unlautere.	Werner Mitsch

SPRICHWÖRTER UND SPRÜCHE

Wer nicht lächeln kann, soll keinen Laden aufmachen.	China
Sind Rüben auf dem Markt gefragt, muss man sie nicht waschen.	China
Gute Ware lobt sich selbst.	Deutschland
Schlechte Ware braucht viel Worte.	Deutschland

Werbung soll die Menschen dazu bringen, etwas zu kaufen, wofür sie eigentlich erst sparen sollten.

Der Wurm muss dem Fisch schmecken, nicht dem Angler.

Werbung ist die fünfte Gewalt.

Das Beste ist immer ein überzeugendes Argument.

Werbung muss den Kunden so fesseln, dass er gerade noch an die Brieftasche kommt.

ANMERKUNGEN H.-J. QUADBECK-SEEGER

Werbung ist der Einsatz eigenen Geldes zur Mobilisierung fremden Geldes.

Werbung soll den Kunden zum Kauf konditionieren.

In der Werbung braucht sich der Teufel nicht im Detail zu verstecken.

Telefon-Verkauf: Bestellen Sie jetzt, bereuen können Sie später!

Werbung ist die intellektuelle Verpackung der Ware.

Werbung ist Störfeuer gegen die Zufriedenheit.

Werbung ist Make-up für das Produkt-Image.

Werbung ist Fischfang mit einer Masche.

In der Werbung gilt: Reden ist Silber, Übertreiben ist Gold.

Wettbewerb

Der Wettbewerb ist ein zentrales Phänomen der Evolution. Die antiken Griechen haben ihn mit ihren Olympischen Spielen zu einer gesellschaftlichen Institution etabliert. Adam Smith (1722–1790) erkannte schließlich im Wettbewerb sowohl die treibende als auch die regulierende Kraft des freien Marktes. In der modernen Wirtschaft bewahrheitet sich immer häufiger die eigentlich triviale Prognose: Relevant ist nicht, dass die Großen die Kleinen schlucken, sondern dass die Schnellen den Langsamen die Marktanteile wegschnappen.

Dazu passt eine Metapher aus der afrikanischen Savanne.

Jede Antilope weiß am Morgen, sie wird den Tag nur überleben, wenn sie schneller ist als der schnellste Löwe. Aber auch jeder Löwe weiß, er muss an diesem Tag schneller sein als die langsamste Antilope. Ob man nun Antilope oder Löwe sein will, um zu überleben, muss man schnell sein. Da die Wiege der Menschheit bekanntlich die Savanne Zentralafrikas war, müsste das eigentlich noch in unseren Genen stecken. Im Geschäftsleben sollte das jedenfalls jedem bewusst sein.

ZITATE

Du darfst nicht zu oft mit dem gleichen Feind kämpfen, sonst bringst du ihm alle deine Kriegskünste bei. — Napoleon

Tüchtiges Schaffen, das hält auf die Dauer kein Gegner aus. — Peter Rosegger

Die Klage über die Schärfe des Wettbewerbs ist in Wirklichkeit meist nur eine Klage über den Mangel an Einfällen. — Walter Rathenau

Die Bedeutung jedes Schachzugs offenbart sich im Gegenzug. — Joseph A. Schumpeter

Wettbewerb bringt die besten Eigenschaften eines Produkts und die schlimmsten der Menschen ans Licht. — David Sarnoff

Wer Führung beansprucht, ruft selbst den Rivalen auf den Plan. Rivalität aber ist eines der Geheimnisse des Fortschritts. — Karl Heinrich Bauer

Ich denke nicht daran zu kapitulieren. Ich zwinge meinen Feind, mich zu besiegen. — Stanislaw Jerzy Lec

Wenn man stillsteht, wird man schnell überrollt. — Lee Iacocca

Der Markt ist ein eiserner Besen. — Norbert Stoffel

Man sollte seine Kontrahenten stets mit Anfragen und Aufgaben beschäftigen, damit sie nicht auf dumme Gedanken kommen können. — Peter Eichhorn

SPRICHWÖRTER UND SPRÜCHE

Der Wind hört nicht auf zu wehen, auch wenn die Blätter ihre Ruhe haben wollen. China

Andere Mütter haben auch kluge Kinder. Deutschland

Do lunch or be lunch. Silicon Valley

We are a non-profit organisation – we didn't plan it that way, but the competitors made it.

Wenn das Bessere möglich ist, dann ist das Gute nicht genug.

Nicht die Großen werden die Kleinen schlucken, sondern die Schnellen werden den Langsamen die Märkte wegschnappen.

Wettbewerbsfähig bleibt man nur durch Wettbewerb.

Wer kämpft, kann verlieren, wer nicht kämpft, hat bereits verloren.

Auch wenn du auf dem richtigen Weg bist, wirst du über den Haufen gerannt, wenn du nicht schnell genug bist.

Wir leisten das Beste, wenn der Wettbewerb der härteste ist.

Es gibt keine Lauer, auf der der Wettbewerb nicht schon liegt.

Man kann sich vor dem Wettbewerb nicht mit Sandsäcken schützen.

In einer gesunden Wirtschaft werden immer neue Produkte geboren und andere sterben.

Wo bleibt der Wettbewerb, wenn es nur ein Kartellamt gibt? Graffito

ANMERKUNGEN
H.-J. QUADBECK-SEEGER

Konkurrenz belebt den Innovationswillen.

Es gibt keinen zarten Wettbewerb, es gibt nur harten.

Der Welthandel ist zum globalen Nahkampf geworden.

Wenn ein Manager sein Unternehmen für ein unsinkbares Schiff hält, ist er gefährlicher als ein Eisberg.

Geistesblitze sind unberechenbar, sie können auch beim Konkurrenten einschlagen.

Für Patente gilt: Wo ein Wille ist, ist auch eine Umgehung.

Auf den Weltmärkten gibt es keine Platzanweiser und Reservierungen.

Die Zeit, die wir verlieren, wird dem Wettbewerber gutgeschrieben.

Im Wettbewerb ist man immer auf dem Kriegspfad.

Zum Wettbewerb gibt es keinen Sicherheitsabstand.

Im freien Wettbewerb ist keiner frei von Wettbewerb.

Scharfer Wettbewerb würzt das Geschäft.

Der Wettbewerb ist immer aufdringlich.

Joint-Venture: Die intimste Form des Wettbewerbs.

Lasst uns die sein, vor denen unsere Konkurrenz Angst hat.

Wettbewerber kann man mit niedrigen Preisen angreifen, besiegen jedoch lassen sie sich nur durch Innovationen.

Der globale Wettbewerb ist das Gegenteil der Olympischen Spiele – nur Profis haben eine Chance.

Globaler Wettbewerb heißt, es gibt keine Tageszeit mehr, in der alle Wettbewerber schlafen.

Die drei Hauptsätze der freien Marktwirtschaft:

1. Der Wettbewerb ist eine allgegenwärtige Kraft für den Fortschritt.
2. Der Wettbewerb nimmt zu, unabhängig, wie stark er schon ist.
3. Es gibt auf Dauer keine wettbewerbsfreien Zonen.

Widerstand

Die Hummel wiegt zirka 5 Gramm.
Sie hat eine Flügelfläche von rund 5 cm^2.
Der Flächenwinkel beträgt nur 6°.
Ihre Oberfläche ist nicht glatt, sondern dicht behaart.
Nach allen Gesetzen der Aerodynamik kann die Hummel nicht fliegen, weil ihr Luftwiderstand zu groß ist.
Sie sollte es aus Sicherheitsgründen auch gar nicht erst versuchen.

Aber die Hummel weiß das alles nicht.

ZITATE	Wer widerspricht, ist nicht gefährlich, gefährlich ist, wer zu feige ist, zu widersprechen.	Napoleon
	Ein Gedanke, der richtig ist, kann auf die Dauer nicht niedergelogen werden.	Otto von Bismarck
	Alte Zöpfe schneidet man am besten in der Öffentlichkeit ab, dann jammern die davon Betroffenen noch am wenigsten.	Theodor Fontane
	Im Munde gewisser Leute reizen die eigenen Ansichten zum Widerstand.	Karl Heinrich Waggerl
	Man muss versuchen, bis zum Äußersten ins Innere zu gelangen. Der Feind des Menschen ist die Oberfläche.	Samuel Beckett
	Auf der Straße des geringsten Widerstandes versagen die stärksten Bremsen.	Stanislaw Jerzy Lec
	Die Straße des geringsten Widerstandes ist nur am Anfang asphaltiert.	Hans Kasper
	Je schwächer das Argument, desto stärker die Worte.	Lothar Schmidt
	Man soll sich nur auf etwas stützen, was Widerstand leistet.	Lothar Schmidt
SPRICHWÖRTER UND SPRÜCHE	Zieh, Pferdchen, zieh die Vorderräder, die hinteren werden von selber rollen.	Russland
	Gewohnheiten sind zuerst Spinnweben und dann Seile.	Spanien
	Viel Feind, viel Ehr.	Deutschland
	Je mehr Widerstand, je mehr Fortgang.	Deutschland
	Wo ein Wille, da ist auch Widerstand.	

ANMERKUNGEN H.-J. QUADBECK-SEEGER

Der Weg des geringsten Widerstandes ist mit faulen Kompromissen gepflastert.

Jede gesellschaftliche Gruppe entwickelt mit der Zeit eine Änderungsimmunität.

Der Weg des geringsten Widerstandes führt meistens bergab.

Es gibt keine Innovation, die nicht Widerstände zu überwinden hatte.

Die Wege des geringsten Widerstandes enden meist bei den größten Enttäuschungen.

Wer zum Wandel nicht bereit ist, wird ihm zum Opfer fallen.

Wissen

Wissen ist Macht. Auch wenn die Anfänge bescheiden sind.

Der Experimentiertisch von Otto Hahn. Hier wurde 1938 die Kernspaltung entdeckt.

ZITATE

Wissen ist Wissen, Nichtwissen ist Nichtwissen. Das ist Wissen.	Konfuzius
Ich weiß, dass ich nichts weiß.	Sokrates
Wissen ist wahre, mit Begründung versehene Meinung.	Platon
Unser Wissen besteht aus den Antworten auf gestellte Fragen.	Aristoteles
Alle Menschen streben von Natur aus nach Wissen.	Aristoteles
Wissen ist Macht.	Francis Bacon
Wissen ist wie ein Baum: Je größer und verzweigter er ist, umso ausgeprägter ist sein Kontakt mit dem Unbekannten.	Blaise Pascal
Unser Wissen ist ein Tropfen, was wir nicht wissen, ist ein Ozean.	Isaac Newton
Eine Investition in Wissen bringt immer noch die besten Zinsen.	Benjamin Franklin
Zuwachs an Kenntnis ist Zuwachs an Unruhe.	Johann Wolfgang von Goethe
Überall geht ein frühes Ahnen dem späteren Wissen voraus.	Alexander von Humboldt
Unwissenheit hat noch nie ein Problem gelöst.	Benjamin Disraeli
Das große Ziel im Leben ist nicht das Wissen, sondern die Tat.	Thomas Henry Huxley
Wenn geringes Wissen gefährlich ist, wo ist der Mensch, der soviel hat, dass er außer Gefahr ist?	Thomas Henry Huxley

Wer nichts weiß, muss alles glauben. — Marie von Ebner-Eschenbach

Ein Lexikon handzuhaben wissen ist besser als glauben, ein solches zu sein. — Alfred Nobel

Wissen ist Macht – wie falsch gedacht. Wissen ist wenig – Können ist König. — Peter Rosegger

Das Recht auf Wissen ist dem Recht auf Leben ähnlich. — George Bernard Shaw

Die einzige Gewähr für das wirkliche Wissen ist das Können. — Paul Valéry

Das aus Beobachtung entstehende Wissen ist höchst unzulänglich; aber es ist zuverlässig. — Alexis Carrel

Man muss die Welt nicht verstehen. Man muss sich darin zurechtfinden. — Albert Einstein

Wissen ist eine Einschränkung von Möglichkeiten. — Joseph A. Schumpeter

Der größte Feind des Wissens ist nicht das Nichtwissen, sondern das Halbwissen. — Enrico Fermi

Wissen ist Macht. Aber Unwissenheit bedeutet noch lange nicht Machtlosigkeit. — Enrico Fermi

Wir wissen nicht, wir raten. — Karl R. Popper

In dem wenigen, was wir wissen, mögen wir recht verschieden sein. Aber in unserer grenzenlosen Unwissenheit sind wir alle gleich. — Karl R. Popper

Alles auf der Welt kann man rückgängig machen, bloß nicht das Wissen. — Alberto Moravia

Wenn alle alles wissen, ist die Gefahr geringer, dass Wissen missbraucht wird. — Manfred Eigen

Wissen und Können sind immer und uneingeschränkt besser als Unwissenheit und Machtlosigkeit. — Hubert Markl

SPRICHWÖRTER UND SPRÜCHE

Strebe nach Geld, so viel du brauchst, und nach Wissen, so viel du kannst. — Arabien

Unwissenheit ist freiwilliges Unglück. — England

Wissen ohne Gebrauch ist Feuer ohne Rauch. — Deutschland

Wissen ist dazu da, die Welt zu verändern. — Spruch am MIT (Mass. Inst. of Technology, Boston)

Wissen ist Macht, nichts wissen macht auch nichts.

Wissen ist Macht, Können ist mächtiger.

Denn sie wissen nicht, was sie wissen.

Wer mehr weiß, investiert besser.

Wenn man nichts Genaues weiß, ist alles möglich.

Mancher hat eine Menge Wissen, aber keine Ahnung.

Nur wer sein Wissen mehrt, kann seine Leistung steigern.

Was du nicht weißt, kannst du nicht vergessen.

Alle wissen was, aber keiner weiß Bescheid.

Wissen kann man wenig, aber versuchen kann man viel. — Graffito

ANMERKUNGEN H.-J. QUADBECK-SEEGER

Wissen ist Macht. Können macht mächtig.

Wissen ist Macht, aber Nichtwissen ist nicht Machtlosigkeit, sondern Hilflosigkeit.

Aus den großen Problemen führt nur ein Ausweg: Wissen.

Oft muss man Wissenslücken mit Zuversicht stopfen.

Wissen, das nicht in Handeln mündet, ist interessant, aber nicht relevant.

Die Menschen haben lieber ein knackiges Vorurteil als eine lasche Ungewissheit.

Was einer weiß, ist immer zu wenig; was einer nicht weiß, ist immer zu viel.

Vom Wissen kann man nicht mehr in die Unwissenheit desertieren.

Know-how ist Wissen, das sich in der Anwendung bewährt hat.

Wo das Wissen endet, scheiden sich die Geister; die einen fangen an zu spekulieren, die anderen zu glauben.

Unsere Wissenslücken sind einladende Nischen für den Wettbewerb.

Wissenschaft

David Hilbert (1862–1943) war der führende Mathematiker seiner Zeit. Er vollendete das Theoriengebäude der Geometrie, zu dem Euklid den Grundstein gelegt hatte und stellte eine berühmte Liste ungelöster mathematischer Probleme auf. Er war fest überzeugt, dass der menschliche Geist letztlich in der Lage sei, alle Probleme zu lösen. Bei seiner Liste bestätigte es sich weitgehend. Seine Gegner warfen ihm ungerechtfertigten Optimismus in der Wissenschaft vor. Er wollte sich in seiner ostpreußischen Festigkeit nicht davon abbringen lassen. So ließ er als Vermächtnis in seinen Grabstein meißeln:

Wir müssen wissen,
Wir werden wissen.

David Hilbert

ZITATE

Es gibt nur ein einziges Gut für den Menschen: die Wissenschaft, und nur ein einziges Übel: die Unwissenheit. — Sokrates

Die Wissenschaft ist nichts als das Abbild der Wahrheit. — Francis Bacon

Auch Wissenschaft kann ins Kraut schießen, ohne Früchte zu tragen. — Georg Christoph Lichtenberg

Wo damals die Grenzen der Wissenschaft waren, da ist jetzt die Mitte. — Georg Christoph Lichtenberg

Die Wissenschaft: Einem ist sie die hohe himmlische Göttin, dem anderen eine tüchtige Kuh, die uns mit Butter versorgt. — Friedrich Schiller

Wer Wissenschaft treibt, bereitet unabsehbare Folgen vor. — Alexander von Humboldt

Die wahre Naturwissenschaft schließt sowohl den Unglauben wie den Aberglauben aus. — Hans Christian Oerstedt

Jede Wissenschaft hat die Voraussicht zum Zweck. — Auguste Comte

Die Wissenschaft sucht nach einem Perpetuum mobile. Sie hat es gefunden: sie ist es selbst. — Victor Hugo

Die Wissenschaft fängt eigentlich erst da an, interessant zu werden, wo sie aufhört. — Justus von Liebig

Durch die Erfindungen der Menschen in den Gewerben, der Industrie, Medizin, Mechanik, Astronomie werden die Tatsachen erworben, welche zur späteren Entwicklung der Wissenschaft unentbehrlich sind. — Justus von Liebig

Steht das Leben mit der Wissenschaft im Widerspruch, so hat stets das Leben Recht. — Justus von Liebig

Es gibt keine Landstraße für die Wissenschaft. — Karl Marx

Die Wissenschaft war die größte Leidenschaft meines Lebens. Ich käme mir vor wie ein Dieb, wenn ich einen Tag verlebt hätte, ohne zu arbeiten. — Louis Pasteur

Es gibt keine „angewandten" Wissenschaften, sondern nur Anwendungen von Wissenschaft. — Louis Pasteur

Wissenschaft ist nichts als geordneter und erprobter gesunder Menschenverstand. — Thomas Henry Huxley

Es ist die Tragödie aller empirischen Wissenschaften, dass wunderschöne Hypothesen von hässlichen Tatsachen ermordet werden. — Thomas Henry Huxley

Die Wissenschaft wird durch die Erfolge der Methodik stoßweise vorwärtsgetrieben. — Iwan Petrowitsch Pawlow

Wissenschaft ist die Erkennung des Wirklichen zum zweckvollen Handeln. — Adolf von Harnack

Und der Fortschritt der Wissenschaft entspricht der Anbringung einer immer größeren Anzahl von zuverlässigen Wegweisern. — Wilhelm Ostwald

Wissenschaftliche Begriffe sind innere Bilder. — Heinrich Rudolf Hertz

Persönlichkeit auf wissenschaftlichem Gebiet hat nur der, der rein der Sache dient. — Max Weber

Wissenschaft ist eine Sammlung erfolgreicher Rezepte. — Paul Valéry

A fact in science is not more fact, but an instance.

Bertrand Russell

Gute Technik ist organisierte Wissenschaft.

Carl Bosch

Die Wissenschaft, richtig verstanden, heilt den Menschen von seinem Stolz; denn sie zeigt ihm seine Grenzen.

Albert Schweitzer

All unsere Wissenschaft ist, gemessen an der Wirklichkeit, primitiv und kindlich – und doch ist sie unser kostbarstes Gut.

Albert Einstein

Aufgabe der Naturwissenschaft ist es nicht, nur die Erfahrung zu erweitern, sondern in diese Erfahrung eine Ordnung zu bringen.

Niels Bohr

Jeder Fortschritt in der Wissenschaft beginnt damit, dass irgendeiner in einer Überzeugung ein Vorurteil vermutet.

Karl Heinrich Bauer

Mehr als jedes andere Kulturgut ist die wissenschaftliche Wahrheit das kollektive Eigentum der ganzen Menschheit.

Konrad Lorenz

Die Wissenschaft gibt Rätsel auf, deren Lösungen zu denken geben.

Gerhard Uhlenbruck

Die Leitidee der Wissenschaft ist Wahrheit.

Hans Mohr

Wissenschaft ist ein fehlerfeindliches, erkenntnisfreundliches Produkt des Menschengeistes.

Hubert Markl

Die Wissenschaft gleicht einem Baum. Natürlich soll dieser Früchte tragen, aber daraus folgt nicht, dass man auf die Blätter verzichten kann, nur weil sie nicht geerntet werden können.

Hubert Markl

SPRICHWÖRTER UND SPRÜCHE

Die Wissenschaft belehrt nur die Klugen. — Russland

Das ist die beste Wissenschaft, die Gutes für die Menschen schafft. — Deutschland

Kunst und Wissenschaft, Forschung und Lehre sind frei. — Art. 5 Abs.3 des Grundgesetzes

Die Wissenschaft glaubt an den Zweifel.

This manuscript must either be drastically reduced or fully oxidized. — Kommentar zu einer wissenschaftlichen Veröffentlichung

ANMERKUNGEN H.-J. QUADBECK-SEEGER

Wer in der Wissenschaft gegen den Strom schwimmt, erreicht die Fehlerquellen.

Wissenschaft ist das einzige Gebiet menschlicher Aktivitäten, in der Dummheit wirklich keine Chancen hat.

Zur Wissenschaft gibt es keine Schlüsselgewalt.

Gute Wissenschaft endet in neuen Fragezeichen.

Der Fortschritt der Wissenschaft besteht in der Verschiebung von Wissenslücken.

Die Wissenschaft ist das einzige Geistesprodukt des Menschen, das keinen Fanatismus zulässt.

Mit der Wissenschaft kann man nicht flirten; sie verlangt ganze Hingabe oder zeigt die kalte Schulter.

Wissenschaftliches Neuland ist das Quellgebiet von Innovationen.

In der Wissenschaft ist das Finden der Wahrheit und das Aufdecken von Irrtümern gleichermaßen verdienstvoll.

Mit den Wissenschaften ist es wie mit den Weinen: die trockenen sind nur etwas für Kenner.

In den Wissenschaften herrscht das Faustrecht der stärkeren Argumente.

Es ist mehr Unsinn zwischen Himmel und Erde, als sich durch Wissenschaft widerlegen lässt.

In den Naturwissenschaften gibt es das Phänomen der paradoxen russischen Puppen: In einem kleinen Problem kann ein viel größeres stecken.

Wenn eine Wissenschaft nur noch Interessierte, aber keine Talente anzöge, käme sie zum Stillstand.

Die Wissenschaft verzeiht nachvollziehbare Irrtümer, aber keine Nachlässigkeiten.

In der Wissenschaft gilt: Wo das Verständnis für ein Phänomen beginnt, beginnt auch dessen Beherrschung.

Kunst und Wissenschaft sind frei, aber nicht demokratisch.

Jede wissenschaftliche Publikation ist eine Aufforderung zur Mitwisserschaft.

Das Paradoxon der Wissenschaft: Je besser wir die Details verstehen, desto klarer sehen wir die großen Zusammenhänge.

Grundlagenforschung will die Welt erkennen.
Angewandte Forschung will die Welt verändern.
Gemeinsam können sie das Leben verbessern.

Ein immer größerer Teil von Wissenschaft findet im Computer statt.

Wissenschaftler

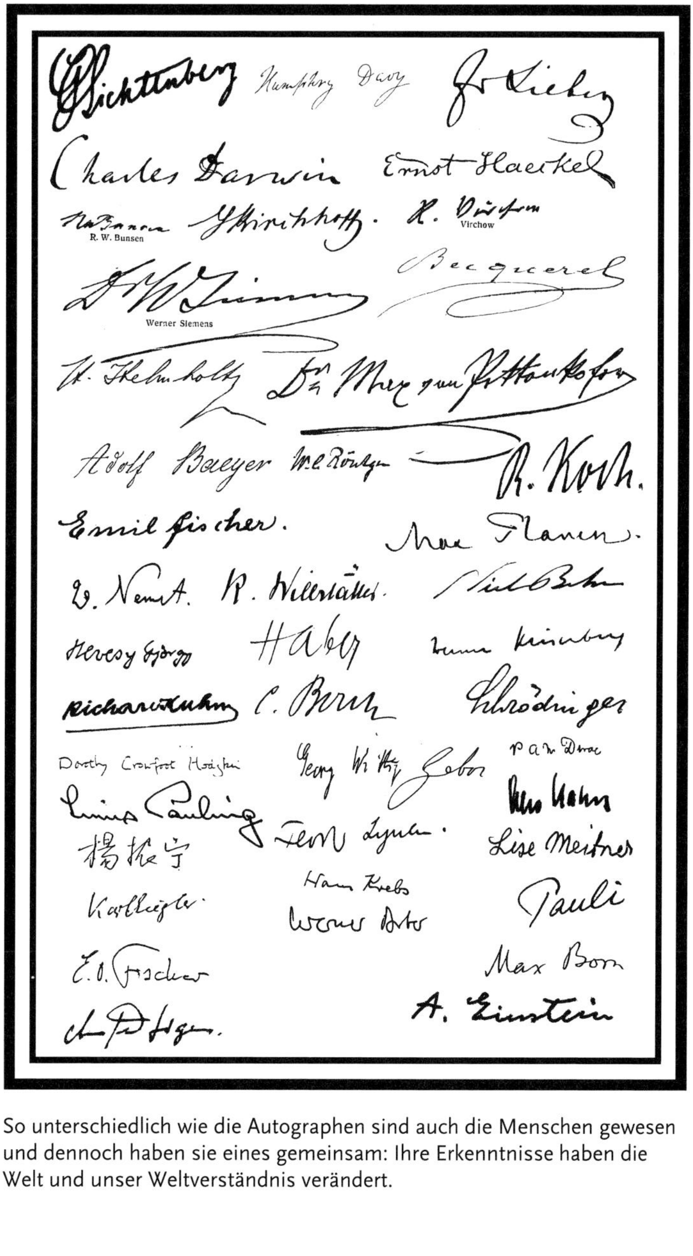

So unterschiedlich wie die Autographen sind auch die Menschen gewesen und dennoch haben sie eines gemeinsam: Ihre Erkenntnisse haben die Welt und unser Weltverständnis verändert.

ZITATE

Er war ein Privatgelehrter, das sind die rätselhaften Wissenschaftswesen, von denen man nicht weiß, kriegen's deswegen keine Anstellung, weil sie zu wenig oder weil sie zu viel wissen.
Johann Nepomuk Nestroy

Nicht da ist man daheim, wo man seinen Wohnsitz hat, sondern wo man verstanden wird.
Christian Morgenstern

Nur die Mittelmäßigen sind immer in Höchstform.
Somerset Maugham

Nichts in der Welt wird so gefürchtet wie der Einfluss von Männern, die geistig unabhängig sind.
Albert Einstein

Ein Wissenschaftler ist eine Mimose, wenn er selbst einen Fehler gemacht hat, und ein brüllender Löwe, wenn er bei anderen einen Fehler entdeckt.
Albert Einstein

Der schöpferische Wissenschaftler lebt der Augenblicke der Entdeckung wegen.
Linus Pauling

Nicht der Besitz von Wissen, von unumstößlichen Wahrheiten, macht den Wissenschaftler, sondern das rücksichtslos kritische, das unablässige Suchen nach Wahrheit.
Karl R. Popper

Ich habe schon früh entdeckt, dass ein Wissenschaftler die Welt stärker verändern kann als Cäsar. Und während man das tut, kann man ruhig in einer Ecke sitzen.
Max Delbrück

Universitäten können Absolventen produzieren, aber keine Fähigkeiten.
Laurence J. Peter

Ich kann keinem Wissenschaftler, gleich welchen Alters, einen besseren Rat als diesen geben: Die Intensität einer Überzeugung, eine Hypothese sei wahr, hat nichts mit ihrer Wahrheit oder Falschheit zu tun. — Peter Brian Medawar

Gute Wissenschaftler beschäftigen sich mit den wichtigsten Problemen, von denen sie glauben, dass sie sie lösen können. — Peter Brian Medawar

Der Wissenschaftler hat die Aufgabe, Probleme zu lösen, nicht nur mit ihnen zu kämpfen. — Peter Brian Medawar

Es genügt nicht, dass ein Land Talente hervorbringt. Irgendwann muss es sich ihrer würdig erweisen. — Peter Ustinov

Wissenschaftler sind wie Spechte: Sie prüfen immer und überall, ob irgendwo der Wurm drin ist. — Gerhard Uhlenbruck

Als Wissenschaftler darf man sich nicht aus der Unruhe bringen lassen. — Gerhard Uhlenbruck

Wer als Wissenschaftler glaubt, wird nicht selig. — Gerhard Uhlenbruck

SPRICHWÖRTER UND SPRÜCHE

Ein gelehrter Kopf redet auch nach dem Tode. — Deutschland

Wissenschaftler sind Menschen, die lieber messen als vermuten.

Wissenschaftler erklären das Unanschauliche gerne durch das Abstrakte.

Scientists are often wrong, but never in doubt.

ANMERKUNGEN H.-J. QUADBECK-SEEGER

Wissenschaftler suchen weniger Anerkennung als Bestätigung.

Wenn ein Wissensgebiet sich der Reife nähert, geht der Einfluss der ideenreichen Genialen zurück zugunsten der Perfektionisten und Spezialisten.

Spezialist ist, wer möglichst viel weiß, Generalist ist, wer möglichst viele kennt, die viel wissen.

Dem Wissenschaftler genügt die nackte Wahrheit nicht, er will auch ihr Röntgenbild sehen.

Nichts fällt dem Wissenschaftler schwerer als der Umzug in ein neues Theoriengebäude.

Das Fragezeichen ist der Angelhaken des Wissenschaftlers.

Zeit

Carl Friedrich Benz

Die Zeit war, ist und bleibt ein rätselhaftes Phänomen. Dem heiligen Augustinus verdanken wir die schöne Beschreibung: „Was also ist die Zeit? Wenn Ihr mich nicht fragt, so weiß ich es; fragt Ihr mich aber, so kann ich es Euch nicht erklären." Noch rätselhafter wurde sie, als Albert Einstein erkannte, dass die Zeit dehnbar ist. Wie oft bräuchten wir das, wenn es viel zu arbeiten gibt. Aber dieses Phänomen tritt nur auf, wenn man sich mit Lichtgeschwindigkeit bewegt. Und wer arbeitet schon so schnell?

Jeder weiß aus Erfahrung, dass die Zeit seine wichtigste Ressource werden kann. Sie ist begrenzt, unwiderruflich und für alle Vorhaben ein entscheidender Faktor. Der Management-Guru Peter Drucker hat beobachtet, dass alle erfolgreichen Menschen außerordentlich sorgfältig mit ihrer Zeit umgehen. Die Lehren aller Bücher zu diesem Thema lassen sich so zusammenfassen: Nur wer Herr ist über seine Zeit, kann Herr sein über sich selbst.

Der weise Gebrauch von Zeit kann aber auch bedeuten, dass wir uns Zeit lassen. Dazu hat Johann Peter Hebel eine seiner berühmten Kalendergeschichten hinterlassen. Sie trägt den Titel *Der verachtete Rat.*

„Man darf nicht weniger geschwind tun, wenn etwas geschehen soll, als wenn man auf die Stunde einhalten will. Ein Fußgänger auf der Basler Straße drehte sich um und sah einen wohlbeladenen Wagen schnell hinter sich hereilen. – ‚Dem muss es nicht arg pressieren', dachte er. – ‚Kann ich vor Torschluss noch in die Stadt kommen?', fragte ihn der Fuhrmann. – ‚Schwerlich', sagte der Fußgänger, ‚doch wenn ihr recht langsam fahrt, vielleicht. Ich will auch noch hinein.' – ‚Wie weit ist's noch?' – ‚Noch zwei Stunden.' – ‚Ei', dachte der Fuhrmann, ‚das ist einfältig gesprochen. Was gilt's, es ist ein Spaßvogel. Wenn ich mit Langsamkeit in zwei Stunden hineinkomme', dachte er, ‚so zwing ich's mit Geschwindigkeit in anderthalber und hab's desto gewisser.' Also trieb er die Pferde an, dass die Steine davonflogen und die Pferde die Eisen verloren. Der Leser merkt etwas. ‚Was gilt's', denkt er, ‚es fuhr ein Rad vom Wagen?' Es kommt dem Hausfreund auch nicht darauf an. Eigentlich aber, um die Wahrheit zu sagen, brach die hintere Achse. Kurz, der Fuhrmann musste schon im nächsten Dorf über Nacht bleiben. An Basel war nicht mehr zu denken. Der Fußgänger aber, als er nach einer Stunde durch das Dorf ging und ihn vor der Schmiede erblickte, hob den Zeigefinger in die Höhe: ‚Habe ich Euch nicht gewarnt', sagte er, ‚hab ich nicht gesagt: Wenn Ihr langsam fahrt?'"

Der Zufall will es, dass Johan Peter Hebel von 1808 bis 1814 Direktor des Karlsruher Gymnasiums war. Eben auf diesem Gymnasium erhielt viele Jahre später Carl Benz seine Schulausbildung. Es ist nicht nachzuweisen, dass ihn diese Geschichte von der zerbrechlichen Kutsche dazu inspirierte, eine Kutsche aus Stahl und Eisen, angetrieben von einem Motor, zu erfinden und zu entwickeln. Bekanntlich sah das erste Automobil genauso aus wie eine Kutsche. Es ist also auch nicht ganz auszuschließen, dass ihn diese Geschichte beeinflusst hat. Es wäre ja auch zu schön!

ZITATE

Wir haben nicht zu wenig Zeit, aber wir verschwenden zu viel davon.	Seneca
Wenn mich keiner fragt, was die Zeit ist, so weiß ich es, werde ich aber gefragt, kann ich es nicht sagen.	Augustinus
Der eine wartet, bis die Zeit sich wandelt, der andere packt sie kräftig an und handelt.	Dante Alighieri
Die Klügsten trauern am meisten über Zeitverlust.	Dante Alighieri
Kein Schaden ist so groß wie Zeitverschwendung.	Michelangelo
Wer keine neuen Gegenmittel anwenden will, muss mit neuen Übeln rechnen; denn die Zeit ist der größte Neuerer.	Francis Bacon
So oft eine Stunde verloren wird, geht ein Teil des Lebens zu Grunde.	Gottfried Wilhelm Leibniz
Liebst Du das Leben? Dann verschwende keine Zeit, denn daraus ist es gemacht.	Benjamin Franklin
Bedenke, dass auch Zeit Geld ist.	Benjamin Franklin
Ist die Zeit das Kostbarste unter allem, so ist Zeitverschwendung die allergrößte Verschwendung.	Benjamin Franklin
Der geschäftige Mann hat nur wenige faule Besucher; zum kochenden Topf kommen keine Fliegen.	Benjamin Franklin
Die Zeit ist mein Besitz, mein Acker ist die Zeit.	Johann Wolfgang von Goethe
Das Fortrücken im Kalender macht wohl den Menschen, nicht aber die Menschheit weiser.	Johann Peter Hebel

Jede Zeit hat ihre Aufgabe, und durch die Lösung derselben rückt die Menschheit weiter.	Heinrich Heine
Nicht jede Zeit findet ihren großen Namen, und nicht jede große Fähigkeit findet ihre Zeit.	Jacob Burckhardt
Die größte Macht hat das richtige Wort zur richtigen Zeit.	Mark Twain
Wenn man viel hineinzustecken hat, so hat ein Tag hundert Taschen.	Friedrich Wilhelm Nietzsche
Zeit ist das, was man an der Uhr abliest.	Albert Einstein
Niemals zuvor hatten wir so wenig Zeit, um so viel zu tun.	Franklin D. Roosevelt
Die Zeit ist immer reif, es fragt sich nur wofür.	François Mauriac
Man verliert die meiste Zeit damit, dass man Zeit gewinnen will.	John Steinbeck
Vielleicht gibt es schönere Zeiten, aber diese ist die unsere.	Jean-Paul Sartre
Zeit ist die knappste Ressource, und wenn man sich nicht managen kann, kann man auch nichts anderes managen.	Peter F. Drucker
Die Zeit verwandelt uns nicht, sie entfaltet uns nur.	Max Frisch
Wir müssen Zeit als Werkzeug benutzen, nicht als Ruhebett.	John F. Kennedy
Zeit ist, was passiert, wenn sonst nichts passiert.	Richard P. Feynman
Der Fleißige hat immer Zeit.	Alfred Herrhausen
Der Zug der Zeit ist ständig überfüllt.	Norbert Stoffel

SPRICHWÖRTER UND SPRÜCHE

Die Zeit herrscht über die Dinge. — Antikes Rom

Die Menschen gleichen ihrer Zeit mehr als ihren Vätern. — Arabien

Wenn du schnell ans Ziel willst, wähle den Umweg. — China

Eine Spanne Zeit kann nicht mit einem Batzen Gold gekauft werden. — China

Mögest Du in einer interessanten Zeit leben. — Chinesischer Gruß

Die Zeit ist eine geräuschlose Feile. — Italien

Die Zeit hat harte Zähne. — Norwegen

Was man nicht gern tut,
soll man zuerst tun. — Deutschland

Die Zeit wartet auf niemand. — Deutschland

Ein wenig zu spät ist auch zu spät. — Deutschland

Ewig währt am längsten.

Gib jedem Tag die Chance, der schönste deines Lebens zu werden.

Wer nicht mit der Zeit geht, der geht mit der Zeit.

Unpünktlichkeit ist Diebstahl an der Zeit anderer.

Mit der Zeit geht alles vorbei, aber das Unerledigte kommt wieder.

Wer mich aufsucht, erweist mir eine Ehre, wer mich nicht aufsucht, bereitet mir eine Freude. — Spruch an der Tür eines Vielbeschäftigten

Die nützlichste Zeit ist die, die der Wettbewerber verschwendet.

Die Zeit läuft davon, wenn man sie totschlagen will.

Wer sich nützlich macht, hat keine Zeit, sich wichtig zu machen.

ANMERKUNGEN H.-J. QUADBECK-SEEGER

Innovationen erfordern viel Zeit,
deswegen darf man sich
keine Zeit lassen.

Wir können uns gegen die Zeit stellen, aber sie nimmt uns trotzdem mit.

Zeit alleine ordnet nichts, sie lässt alles liegen.

Bedenke: Zeit ist Geld und lebe nicht über deine Verhältnisse.

Man muss die Vorteile einer neuen Technologie rasch nutzen. Morgen ist sie vielleicht schon überholt.

Pioniergeist statt Zeitgeist!

Die Zeit ist Geld in jeder Währung.

Auf jeden Erfolg muss man warten, aber welchen Erfolg man erzielt, hängt davon ab, wie man die Zeit des Wartens nutzt.

Zeit-Paradoxon: Immer wenn man viel zu tun hat, sind die Tage gerade zu kurz.

Wir können die Zeit nicht verändern, aber wir können ihr andere Inhalte geben.

Wer Zeit totschlägt, meuchelt Chancen.

There is no business like slow business.

Immer schnappt das Dringende dem Wichtigen die Zeit weg.

Ziele

Schieß flott los; ziel ein wenig, dann mal den Kreis – und du bist König.

ZITATE

Übers Ziel hinausschießen ist ebenso schlimm wie nicht ans Ziel kommen.	Konfuzius
Für einen, der nicht weiß, welchen Hafen er ansteuert, ist jeder Wind der richtige Wind.	Seneca
Wenn wir die Ziele wollen, wollen wir auch die Mittel.	Immanuel Kant
Der Langsamste, der sein Ziel nur nicht aus den Augen verliert, geht immer noch geschwinder als der, der ohne Ziel herumirrt.	Gotthold Ephraim Lessing
Die Schwierigkeiten wachsen, je näher man dem Ziele kommt.	Johann Wolfgang von Goethe
Ein Ziel muss man früher kennen als die Bahn.	Jean Paul
Es ist nicht das Wissen, sondern das Lernen, nicht das Besitzen, sondern das Erwerben, nicht das Da-Sein, sondern das Hinkommen, was den größten Genuss gewährt.	Carl-Friedrich Gauß
Das Geheimnis des Erfolgs ist die Beständigkeit des Ziels.	Benjamin Disraeli
Ein Mensch, der sich ernsthaft ein Ziel gesetzt hat, wird es auch erreichen.	Benjamin Disraeli
Man muss es so einrichten, dass einem das Ziel entgegenkommt.	Theodor Fontane
Ideale sind wie Sterne: man kann sie nicht erreichen, aber man kann sich nach ihnen orientieren.	Carl Schurz
Am Ziel deiner Wünsche wirst du jedenfalls eins vermissen: dein Wandern zum Ziel.	Marie von Ebner-Eschenbach

Nenne dich nicht arm, weil deine Träume nicht in Erfüllung gegangen sind; wirklich arm ist nur, der nie geträumt hat. — Marie von Ebner-Eschenbach

Und als sie das Ziel aus den Augen verloren hatten, verdoppelten sie ihre Anstrengungen. — Mark Twain

Viele verfolgen hartnäckig den Weg, den sie gewählt haben, aber nur wenige das Ziel. — Friedrich Nietzsche

Zu sein, was wir sind, und zu werden, wozu wir fähig sind zu werden, das ist das einzige Ziel des Lebens. — Robert Louis Stevenson

Man lebt nicht, wenn man nicht für etwas lebt. — Robert Walser

Kein Ziel ist so hoch, dass es unwürdige Methoden rechtfertigte. — Albert Einstein

Man kann nach einem Ziel nur dann sein Leben lang streben, wenn sich dieses Ziel ständig entfernt. — Stanislaw Jerzy Lec

Der Mensch ist ein zielstrebiges Wesen, aber meist strebt er zu viel und zielt zu wenig. — Günter Radtke

Wer Ausdauer besitzt, ist fast schon am Ziel. — Ernst R. Hauschka

SPRICHWÖRTER UND SPRÜCHE

Per aspera ad astra.
(Über raue Pfade zu den Sternen.) — Antikes Rom

Prüfe, an welcher Wand die Leiter lehnt, bevor du sie besteigst. — Italien

Mit klarem Ziel gewinnt man viel. — Deutschland

Wie die Kraft, so das Ziel. — Deutschland

Wer nicht weiß, wohin er will, darf sich nicht wundern, wenn er ganz woanders ankommt.

Wenn der Mensch kein Ziel hat, ist ihm jeder Weg zu weit und keine Richtung recht.

Wer alle Ziele erreicht hat, hat sie zu niedrig gesteckt.

Mit „wenn" und „aber" ist kein Ziel zu erreichen.

Wer zu weit geht, hat sein Ziel auch verfehlt.

Ein großes Ziel rechtfertigt auch kleine Schritte.

Wir wissen zwar nicht, wo wir hinwollen, aber wir wollen als Erste da sein.

ANMERKUNGEN H.-J. QUADBECK-SEEGER

Eine Organisation kann eine Gruppe von Menschen zusammenhalten, eine gemeinsame Aufgabe verbindet sie, aber ein gemeinsames Ziel vereint sie.

Wer sich Ziele setzt, darf selbst nicht sitzen bleiben.

Je näher man seinem Ziel kommt, desto genauer erkennt man, was man nicht will.

Wo Ziele fehlen, irrt der Wille umher.

Setze dir deine Ziele mit kühlem Kopf, aber verfolge sie mit heißem Herzen.

Der Umweg macht das Ziel erst schön.

Ein Ziel kann man anstreben oder anstrebern.

Auch wenn das Ziel trivial ist, können die Wege dorthin kreativ und innovativ sein.

Für einen Pfeil sieht alles wie ein Ziel aus.

Auf bequemen Wegen erreicht man keine lohnenden Ziele.

Kreative Menschen sind glücklich auf dem Weg zu einem Ziel, nicht wenn sie angekommen sind.

Der Weg wird zum Ziel, wenn das Ziel weg ist.

Das erreichte Ziel ist zugleich Wegweiser für das nächste.

Zivilisation

„Civilisation begins with destillation."
William Faulkner

ZITATE

Zivilisation ist die unablässige Vermehrung unnötiger Notwendigkeiten. — Mark Twain

Zivilisation ist einfach eine Reihe von Siegen über die Natur. — William Harvey

Der Zyniker, dieser Schmarotzer der Zivilisation, lebt davon, sie zu verneinen, weil er überzeugt ist, dass sie ihn nicht im Stich lassen wird. — José Ortega y Gasset

Wir können unserer Zivilisation gegenüber keinen größeren Verrat begehen, als indem wir die Leute glauben machen, sie sei nur von außen bedroht. — Georges Bernanos

Zivilisation ist eine Bewegung und kein Zustand, eine Reise und kein Hafen. — Arnold Joseph Toynbee

Civilisation begins with destillation. — William Faulkner

Die Zivilisation schreitet voran mit der Geschwindigkeit von einigen gordischen Knoten pro Jahr. — Wieslaw Brudzinski

Zivilisation bedeutet, dass die Eskimos warme Wohnungen bekommen und arbeiten müssen, um Geld für Kühlschränke zu verdienen. — Gabriel Laub

SPRICHWÖRTER UND SPRÜCHE

Tinte ist das Lebensblut einer Zivilisation. — Alter Spruch

Die Energie, die wir brauchen, bekommen wir aus dem Strom, gegen den wir schwimmen.

Wer Umweltprobleme nicht ernst nimmt, ist selber eins.

Dies ist das Ende der Zivilisation, wie wir sie kennen.

Es ist schwer, sich eine Zivilisation auf einem anderen Planeten vorzustellen, aber einfach ist es hier auch nicht.

ANMERKUNGEN H.-J. QUADBECK-SEEGER

Zivilisation ist die Summe aller bewährten Innovationen, Kultur ist die Summe aller kreativen Schöpfungen.

Zivilisation ist das Ausmaß, in dem eine Gesellschaft in der Lage ist, die Natur zu beherrschen; Kultur ist, wie weise sie davon Gebrauch macht.

Die technische Zivilisation hat eine große Menge an Know-how geschaffen, was uns heute aber fehlt, ist Know-why.

Zivilisation ist die Fortsetzung der Evolution mit anderen Mitteln.

Der verwöhnte Zivilisationsmensch bevorzugt Standpunkte mit Fußbodenheizung.

Zivilisation ist die Deckung von Bedürfnissen, Kultur ist die Erfüllung von Wünschen.

Die Holzwege der Zivilisation sind betoniert.

Zivilisation ist „The Way of Life". Kultur ist „The Why of Life".

Zufall

Dr. Müller hat gelesen, dass die meisten erfolgreichen Experimente durch Zufall zustande kamen.

ZITATE

Überall herrscht der Zufall, lass deine Angel nur hängen. Wo du's am wenigsten glaubst, sitzt im Strudel der Fisch. — Ovid

Kein Zufall ist so unglücklich, als dass kluge Leute nicht Vorteil daraus zögen, und keiner so glücklich, als dass unüberlegte ihn nicht zu ihrem Nachteil wenden könnten. — La Rochefoucauld

Was wir Zufall nennen, ist der Zufluchtsort der Unwissenheit. — Baruch de Spinoza

Der Zufall begünstigt den vorbereiteten Verstand. — Louis Pasteur

Nenne den größten aller Erfinder: Es ist der Zufall. — Mark Twain

Der Zufall ist das Pseudonym, das Gott gebraucht, wenn er nicht mit seinem Namen unterschreiben möchte. — Anatole France

Ich glaube nicht an den Zufall. Die Menschen, die in der Welt vorwärtskommen, sind die Menschen, die aufstehen und nach dem von ihnen benötigten Zufall Ausschau halten. — George Bernard Shaw

Wir suchen nach dem, was hinter dem Zufall steckt. — Paul Klee

Außerhalb der Logik ist alles Zufall. — Ludwig Wittgenstein

Gepriesen sei der Zufall. Er ist wenigstens nicht ungerecht. — Ludwig Marcuse

In den Naturwissenschaften kommt dem Zufall nur die Rolle eines Zeitfaktors zu. — Otto Bayer

Je planmäßiger die Menschen vorgehen, desto wirksamer vermag sie der Zufall zu treffen. — Friedrich Dürrenmatt

Zufall in der Wissenschaft ist, wenn man mit einer Schrotflinte in einen Heuhaufen schießt und dabei eine Nadel trifft. — Gerhard Uhlenbruck

SPRICHWÖRTER UND SPRÜCHE

Wirf das Netz aus, der Zufall bringt die Fische. — Deutschland

Mancher schießt ins Blaue und trifft ins Schwarze. — Deutschland

Auf den Zufall bauen ist Torheit, den Zufall nutzen ist Klugheit. — Deutschland

Unverhofft kommt oft. — Deutschland

Noch seltener als reines Gold ist purer Zufall.

Wenn alles läuft wie kalkuliert, passiert etwas, womit keiner gerechnet hat.

Glaube nicht an den Zufall, aber rechne mit ihm.

Gegen den Zufall schützt nur der Zufall.

Serendipity: Wenn einer die Nadel im Heuhaufen sucht und die Tochter des Bauern darin findet.

ANMERKUNGEN
H.-J. QUADBECK-
SEEGER

Zufall wird zum Glück,
wenn er auf Talent trifft.

Ein Wissenschaftler ist auf den Zufall vorbereitet, aber er wartet nicht auf ihn.

Wenn etwas durch Zufall schief gegangen ist, darf man nicht darauf warten, dass es durch einen weiteren Zufall wieder in Ordnung kommt.

Der Zufall ist das Ende einer verborgenen Kausalkette.

Hinter dem Zufall steckt die Gesetzmäßigkeit des Zufalls.

In der Wissenschaft kommt das Glück oft in Gestalt des unauffälligen Zufalls.

Innovationen sind viel zu wichtig, als dass man sie dem Zufall überlassen dürfte.

Bei jeder Innovation spielt der Zufall eine wichtige Rolle, aber keine Innovation ist nur durch Zufall zustande gekommen.

Je wünschenswerter ein Zustand, desto unwahrscheinlicher ist sein zufälliger Eintritt.

Zukunft

Früher stand in Indien ein alter Tempel. Die Leute nannten ihn den „Tempel der tausend Spiegel“. Es hieß, in ihm würde jeder etwas über seine Zukunft erfahren. Entsprechend groß war die Zahl der Menschen, die von überall im Lande kamen. Viele, die den Tempel mit freudigen Gesichtern verließen, gaben den Hunden, die vor dem Tempel herumstreunten, gutgelaunt etwas von ihrer Wegzehrung.

Den Hunden selbst war der Zutritt zum Tempel strengstens verboten. Ein finsterer Wächter bewachte den Eingang. In der Monsunzeit schüttete es eines Tages so fürchterlich, dass sich selbst der Wächter grummelnd in sein Häuschen zurückzog. Das ist unsere Stunde, dachten die Hunde. Ihr Anführer, den sie Shognurr nannten, weil er meist schlechter Laune war und bei jedem Anlass grimmig knurrte, wollte den mutigen Schritt über die Schwelle des Tempels wagen. Seine Kameraden beobachteten ihn, wie er mit fletschenden Zähnen, knurrend und gesträubten Nackenhaaren in der Tür verschwand. Es dauerte nur einen Augenblick, da stürzte er mit Entsetzen heraus und rannte zu seiner Horde. „Es ist furchtbar, es ist schrecklich da drinnen“, keuchte er mit weit aufgerissenen Augen. „Überall, wo man hinschaut, blicken einem böse Hunde mit gefletschten Zähnen und gesträubten Haaren entgegen. Sie wären über mich hergefallen, wenn ich nicht die Flucht ergriffen hätte.“ Alle versuchten ihn zu beruhigen und bewunderten seinen Mut und seine Entschlossenheit.

In der Gruppe duldeten sie den kleinen Mischling Pindar. Er glich seine körperliche Unterlegenheit durch Flinkheit und Klugheit aus. Vor allem hatte er gelernt, mit anderen Hunden gut auszukommen. Dabei half ihm sein heiteres und freundliches Wesen. Er überraschte alle, als er sich entschied, auch in den Tempel zu gehen. „Wenn ich freundlich zu ihnen bin, werden mir die fremden Hunde vielleicht nichts tun“, meinte er. So ging er schnurstracks auf den Tempel zu. Als er in der Tür verschwand, hielten alle den Atem an und spitzten die Ohren.

Pindar hatte zunächst ein mulmiges Gefühl, als er den Kopf durch die Tür streckte. „Freundlich schauen!" sagte er immer wieder zu sich. Und was sah er? Lauter freundlich schauende Hunde blickten ihn aus großen neugierigen Augen an. Nun wagte er sich mit wedelndem Schwanz ins Innere. All die vielen Hunde um ihn herum begannen ebenfalls mit dem Schwanz zu wedeln. Es war wunderbar. Er wagte sich sogar näher an einen heran. Dieser kam ihm direkt entgegen, bis sich ihre Nasen berührten. Eine kalte Nase, dachte Pindar, also gesund ist er, aber merkwürdigerweise roch er nach gar nichts. Auch gut, so scheinen Tempelhunde eben zu sein. Es fing an, ihm Spaß zu machen. Wenn er sich kratzte, kratzten sich alle mit. Was er auch tat, alle folgten ihm. So merke er gar nicht, wie die Zeit verging.

Draußen herrschte große Aufregung. „Sie werden über ihn hergefallen sein, wer weiß, ob wir ihn je wiedersehen", knurrte Shognurr. „Vielleicht hat er seinen neugierigen Übermut mit dem Leben bezahlen müssen", fürchtete einer seiner Freunde. Doch plötzlich stolzierte Pindar mit glücklicher Miene aus dem Tempel. „Dort ist es herrlich!", rief er. „Der ganze Tempel ist voller freundlicher Hunde; sie sind friedlich und folgsam."

Unter den Hunden herrschte Verwirrung. Wem sollte man glauben? Man müsse wohl warten, bis sich wieder eine Gelegenheit ergäbe. „Das braucht ihr nicht", meldete sich der alte weise Krishna zu Wort. „Ihr wisst, dass die Menschen den Tempel der tausend Spiegel aufsuchen, um etwas über die Zukunft zu erfahren. Die Zukunft wohnt in den tausend Spiegeln. Und so wie einer in die Zukunft hineinschaut, so schaut sie ihm entgegen." „Ja, wenn das so ist, dann brauchen die Menschen doch gar nicht die Strapazen der weiten Reise auf sich zu nehmen. Dann könnten sie doch direkt in einen Spiegel schauen", erwiderte Pindar ganz aufgeregt. „Die Weisen unter ihnen wissen das, und sie tun es auch", erwiderte Krischna bedächtig und nachdenklich. Dann schwieg er wieder, so wie es seine Art war.

ZITATE

Wenn der Mensch nicht über das nachdenkt, was in ferner Zukunft liegt, wird er das schon in naher Zukunft bereuen. — Konfuzius

Es ist nicht unsere Aufgabe, die Zukunft vorauszusagen, sondern auf sie gut vorbereitet zu sein. — Perikles

Die Vergangenheit und die Gegenwart sind unsere Mittel. Die Zukunft allein ist unser Zweck. — Blaise Pascal

Die Gegenwart geht mit der Zukunft schwanger. — Gottfried Wilhelm Leibniz

Genau genommen leben sehr wenige Menschen in der Gegenwart; die meisten bereiten sich vor, demnächst zu leben. — Jonathan Swift

Ich kann freilich nicht sagen, ob es besser werden wird, wenn es anders wird; aber so viel kann ich sagen, es muss anders werden, wenn es gut werden soll. — Georg Christoph Lichtenberg

Was sollen wir uns viel um eine Zukunft aufregen, wenn die Gegenwart schon eines Menschen Einsicht übersteigt. — Johann Wolfgang von Goethe

Was ist die Zukunft? Für dich nichts als du selbst. — Ernst von Feuchtersleben

Das, was wir tun, ist für unsere Zukunft weniger wichtig als das, was wir denken. — Philip James Bailey

Die Welt liegt in Wehen; wer will sagen, was geboren wird. — Theodor Fontane

Alles, was ein Mensch sich vorstellen kann, werden andere Menschen verwirklichen können. — Jules Verne

Alles Fertige wird angestaunt, alles Werdende wird unterschätzt. — Friedrich Nietzsche

Wer nie über die Zukunft nachdenkt, wird nie eine haben.	John Galsworthy
Die Reiche der Zukunft sind Reiche des Geistes.	Winston Churchill
Keine Zukunft vermag gutzumachen, was du in der Gegenwart versäumst.	Albert Schweitzer
Wir alle sollten uns um die Zukunft sorgen, denn wir werden den Rest unseres Lebens dort verbringen.	Charles F. Kettering
Ich denke niemals an die Zukunft. Sie kommt früh genug.	Albert Einstein
Die Zukunft ist auch nicht mehr, was sie früher war.	Karl Valentin
Die Zukunft ist als Raum der Möglichkeiten der Raum unserer Freiheit.	Karl Jaspers
Die Gewohnheiten kolonialisieren die Zukunft.	Ernst Bloch
Kein weiser und tapferer Mann legt sich auf die Schienen der Geschichte und wartet, dass der Zug der Zukunft ihn überfährt.	Dwight D. Eisenhower
Die Welt der Zukunft wird einen immer anstrengenderen Kampf gegen die Grenzen unserer Intelligenz bringen.	Norbert Wiener
Die Zukunft soll man nicht voraussehen wollen, sondern möglich machen.	Antoine de Saint-Exupéry
Die Zukunft lässt sich nicht voraussagen, weil wir nicht wissen, was wir wissen werden.	Karl R. Popper
Optimismus ist Pflicht.	Karl R. Popper

Das Merkwürdigste an der Zukunft ist, dass man unsere Zeit später die gute alte nennen wird.
John Steinbeck

Die Jugend hat Heimweh nach der Zukunft.
Jean-Paul Sartre

Denn eine Wahrheit ist unanfechtbar: die Industrialisierung ist die einzige Hoffnung der armen Leute.
Charles P. Snow

Naturwissenschaftler haben die Zukunft im Blut.
Charles P. Snow

Es gibt keinen Fortschritt ohne den Glauben an die Zukunft.
John F. Kennedy

Der Wandel ist das Gesetz des Lebens; wer nur auf die Vergangenheit blickt, verpasst mit Sicherheit die Zukunft.
John F. Kennedy

Noch die sicherste Prognose ist, dass die Zukunft riskant sein wird.
Karl Steinbuch

Die Wirklichkeit ist nur veränderbar, insofern sie noch nicht ist. Wir können versuchen, die Zukunft zu beeinflussen, das ist alles.
Friedrich Dürrenmatt

Aus der Vergangenheit kann jeder lernen. Heute kommt es darauf an, aus der Zukunft zu lernen.
Herman Kahn

Wir reden von einer Utopie, wenn uns die Zukunft in den strahlendsten Farben der Hoffnung leuchtet.
Lothar Schmidt

Wer die Zukunft fürchtet, verdirbt sich die Gegenwart.
Lothar Schmidt

Man muss an Utopien glauben, um sie verwirklichen zu können.
Jean-Jacques Servan-Schreiber

Wir hoffen immer auf den nächsten Tag; wahrscheinlich erhofft sich der nächste Tag einiges von uns. — Ernst R. Hauschka

Wer heute von morgen sein will, erreicht damit nur, dass er übermorgen von gestern ist. — Hermann Lübbe

Man lässt seine Zukunft nur einmal aus den Augen und schon verbündet sie sich mit dem Zufall. — Werner Mitsch

SPRICHWÖRTER UND SPRÜCHE

Wer die Zukunft vorhersagt, lügt, auch wenn er Recht behält. — Arabien

Nur wer an die Zukunft glaubt, glaubt auch an die Gegenwart. — Brasilien

There are many disasters waiting for their chance. — Ableitung von Murphy's Law

Zukunft, das ist die Zeit, in der du bereust, dass du das, was du heute tun kannst, nicht getan hast.

Der Lorbeer von heute ist der Kompost von morgen.

Wer die Zukunft als Gegenwind empfindet, geht in die falsche Richtung.

Zukunft ist nicht zufällig. Machen wir uns so viel Zukunft wie möglich.

Es zählt nicht, was war, sondern was kommt.

Eine gute Zukunft wird aus Innovationen gemacht.

Die Zukunft findet nicht statt – aus Mangel an Interesse.

Die Zukunft übersieht keinen.

Die Zukunft beginnt im Kopf.

Wenn wir heute nichts tun, leben wir morgen wie gestern.

Arbeite für deine Zukunft, sonst kriegst du eine verpasst, die dir nicht passt.

Das Leben in der Zukunft beginnt heute!

Die meiste Zukunft liegt noch vor uns. Graffito

Die Lage war noch nie so ernst, wie sie in Zukunft sein wird. Graffito

Die Zukunft fängt sofort an. Graffito

ANMERKUNGEN H.-J. QUADBECK-SEEGER

Innovationen sind der Treibstoff für die Fahrt in die Zukunft.

Vor der Zukunft kann man sich nicht verkriechen.

Wer nichts für sie tut, wird eine Zukunft bekommen, die nur zufällig gut für ihn ist.

Die Zukunft hat kein Manuskript, sie wird unsere Handschrift tragen.

Auf dem Konjunkturhoch glaubt man, weiter in die Zukunft sehen zu können.

Innovationen haben nur eine Richtung: Zukunft.

Im Wissen über die Zukunft gibt es keine Privilegien.

Zukunft ist Fortentwicklung und nicht Fortsetzung.

Szenarien sind Bilder aus dem Kopf und nicht aus der Zukunft.

Für die Zukunft gibt es keine Garantien, wir müssen sie uns Tag für Tag erarbeiten.

Eine Unternehmensführung, die sich nicht für neue Produkte interessiert, ist nicht neugierig auf die Zukunft.

Mit dem Rotstift lassen sich keine guten Zukunftsbilder malen.

Die Zukunft kommt gemächlich Tag für Tag, aber unerbittlich.

Man kann weder in die Vergangenheit flüchten noch in die Zukunft emigrieren.

Frage die Propheten nach ihrer eigenen Zukunft.

Die Zukunft wird gerne mit Traumsonden erkundet.

Man ist in dem Maße jung, wie man den Willen hat, seine Zukunft selbst zu gestalten.

Wer nicht in die Zukunft schaut, ist bald weg vom Fenster.

Ein zukunftsorientiertes Unternehmen muss sich den Horizont durch Innovationen offen halten.

Es hängt von uns ab, ob wir zur Zukunftswerkstatt oder zum Hinterhof der Geschichte werden.

Die Zukunft ist ein Kontinent mit lauter weißen Flecken, die es nicht zu entdecken gilt, sondern zu füllen.

In die Zukunft führen keine Spuren.

Solange es ungelöste Probleme gibt, solange wird es eine interessante Zukunft geben.

Für Pessimisten steckt der Teufel weniger im Detail als in der Zukunft.

Utopien sind Zukunftsausschweifungen.

Über die Zukunft kann jeder sagen was er will, zur Rechenschaft wird keiner gezogen.

Zukunftspolitik muss sich wieder an Werten orientieren und nicht bloß an Abgaswerten.

Glücklich die Jugend, die Lust auf Zukunft hat.

Glück ist immer in der Gegenwart und dennoch wird es meistens in der Zukunft gesucht.

Die Entscheidungen für die Zukunft fallen nicht in Kabinetten, sondern in Labors.

Die Zukunft darf nicht das Stiefkind der Gegenwart werden.

Es gibt keine zukunftsfreien Nischen.

Der Reichtum der Zukunft ist Ideenreichtum.

Es gibt keine Fahrpläne in die Zukunft.

Es ist schwierig, in die Zukunft zu schauen, aber verantwortungslos, es nicht zu wollen.

Die guten alten Zeiten waren jene, in denen man sich nach besseren Zeiten in der Zukunft gesehnt hat.

Innovationen müssen mit der Zukunft im Einklang stehen.

Eine bessere Zukunft fängt damit an, sie zu wollen.

Die Zukunftsdeutung durch Astrologie ist der Versuch, Ungewissheit durch Gutgläubigkeit zu überwinden.

Warte nicht auf die Zukunft, eben gerade beginnt sie.

Zweifel

Voltaire, eigentlich François Marie Arouet

Der Zweifel hat eine gute alte Tradition. Schon im antiken Griechenland entwickelte sich die Denkschule der Skeptiker zur ersten Blüte. Bis in unsere Zeit hat sie ihre Anhänger gefunden. Selbst wenn man nicht durch und durch Skeptiker ist, erweist sich der Zweifel oft als unverzichtbar. So gilt zweifelsohne: Der Zweifel ist zwar keine hinreichende, aber eine notwendige Berufskrankheit der Wissenschaftler.

Der Philosoph Karl Popper ging noch weiter. Er definierte sogar die wissenschaftliche Wahrheit als eine Feststellung, die sich falsifizieren lassen muss. Wahr ist demnach nur, was sich anzweifeln lässt. Dazu gibt es eine bezeichnende Anekdote über einen der großen Skeptiker des abendländischen Denkens: Voltaire.

Er befand sich im Frühjahr auf einer Reise. Wie so oft, war er in Gedanken vertieft. Sein gesprächssuchender Reisegefährte blickte aus dem Fenster und wies darauf hin, dass der Frühling nicht zu übersehen sei, denn die Schafe der vorüberziehenden Herde seien schon geschoren. Voltaire blickte kurz auf und bemerkte lapidar: „Auf einer Seite jedenfalls." Damit war das Gespräch wieder beendet.

Gerade aber beim Zweifel gilt auch das Gebot zum ausgewogenen Mittelmaß, das Aristoteles für alle Tugenden empfohlen hatte. Eine Gesellschaft voller Zweifler, Zauderer und Zögerlinge wäre furchtbar. Folgen wir lieber auch beim Zweifel dem Rat von Christian Morgenstern: „Vorsicht und Misstrauen sind gute Dinge, nur sind auch ihnen gegenüber Vorsicht und Misstrauen nötig." Wenn wir dieses beherzigen, sind wir im Zweifelsfalle auf der richtigen Seite.

ZITATE

Wer recht erkennen will, muss zuvor in richtiger Weise gezweifelt haben. — Aristoteles

Zweifel zerfrisst ein jegliches Werk. — Paracelsus

Wenn jemand mit Gewissheit beginnen will, wird er in Zweifeln enden. Wenn er sich aber bescheidet, mit Zweifeln anzufangen, wird er zu Gewissheit gelangen. — Francis Bacon

Zweifel ist der Weisheit Anfang. — René Descartes

Zweifel ist keine angenehme Voraussetzung, aber Gewissheit ist eine absurde. — Voltaire

Der erste Schritt zur Wahrheit ist der Zweifel. — Denis Diderot

Zweifel muss nichts weiter sein als Wachsamkeit, sonst kann er gefährlich werden. — Georg Christoph Lichtenberg

Eigentlich weiß man nur, wenn man wenig weiß; mit dem Wissen wächst der Zweifel. — Johann Wolfgang von Goethe

Ich stelle nichts in Abrede, bezweifle jedoch alles. — Lord Byron

Bevor du handelst, befreie dich von Zweifeln. — Fjodor Dostojewski

Sobald ihr handeln wollt, müsst ihr die Tür zum Zweifel schließen. — Friedrich Nietzsche

Vorsicht und Misstrauen sind gute Dinge, nur sind auch ihnen gegenüber Vorsicht und Misstrauen nötig. — Christian Morgenstern

Das Problem mit der Welt ist, dass die Dummen voll Selbstgewissheit und die Intelligenten voll Zweifel sind. — Bertrand Russell

Die einzige Begrenzung, das Morgen zu verwirklichen, werden unsere Zweifel von heute sein. — Franklin D. Roosevelt

Jeder Zweifel ist die Forderung nach einer Methode. — José Ortega y Gasset

Wo die Zweifel aufhören, hört auch die Wissenschaft auf. — Pjotr L. Kapiza

Zweifel sind der Ansporn des Denkens. Je genauer ich weiß, was ich denken soll, desto weniger weiß ich, was ich wirklich denke. — Peter Ustinov

Auf dem Weg zum Wissen begegnen uns viele Zweifel. — Lothar Schmidt

Ich zweifle, also denke ich. — Werner Mitsch

SPRICHWÖRTER UND SPRÜCHE

In doubt sing loud. — England

Wer nichts weiß, zweifelt an nichts. — Frankreich

Der Zweifel ist das Wartezimmer der Erkenntnis. — Indien

Der Zweifel ist der Schatten eines Menschen im Dunkel. — Japan

Wer alle Bäume fürchtet, kommt nicht durch den Wald. — Deutschland

Wer zu viel zweifelt, verzweifelt. — Deutschland

Was man zu lang bedenkt, wird bedenklich. — Deutschland

Zweifel ist die Wiege der Wissenschaft und der Sarg des Glaubens.

Frisch verzagt ist halb verzweifelt.

ANMERKUNGEN
H.-J. QUADBECK-SEEGER

Wenn jemand bei einer Zweifelsfrage behauptet, er wisse es ganz genau, dann beziehe ihn in deine Zweifel mit ein.

Zweifel verbinden die Menschen genauso wie Hoffnungen.

Ein zu weit gegangener Beweis weckt wieder Zweifel.

Große Vorhaben wecken große Zweifel.

Der Zweifel ist der Köder für Erkenntnis.

Zweifel sind die Dornen am Baum der Erkenntnis.

Warum gibt es so viele Vorurteile und so wenig Vorzweifel?

Beweisen heißt, die Zweifel auszuräumen; Überzeugen heißt, die Zweifel zu zerstreuen.

Oft nagt sich erst der Zweifel zum Kern des Problems vor.

Der Zweifel ist ein Bewusstseinsvirus.

Im Theoriengebäude spukt der Zweifel.

Der Zweifel ist ein guter Herausforderer, aber kein guter Berater.

Steter Zweifel zerreibt den Stein der Weisen.

In zweifelhaften Fällen entscheide man sich für den Zweifel. (In dubio pro dubio.)

Es ist leichter, Zweifel zu wecken, als sie wieder zur Ruhe zu bringen.

An den Rändern der Theorie wächst der Zweifel.

Zweifle nur, aber verzweifle nie!

Autorenregister

Für einige Persönlichkeiten aus Vergangenheit und Gegenwart waren die Lebensdaten nicht zu ermitteln.